Clare Johnson

ZEICHNEN LERNEN

DK

Inhalt

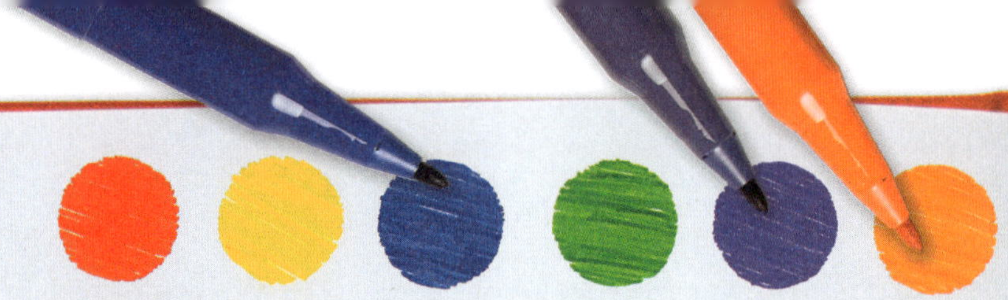

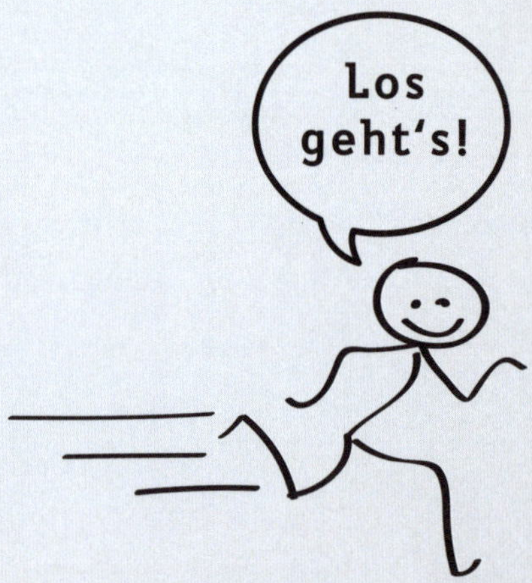

Über dieses Buch

Zeichnest du gern oder willst es versuchen, aber weißt nicht, wo du anfangen sollst? Dann lass dich von diesem Buch inspirieren. Es steckt voller Spaß und einfacher Anregungen, um Tiere, Menschen, Objekte und Comics zu zeichnen, und bietet außerdem jede Menge Platz für deine eigenen Ideen.

Am Buchanfang gibt es vier Seiten zu **Zeichengeräten** – von Stiften bis hin zu Kreiden und Kohle.

Schritt-für-Schritt-Anleitungen zeigen, wie du etwas zeichnest – vom Baum bis zum Raumschiff. Nimm einen Stift und zeichne los!

Themenseiten erläutern die Grundlagen des Zeichnens, etwa wie du ein Bild aufbaust oder mit Farben Stimmungen erzeugst.

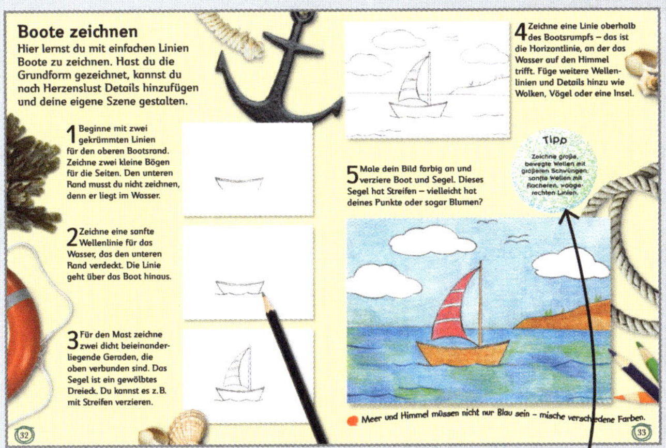

Boote zeichnen
Hier lernst du mit einfachen Linien Boote zu zeichnen. Hast du die Grundform gezeichnet, kannst du nach Herzenslust Details hinzufügen und deine eigene Szene gestalten.

1 Beginne mit zwei gekrümmten Linien für den oberen Bootsrand. Zeichne zwei kleine Bögen für die Seiten. Den unteren Rand musst du nicht zeichnen, denn er liegt im Wasser.

2 Zeichne eine sanfte Wellenlinie für das Wasser, das den unteren Rand verdeckt. Die Linie geht über das Boot hinaus.

3 Für den Mast zeichne zwei dicht beieinanderliegende Geraden, die oben verbunden sind. Das Segel ist ein gewölbtes Dreieck. Du kannst es z.B. mit Streifen verzieren.

4 Zeichne eine Linie oberhalb des Bootsrumpfs – das ist die Horizontlinie, an der das Wasser auf den Himmel trifft. Füge weitere Wellenlinien und Details hinzu wie Wolken, Vögel oder eine Insel.

5 Male dein Bild farbig an und verziere Boot und Segel. Dieses Segel hat Streifen – vielleicht hat deines Punkte oder sogar Blumen?

Tipp
Zeichne große, bewegte Wellen mit größeren Schwüngen, sanfte Wellen mit flacheren, waagerechten Linien.

Meer und Himmel müssen nicht nur Blau sein – mische verschiedene Farben.

32 33

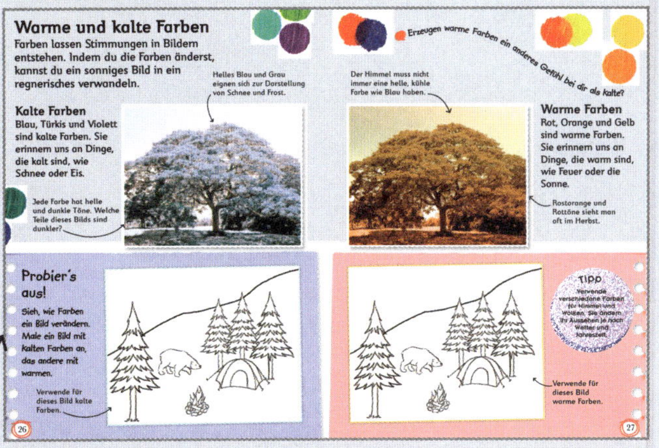

Warme und kalte Farben
Farben lassen Stimmungen in Bildern entstehen. Indem du die Farben änderst, kannst du ein sonniges Bild in ein regnerisches verwandeln.

Erzeugen warme Farben ein anderes Gefühl bei dir als kalte?

Kalte Farben
Blau, Türkis und Violett sind kalte Farben. Sie erinnern uns an Dinge, die kalt sind, wie Schnee oder Eis.

Helles Blau und Grau eignen sich zur Darstellung von Schnee und Frost.

Jede Farbe hat helle und dunkle Töne. Welche Teile dieses Bilds sind dunkler?

Der Himmel muss nicht immer eine helle, kühle Farbe wie Blau haben.

Warme Farben
Rot, Orange und Gelb sind warme Farben. Sie erinnern uns an Dinge, die warm sind, wie Feuer oder die Sonne.

Rostorange und Rottöne sieht man oft im Herbst.

Probier's aus!
Sieh, wie Farben ein Bild verändern. Male ein Bild mit kalten Farben an, das andere mit warmen.

Verwende für dieses Bild kalte Farben.

Tipp
Verwende verschiedene Farben für Himmel und Wolken. Sie ändern ihr Aussehen je nach Wetter und Jahreszeit.

Verwende für dieses Bild warme Farben.

26 27

Tipps helfen dir, deine Zeichnungen zu verbessern.

Probier's aus! An diesen Stellen kannst du selbst etwas zeichnen.

Vollgepackt mit tollen Ideen für die Künstler*innen von morgen

Am Ende des Buchs findest du einige **Übungsseiten,** auf denen du zeichnen kannst, was du willst. Es spielt keine Rolle, was, Hauptsache, du hast **Spaß** dabei!

Stifte

Bleistifte sind gängige Zeichengeräte. Womit zeichnest du gern? Hier werden verschiedene Stifte vorgestellt, die dir beim Einstieg helfen sollen.

Filzstifte

Du kannst Zeichnungen mit Filzstiften kolorieren. Sie eignen sich für eine kräftige Farbgebung.

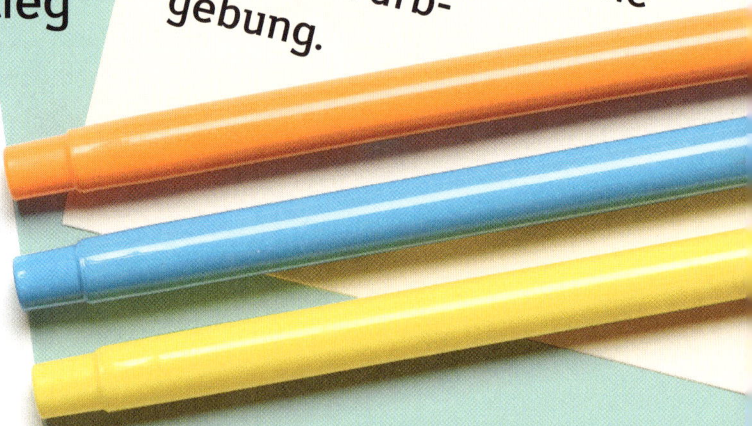

Bleistifte

Bleistifte sind hart oder weich. Je weicher sie sind, umso dunkler sind die gezeichneten Linien. Buchstaben und Zahlen verraten dir den Härtegrad eines Bleistifts.

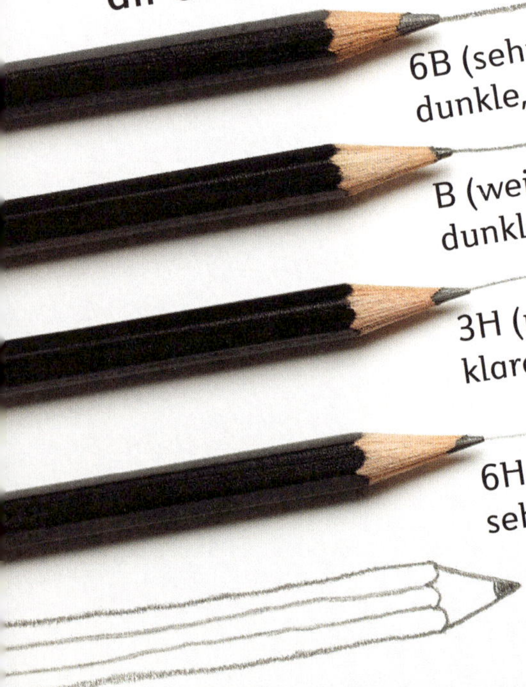

6B (sehr weich) zeichnet dunkle, verwischte Linien.

B (weich) zeichnet dunkle, graue Linien.

3H (mittelhart) zeichnet klare, helle Linien.

6H (sehr hart) zeichnet sehr helle Linien.

Bleistifte zeichnen auf fast jedem Papier, außer auf Glanzpapier.

Buntstifte

Je nachdem, wie stark du mit einem Buntstift aufdrückst, ändert sich die Farbintensität.

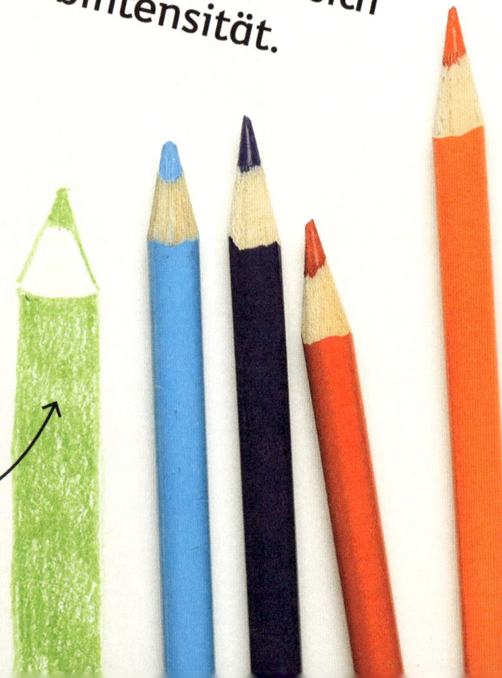

Wenn du kräftig aufdrückst, sind Buntstiftzeichnungen auch auf den meisten Farbpapieren zu erkennen.

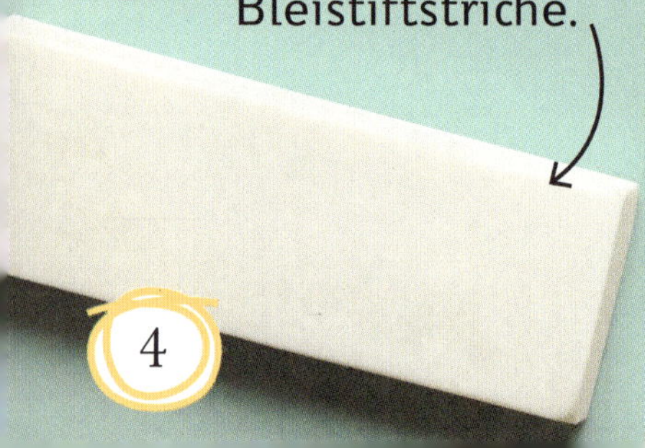

Radiergummis entfernen Bleistiftstriche.

Filzstifte mit dicker Spitze sind perfekt zum Ausmalen großer Flächen. Dünne Spitzen eignen sich gut für Details.

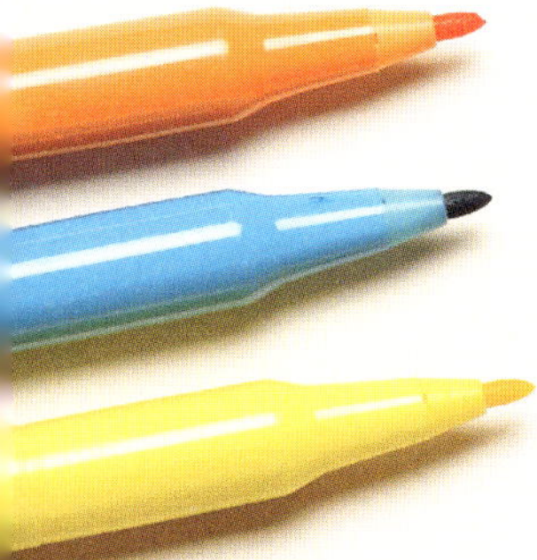

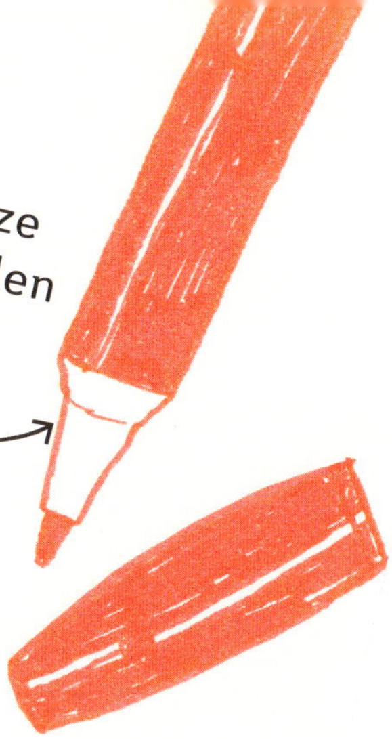

Die Strichstärke hängt von der Dicke der Spitze ab.

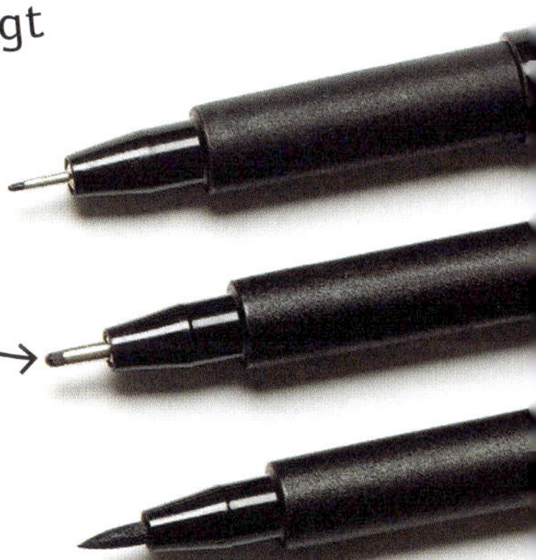

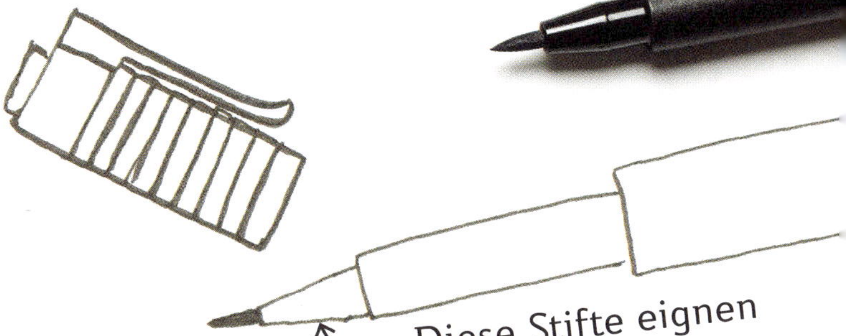

Diese Stifte eignen sich gut für Umrisse und Details.

Fineliner

Diese Stifte sind prima für klare, scharfe Linien und werden von Comic-Künstlern verwendet.

Filzstifte gleiten besser auf glattem Papier. Dickes Papier verhindert, dass die Farbe auf die Rückseite durchdrückt.

Feine Fineliner funktionieren gut auf glattem Papier.

Nimm für jedes Projekt einen anderen Stift oder kombiniere verschiedene.

Digitale Kunst

In Zeichenprogrammen gibt es verschiedene Zeichenwerkzeuge. Sie können dick, dünn oder sogar wie Sprühfarbe beschaffen sein.

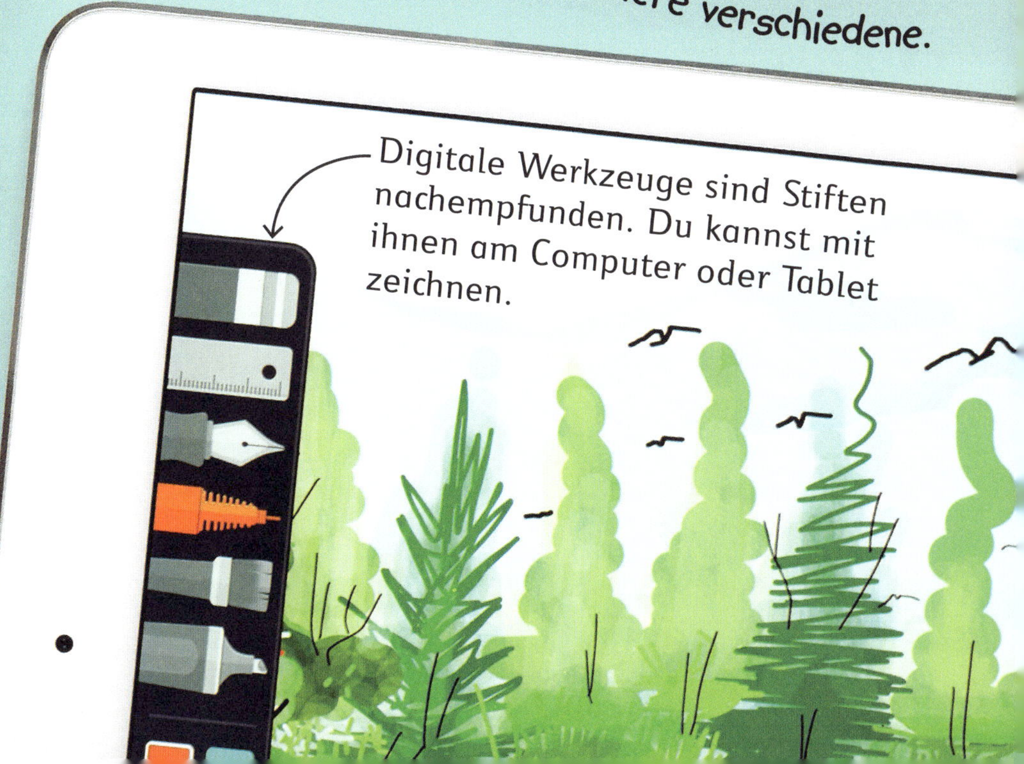

Kreide und Kohle

Mit Pastell- und Wachskreiden kannst du Zeichnungen kolorieren und eine Vielfalt an Effekten erzielen.

Pastellkreide

Pastellkreide ist pulvrig und verwischt schnell. Weil sie oft weich und bröslig ist, musst du nicht stark aufdrücken.

Ölkreide

Ölkreide ist weich, klebrig und verschmiert schnell. Sie eignet sich zum Mischen oder für mehrere Schichten Farbe.

Bei Ölkreiden verwende am besten dickeres Papier, damit das Öl nicht auf die Rückseite durchdrückt.

Ölkreide zeichnet dicke, farbintensive Striche.

Conté-Stifte

Diese Stäbchen bestehen aus Wachs und Kreide, sodass sie leicht über das Papier gleiten.

Durch den Wachsanteil verwischen Conté-Stifte nicht so leicht wie Pastellkreide.

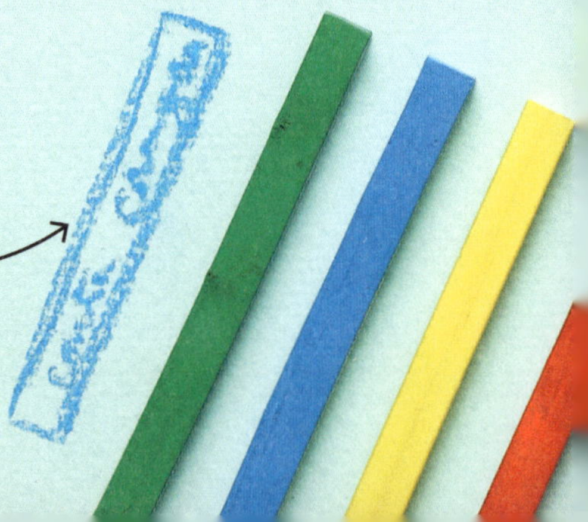

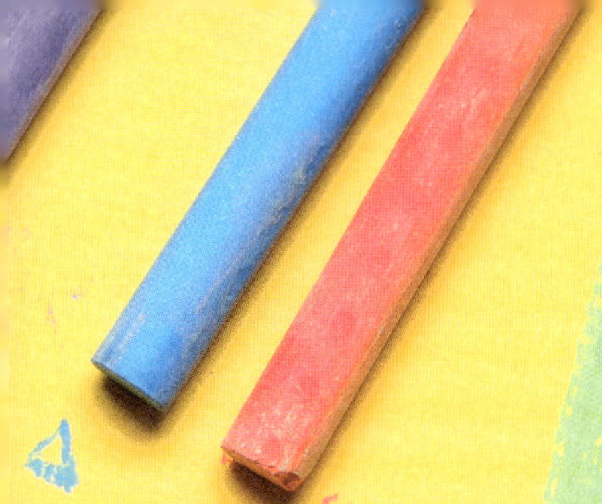

Du kannst Pastellkreide mit den Fingern oder einem Tuch verwischen und mischen.

Wachsmalkreide

Wachsstifte sind einfach zu handhaben, lassen sich aber nicht mischen.

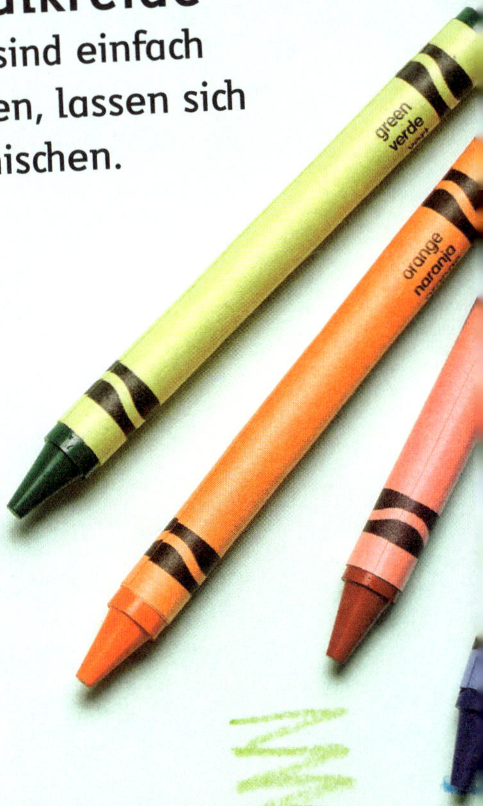

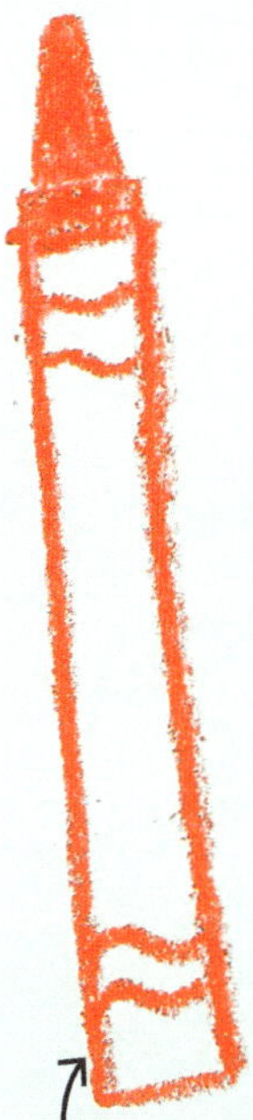

Wachsstifte malen auf jedem Papier.

Knetgummis sind klebrig und entfernen Striche von pulvrigen Stiften wie Kreide und Kohle.

Zeichenkohle

Zeichenkohle besteht aus Holzkohle. Sie erfordert Übung und verschmiert schnell, eignet sich aber gut zum Schattieren.

Kohle zeichnet schwarze oder graue Striche und verwischt wie Pastellkreide.

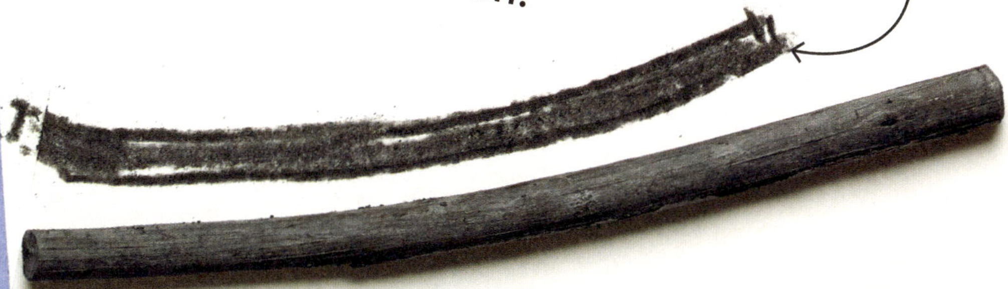

Tipp

Mit Kohle lassen sich weiche Übergänge erzeugen, wenn man sie mit Wattestäbchen verwischt.

Linien zeichnen

Du kannst Linien auf ganz verschiedene Art zeichnen. Sie können dick oder dünn, glatt und gleichförmig, uneben und zittrig, lang und fließend oder kurz und unterbrochen sein. Für Gebäude eignen sich gerade Linien, für Flüsse wellenförmige.

Gerade

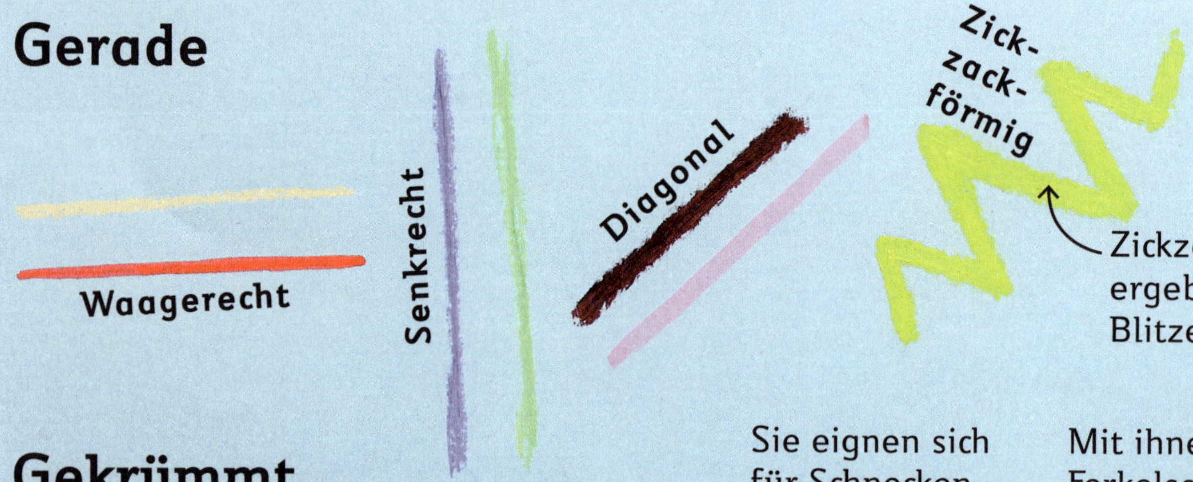

Zickzacklinien ergeben tolle Blitze.

Gekrümmt

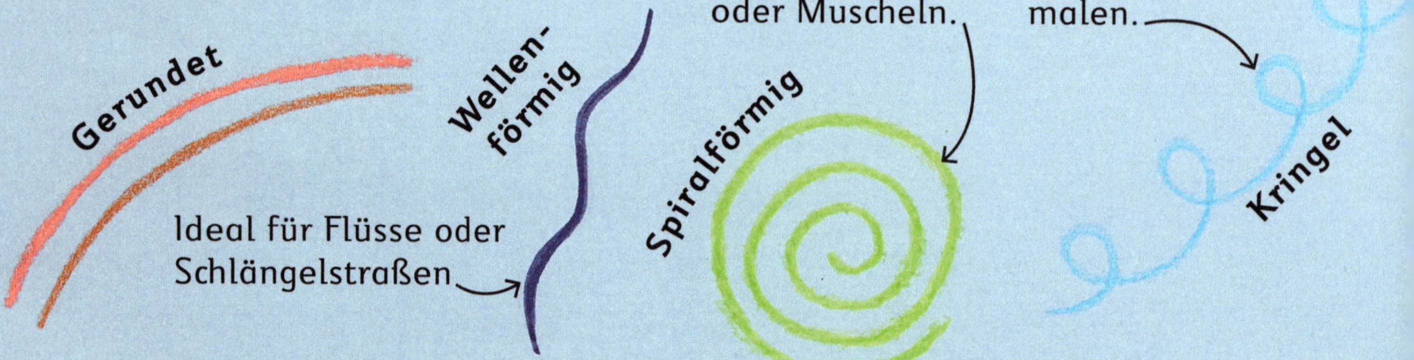

Ideal für Flüsse oder Schlängelstraßen

Sie eignen sich für Schnecken oder Muscheln.

Mit ihnen kannst du Ferkelschwänze malen.

Eine Frage des Drucks

Je nachdem, welchen Stift du verwendest und wie stark du aufdrückst, sind Linien kräftig oder zart, dick oder dünn.

Durch Verwischen oder Radieren kannst du Bleistiftstriche verblassen lassen.

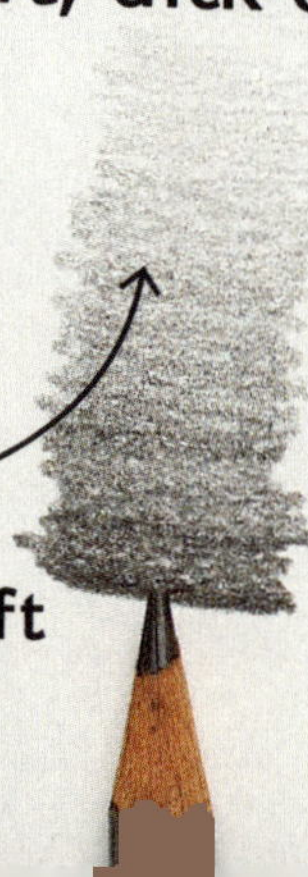

Bleistift

Wenn du nur leicht aufdrückst, werden Ölkreidestriche zarter und heller.

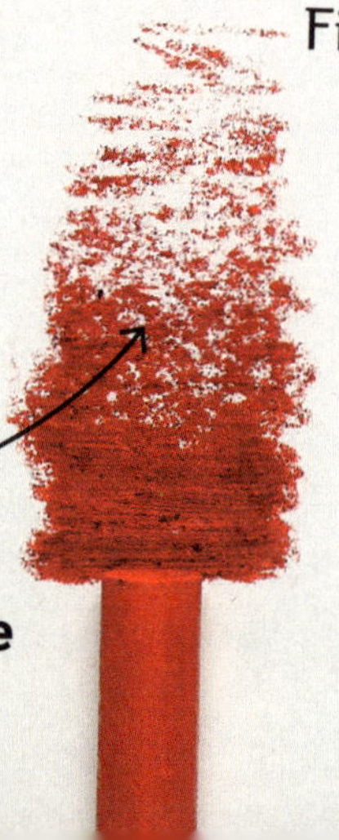

Ölkreide

Um eine dünne Linie zu zeichnen, berühre das Papier nur mit der Filzstiftspitze.

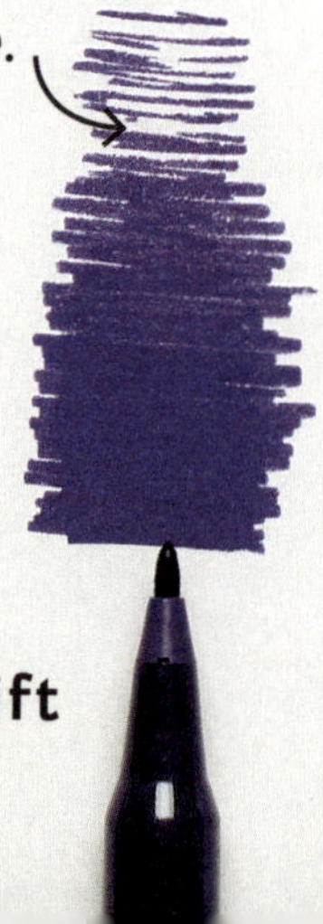

Filzstift

Punkte und Striche

Mit Punkten und Strichen kannst du etwas Zartes zeichnen, z.B. eine Wolke. Sie eignen sich auch zur Darstellung von Bewegung.

Punkte

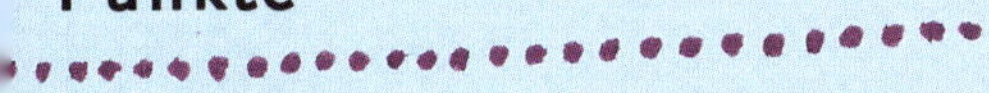

Striche

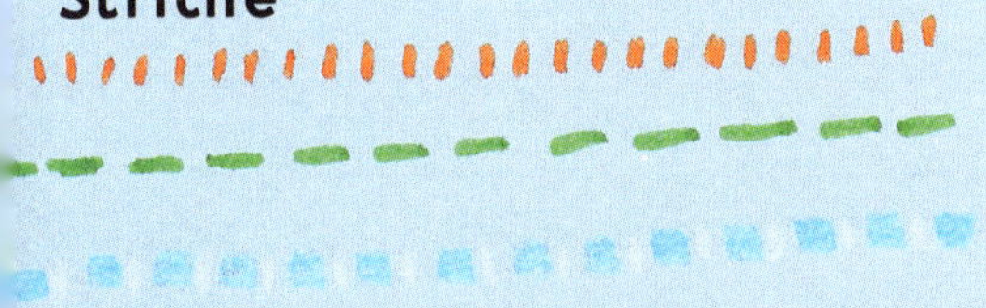

Unterbrochene Linien um ein Objekt können Bewegung andeuten.

Gepunktete Wellenlinie

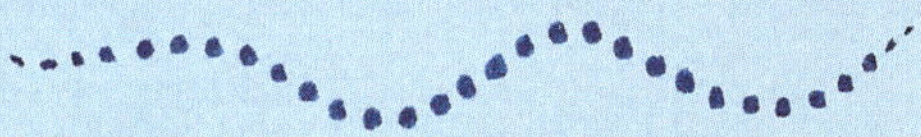

Gestrichelte Zickzacklinie

Mit unterbrochenen Zickzacklinien kannst du einen versteckten Waldweg zeichnen.

Tipp

Linien können Gefühle ausdrücken. Zarte, helle Linien wirken ruhig. Energische, kräftige Linien wirken aufgeregt.

Probier's aus!

Wie viele Linienarten kannst du zeichnen? Welche würdest du für einen schroffen, felsigen Berg und welche für ein glattes, zartes Blütenblatt verwenden?

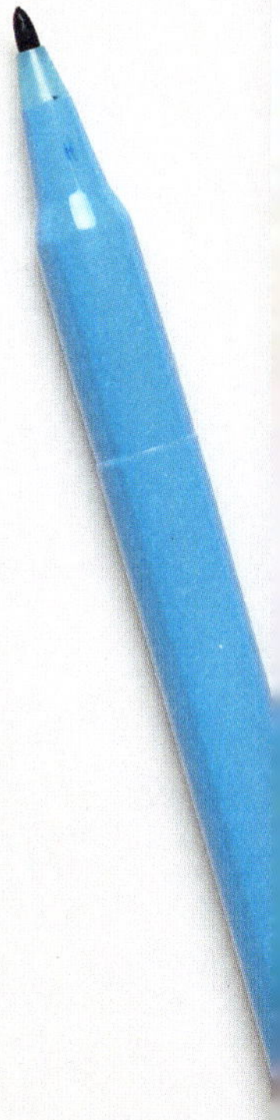

Umrisse zeichnen

Der Umriss eines Objekts zeigt dessen Form. Wenn du den Umriss gezeichnet hast, kannst du ihn mit Farben und Schattierungen ausfüllen.

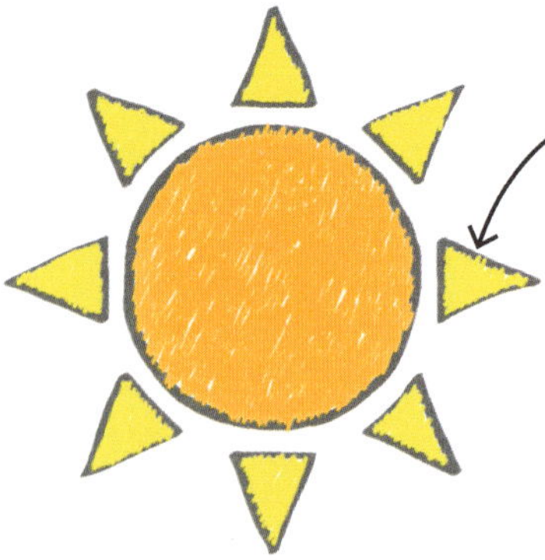

Die Sonnenstrahlen sind Umrisse statt Linien, sodass man sie farbig anmalen kann.

Menschen zeichnen

Strichmännchen zeichnen ist leicht, mit Umrissen kann man mehr Details abbilden.

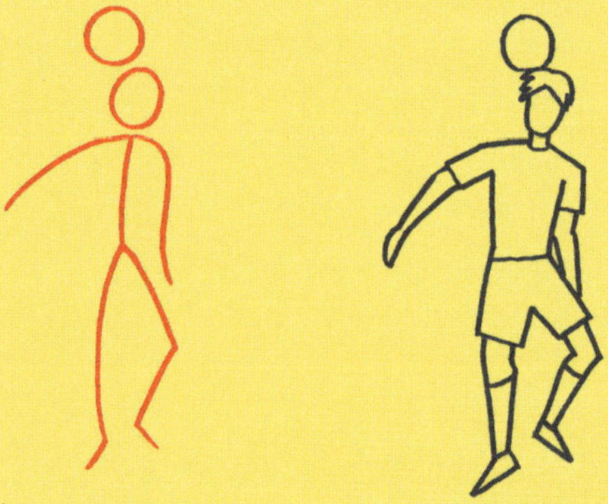

Bei einem Strichmännchen gibt es wenig anzumalen.

Umrisse wirken realer und du kannst Details anmalen.

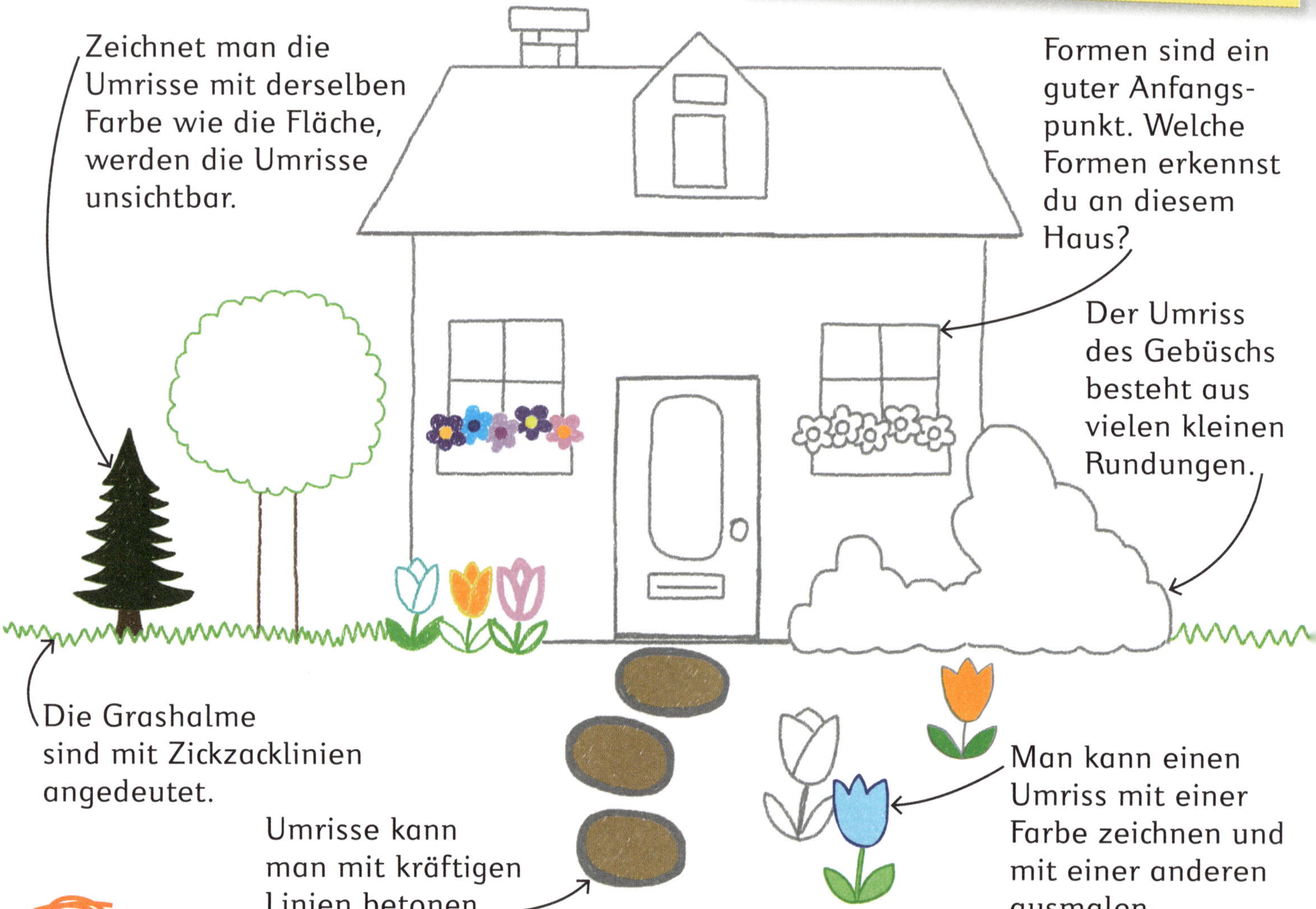

Zeichnet man die Umrisse mit derselben Farbe wie die Fläche, werden die Umrisse unsichtbar.

Formen sind ein guter Anfangspunkt. Welche Formen erkennst du an diesem Haus?

Der Umriss des Gebüschs besteht aus vielen kleinen Rundungen.

Die Grashalme sind mit Zickzacklinien angedeutet.

Umrisse kann man mit kräftigen Linien betonen.

Man kann einen Umriss mit einer Farbe zeichnen und mit einer anderen ausmalen.

Probier's aus!

Wie würdest du die Umrisse der Fotomotive zeichnen? Der erste ist schon begonnen. Beobachte, wo Linien sich krümmen, spitz zulaufen oder geometrische Formen bilden – wie die Dreiecke des Segelboots.

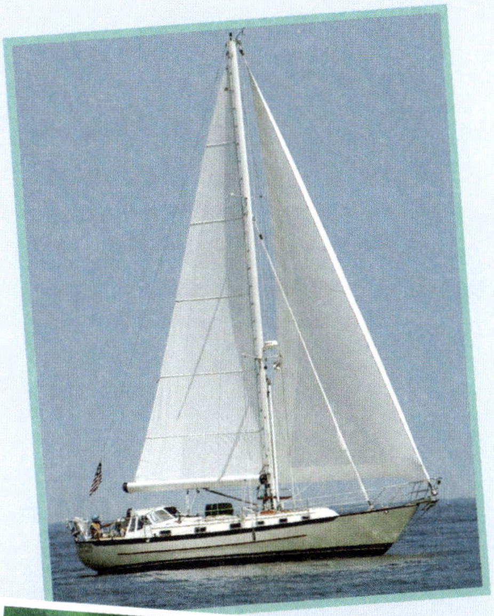

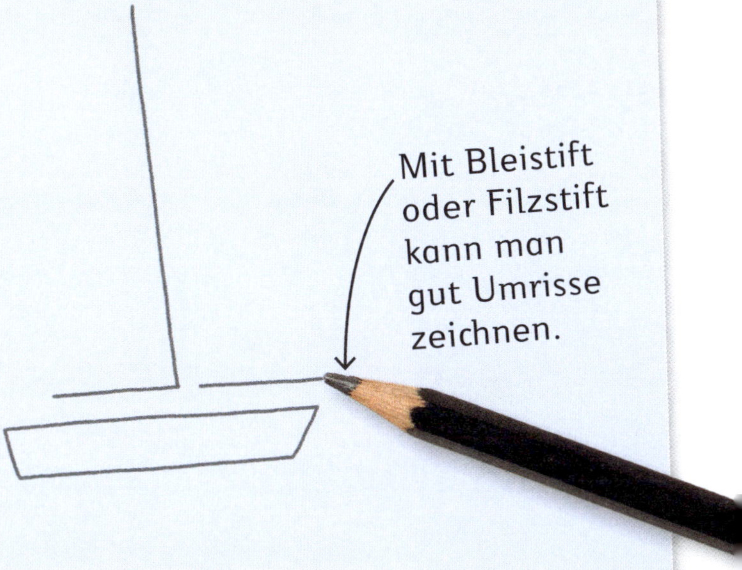

Mit Bleistift oder Filzstift kann man gut Umrisse zeichnen.

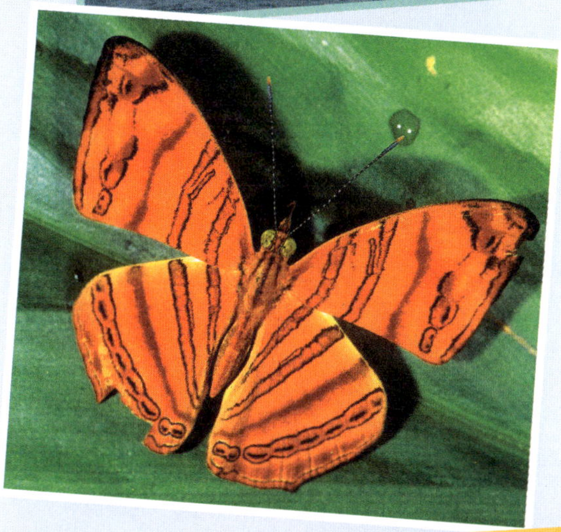

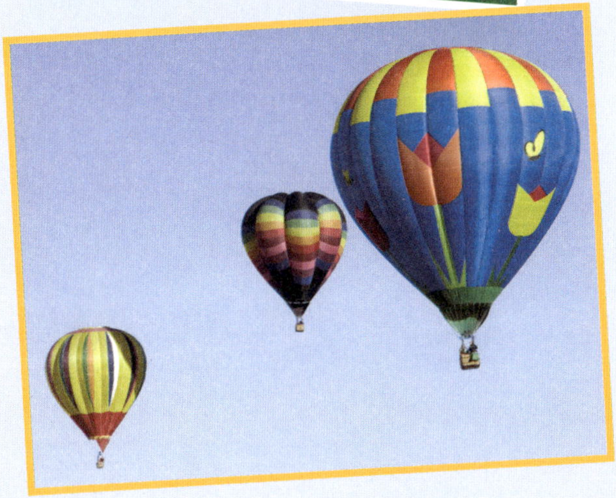

Blattform

Diese Zeichnung zeigt die einzelnen Blätter des Baums.

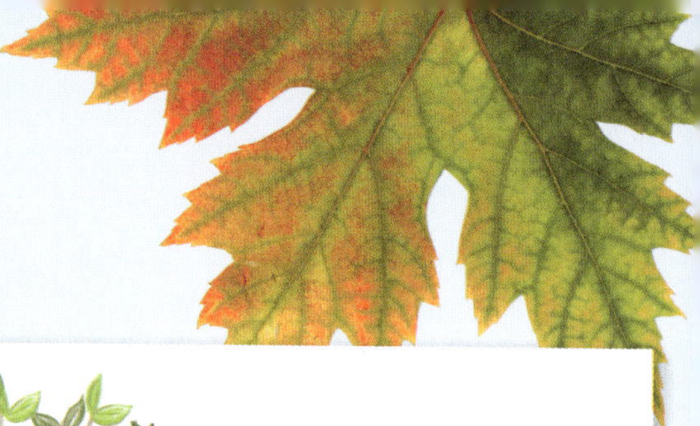

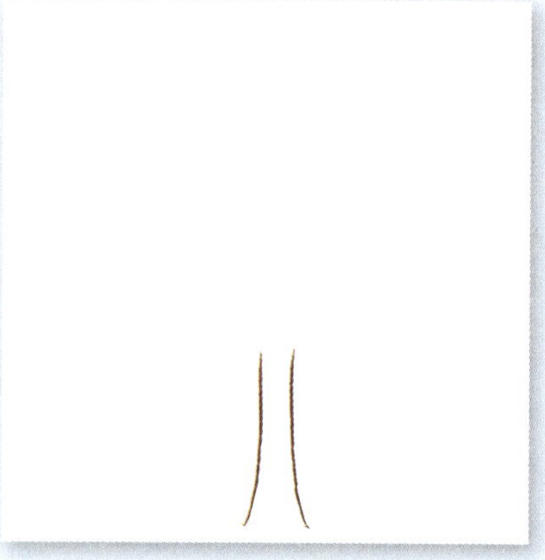

1 Zeichne zwei gekrümmte, nach oben enger werdende Linien für den Stamm.

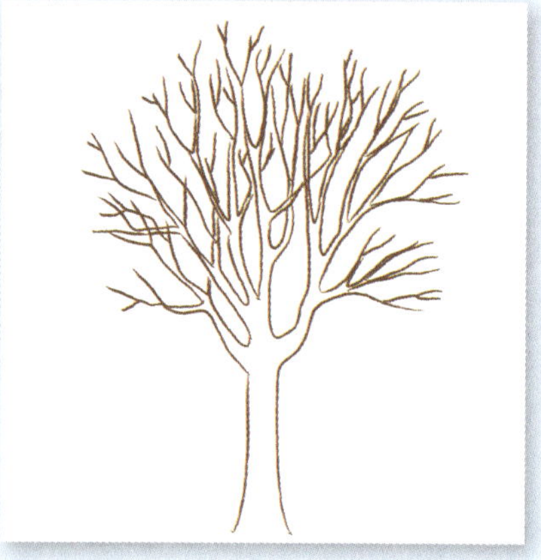

2 Füge Zweige hinzu, die sich nach oben ausbreiten.

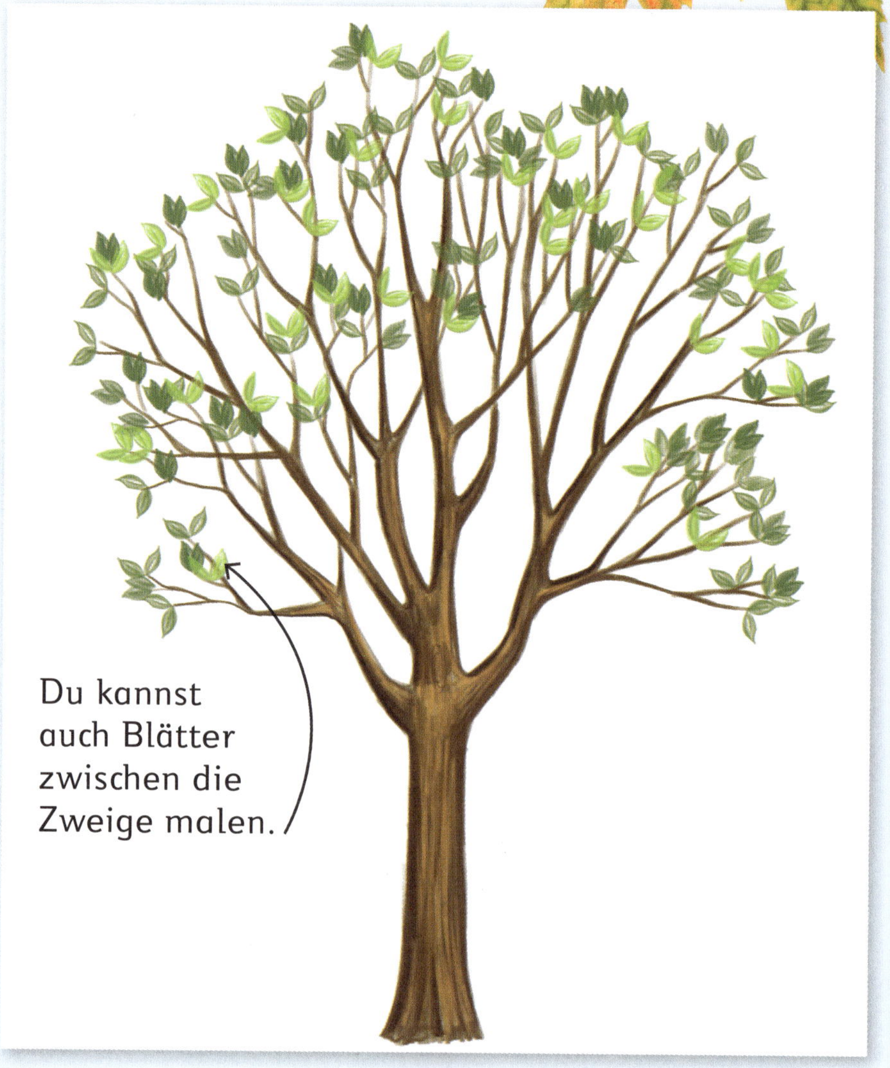

3 Zeichne so viele Blattumrisse wie möglich und male dein Bild in verschiedenen Grün- und Brauntönen an.

Bäume zeichnen

Hier werden zwei Arten vorgestellt, Bäume zu zeichnen. Eine zeigt die Blätter, die andere betont die buschige Form der Baumkrone.

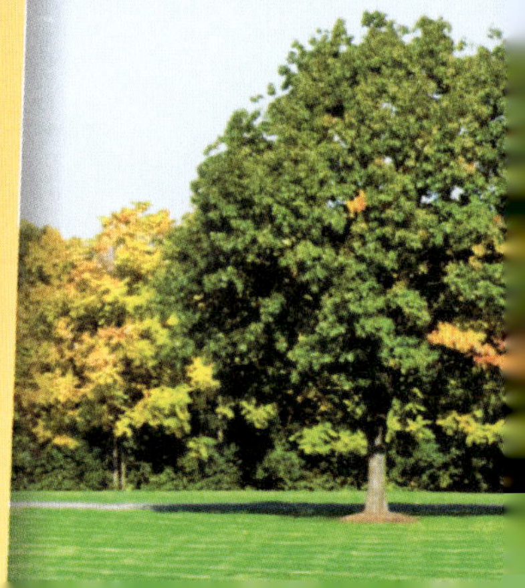

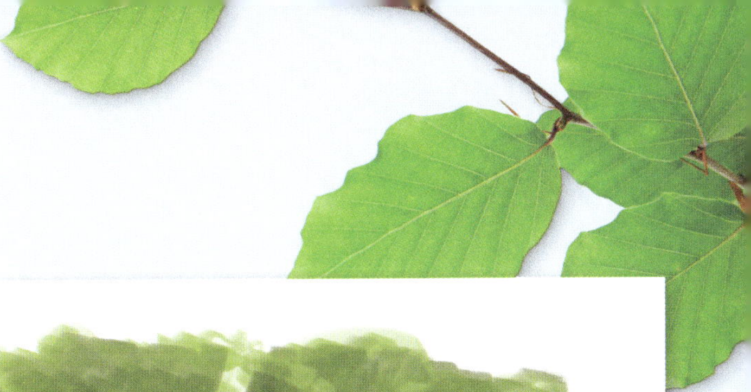

Buschform

Diese Zeichnung betont stattdessen die Form der gesamten Baumkrone.

1 Zeichne einen buschigen Umriss für die gesamte Baumkrone.

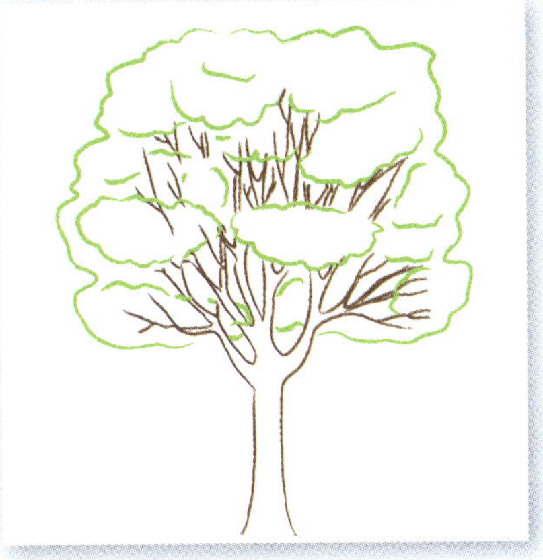

2 Zeichne den Stamm und Zweige, die in der Baumkrone enden.

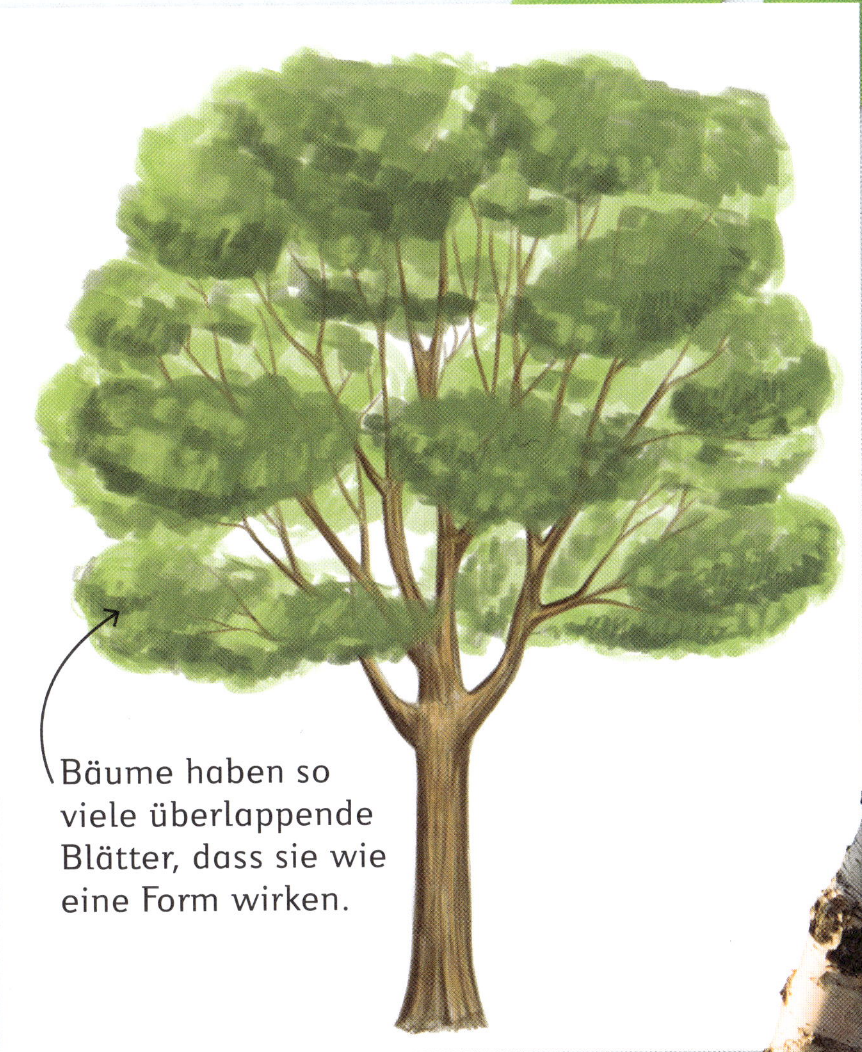

3 Koloriere Baumkrone und Stamm. Lass dabei an einigen Stellen Zweige durch die Blätter scheinen.

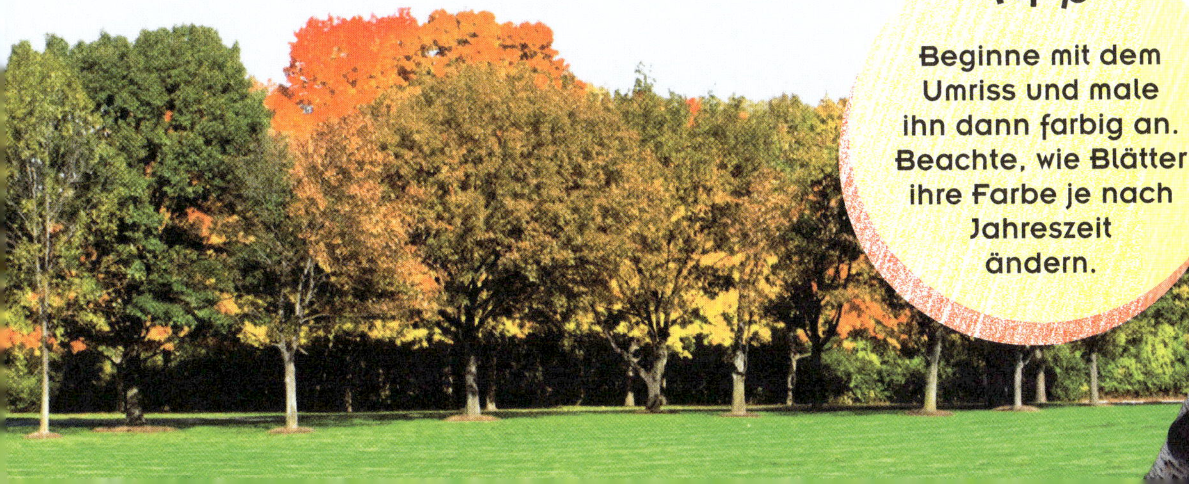

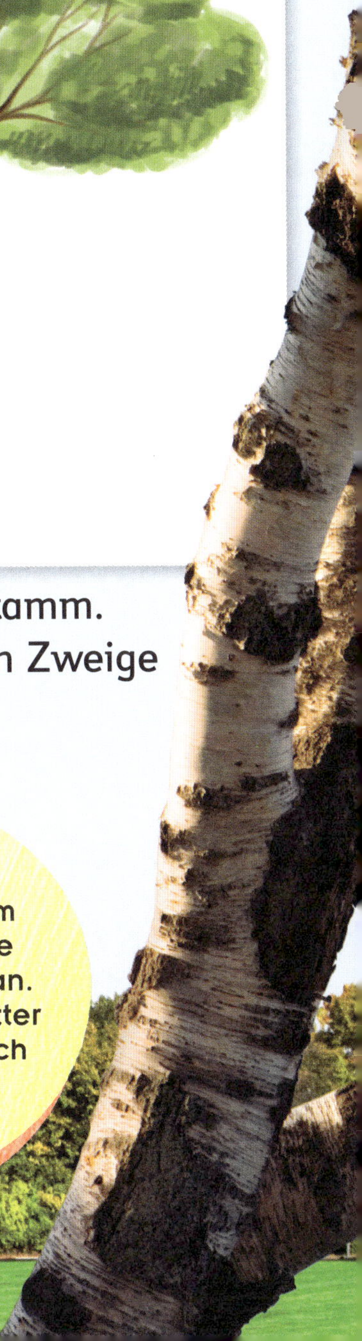

Tipp

Beginne mit dem Umriss und male ihn dann farbig an. Beachte, wie Blätter ihre Farbe je nach Jahreszeit ändern.

Muster

Wenn du dich umsiehst, erkennst du überall Muster. Muster sind sich wiederholende Formen wie Karos oder Streifen. Du findest sie in der Natur, z. B. auf Tierfellen, Schmetterlingsflügeln oder Pflanzenblättern. Zu Hause siehst du sie auf Stoffen, Geschenkpapier oder Geräten.

Punkte

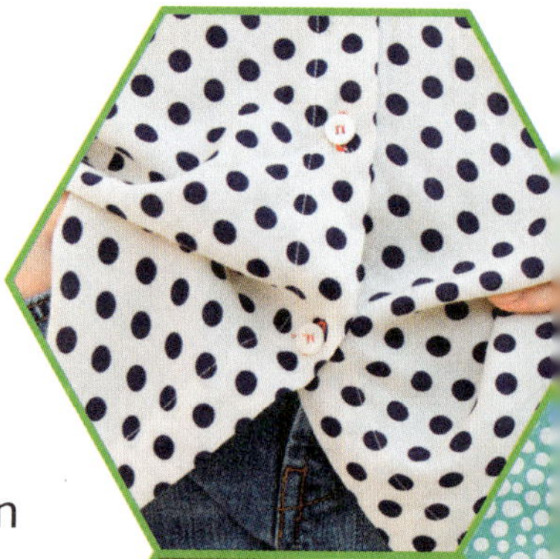

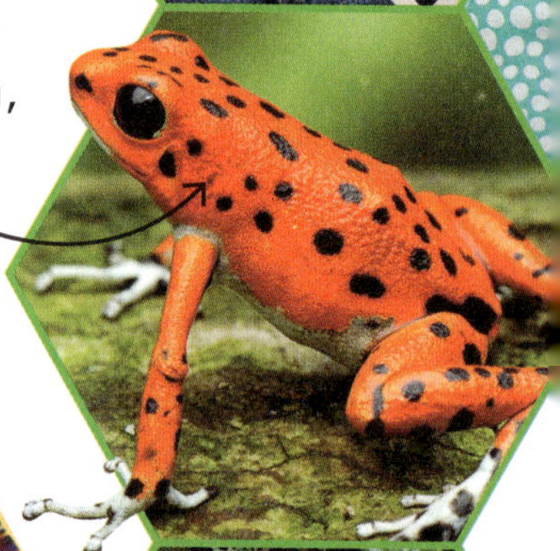

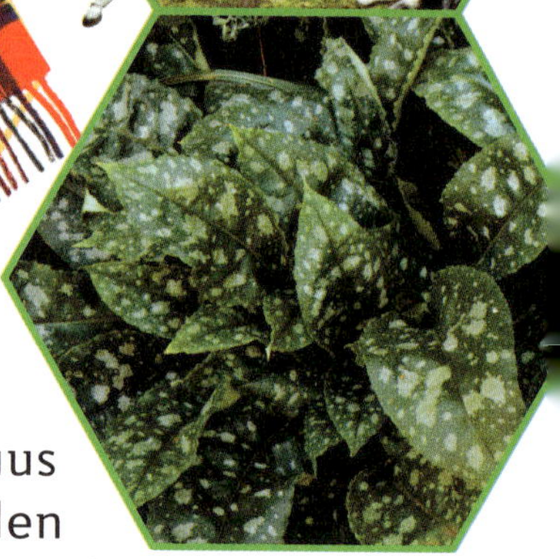

Punktemuster können aus Tupfen gleicher oder, wie bei diesem Frosch, unterschiedlicher Größe bestehen.

Karos

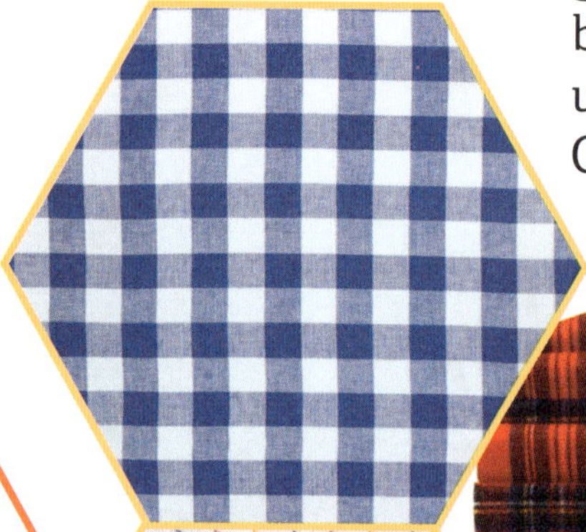

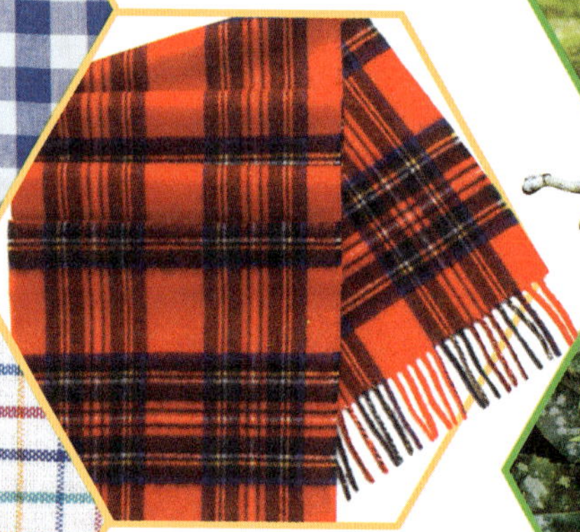

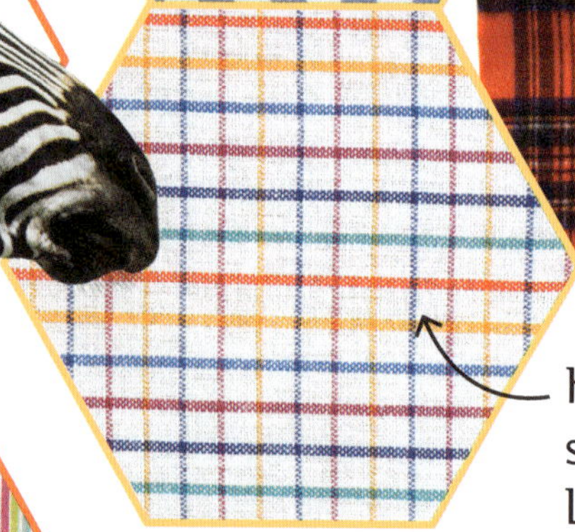

Karos entstehen aus sich überkreuzenden Linien. Die Linienstärke kann variieren. Vergleiche dieses Karo mit dem Schalmuster.

Streifen

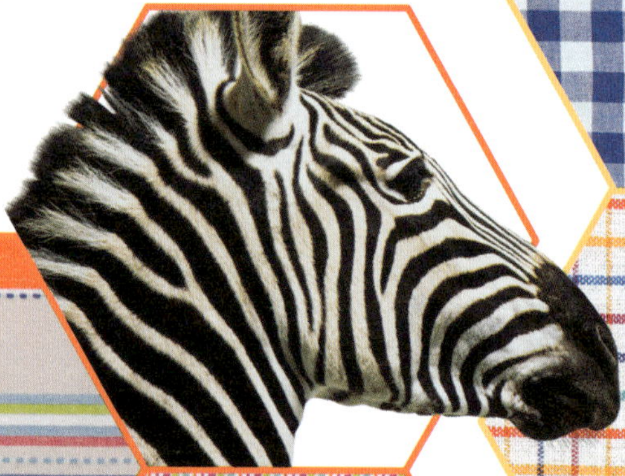

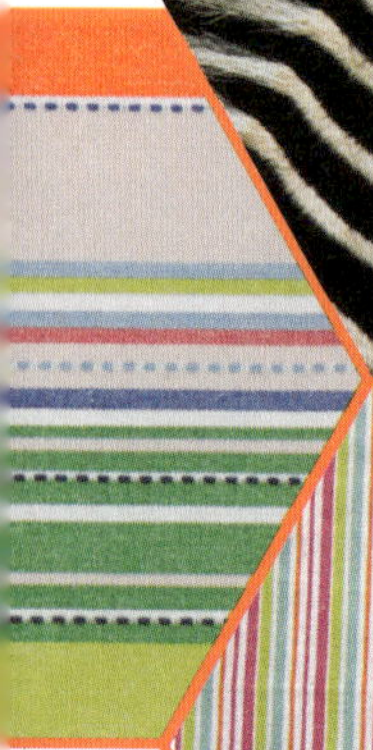

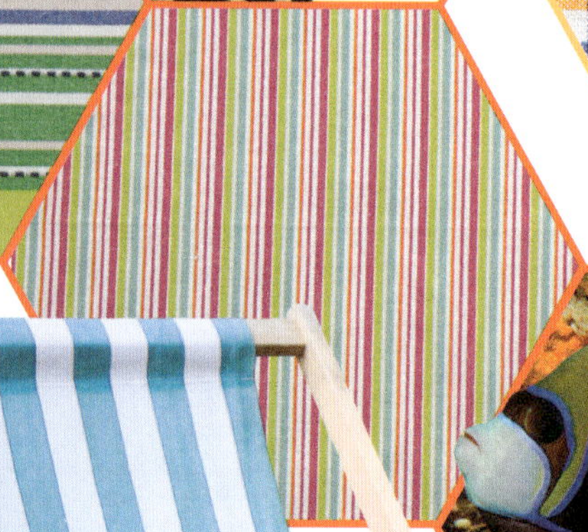

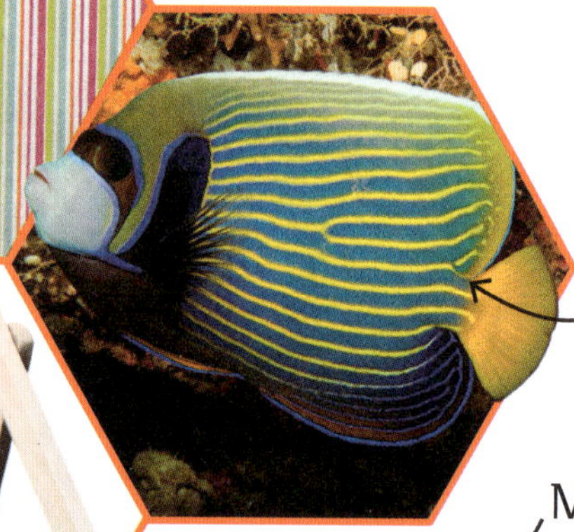

Streifen können gerade oder, wie bei diesem Fisch, gerundet sein.

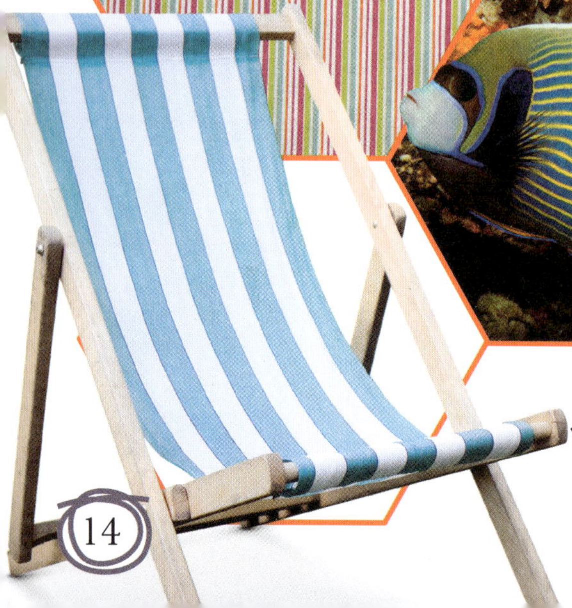

Muster wirken je nach Untergrund verschieden. Wie sehen die Streifen auf diesem Sonnenstuhl aus – gerade oder gekrümmt?

Probier's aus!

Zeichne dein Lieblingsmuster, z. B. für ein Geschenkpapier. Du kannst große Tupfen, kleine Punkte, breite Karos, dicke oder dünne Streifen zeichnen – oder verschiedene Muster kombinieren.

Formen können von deiner Umgebung oder der Fantasie inspiriert sein.

Tipp

Zeichne einfache Formen wie Kreise oder Dreiecke. Verziere sie mit Blumen, Tieren oder ganz wie du willst.

Strukturen

Die Struktur einer Oberfläche beschreibt, wie sich etwas anfühlt (weich wie Fell, rau wie Rinde). Muster können Strukturen andeuten und Zeichnungen lebensnah wirken lassen.

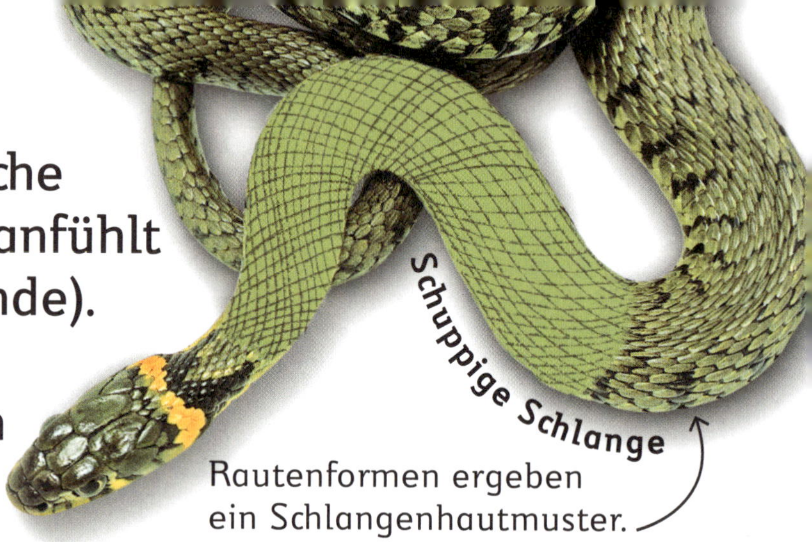

Rautenformen ergeben ein Schlangenhautmuster.

Strukturenspaß

Hier sind Beispiele, wie man unterschiedliche Strukturen zeichnet.

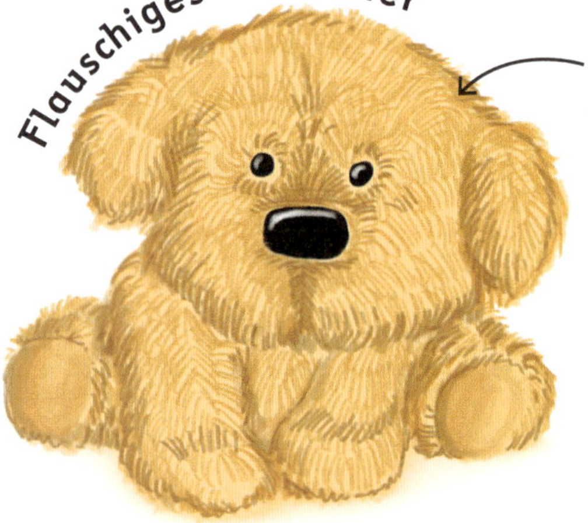

Durch kurze, leicht gekrümmte, dichte Linien wirkt das Fell weich und flauschig.

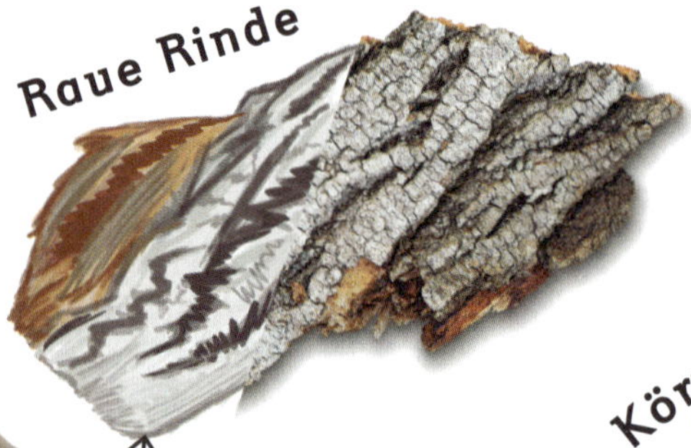

Bei Rinde werden aus glatten gezackte Linien.

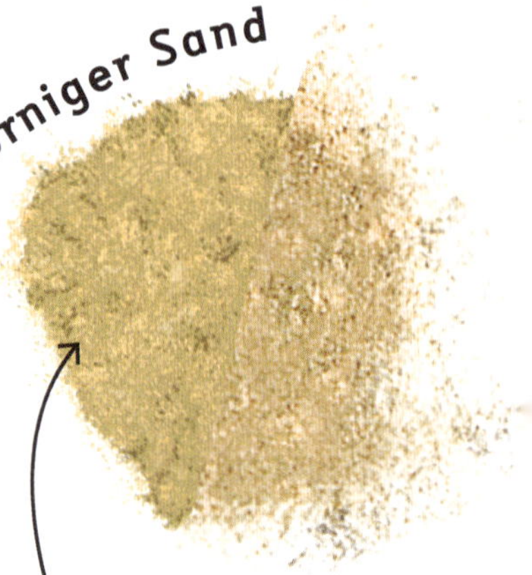

Durch Pünktchengruppen wirkt der Sand körnig.

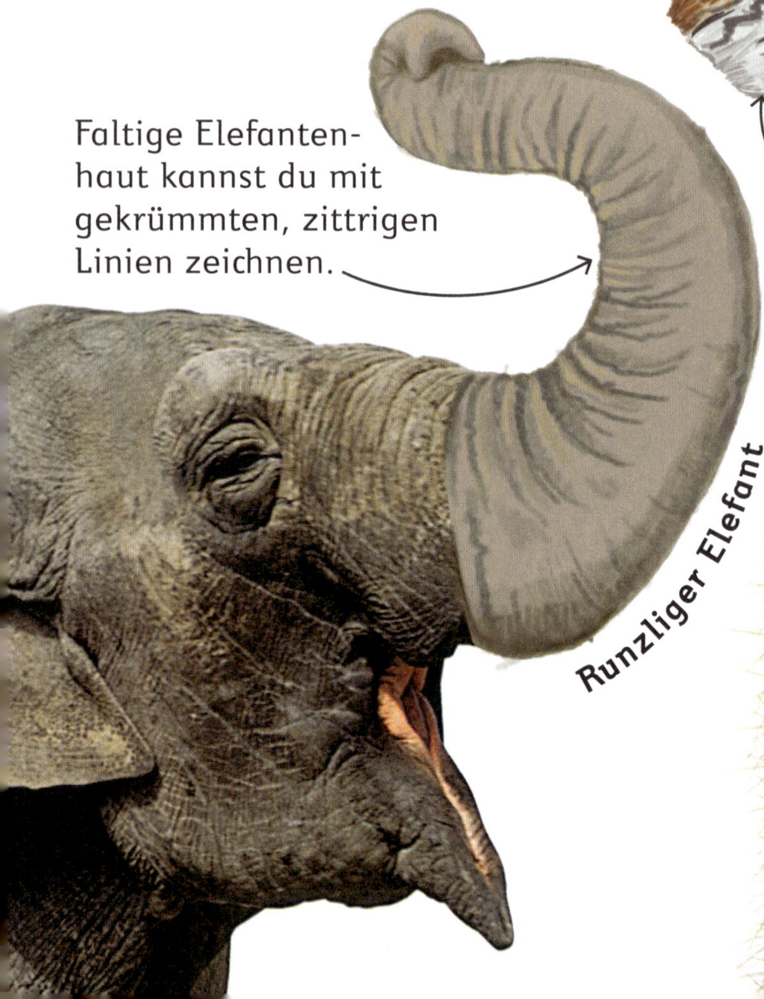

Faltige Elefantenhaut kannst du mit gekrümmten, zittrigen Linien zeichnen.

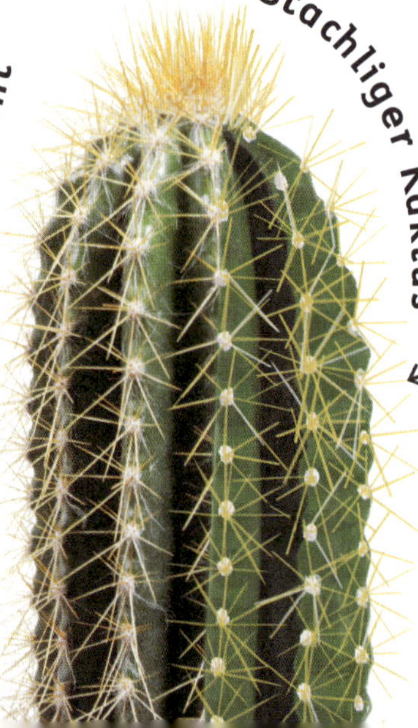

Zeichne die Stacheln als dünne, gerade Linien.

Probier's aus!

Fülle die Formen mit Strukturen. Welche Stifte oder Kreiden eignen sich für schuppige, faltige oder stachlige Strukturen?

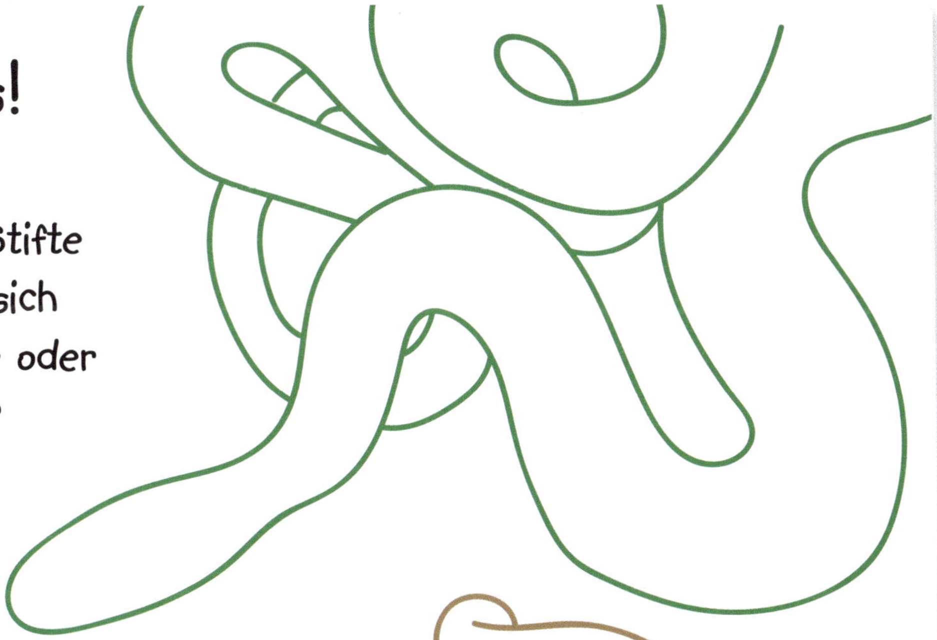

Tipp

Lege ein Blatt Papier über Rinde oder ein Blatt. Reibst du mit einem Stift darüber, drückt sich die Struktur durch.

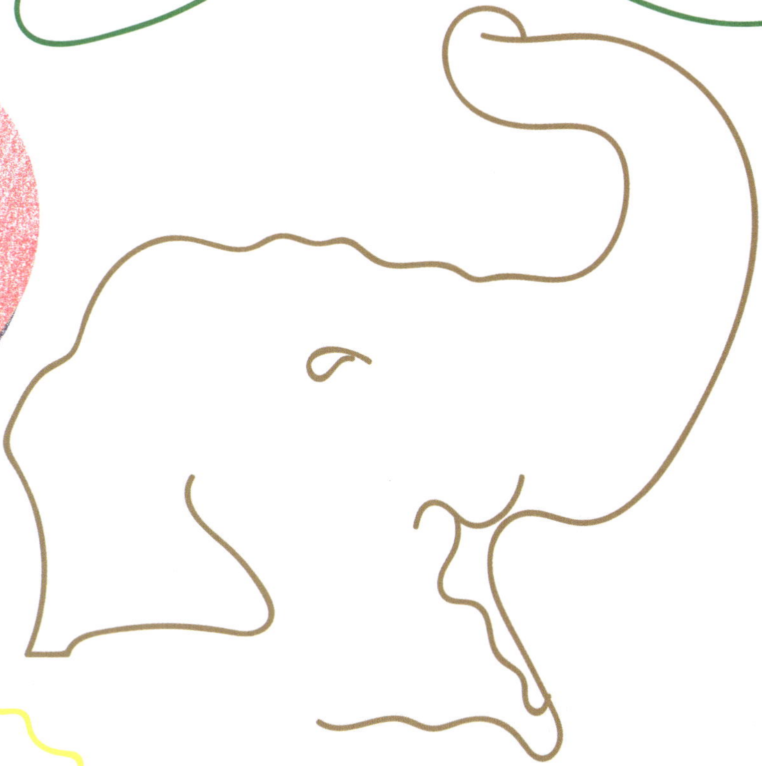

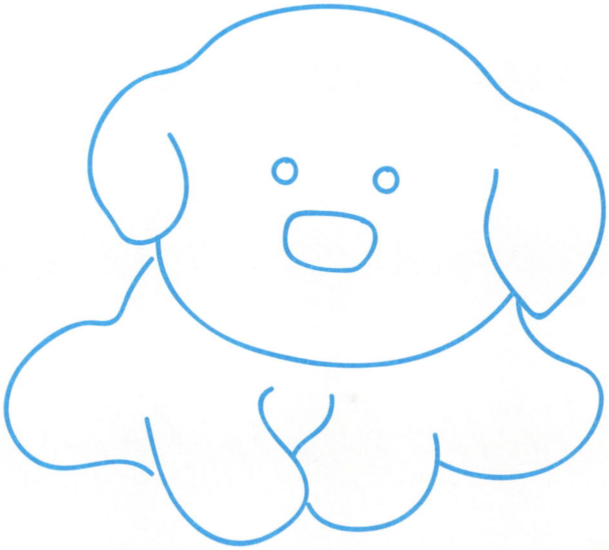

Muscheln und Schnecken

Wenn du dir Muscheln und Schnecken am Strand ansiehst, erkennst du, dass sie verschiedene Formen, Größen, Muster und Strukturen haben. Hier lernst du zwei Arten zu zeichnen.

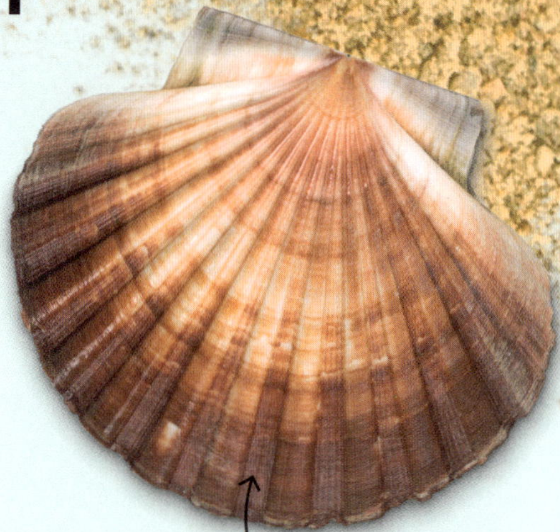

Fächerförmige Muschel

Fächerförmige Muscheln bestehen aus zwei mit einem Scharnier verbundenen Teilen. Zu ihnen gehören Jakobs- und Venusmuscheln.

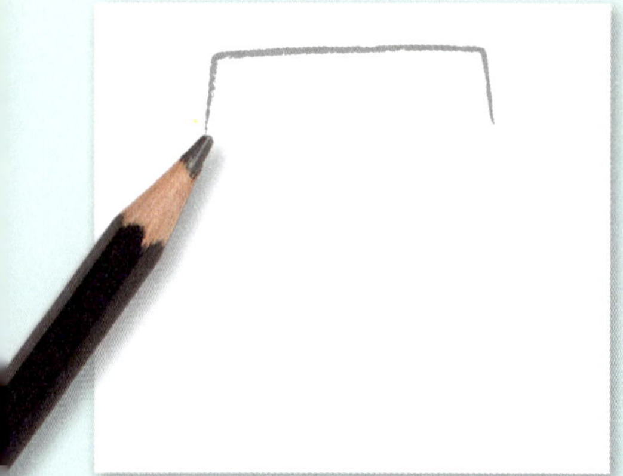

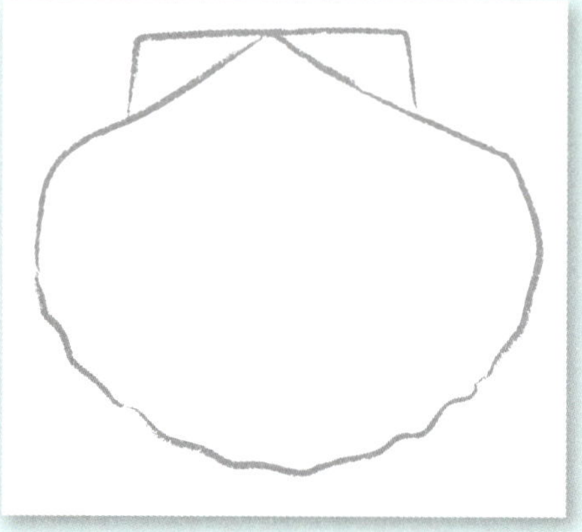

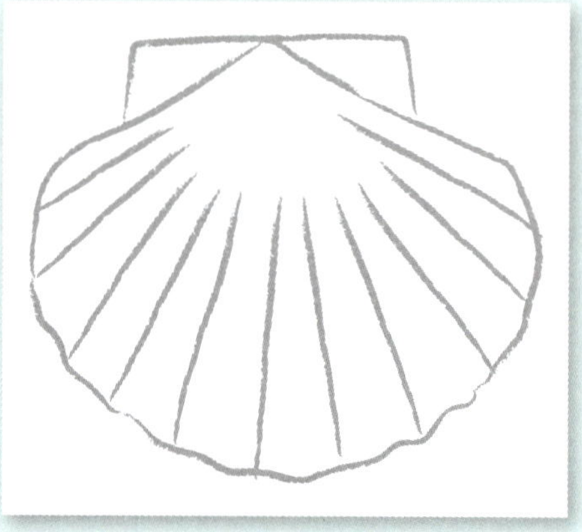

1 Zeichne das Scharnier mit geraden Linien wie drei Seiten eines Rechtecks.

2 Zeichne zwei von der Mitte ausgehende Linien. Verbinde sie mit einer gewellten Linie.

3 Zeichne gerade Linien, die von der Rundung ausgehend auf den Mittelpunkt zulaufen.

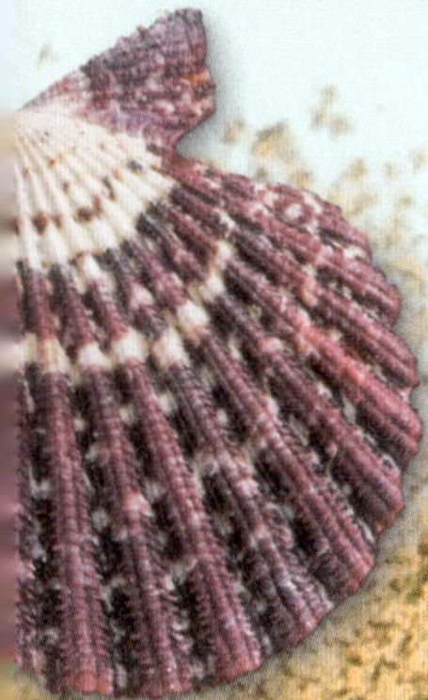

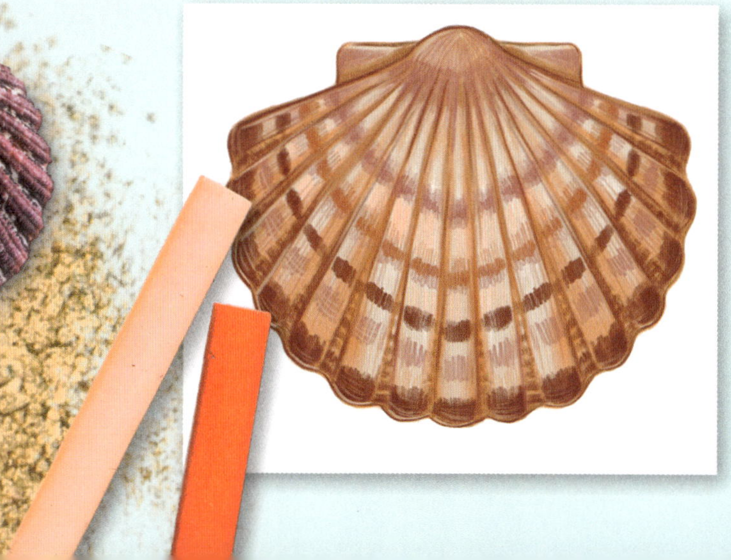

4 Fülle den Umriss mit Farben und Mustern. Orientiere dich an den Fotos oder denke dir selbst etwas aus.

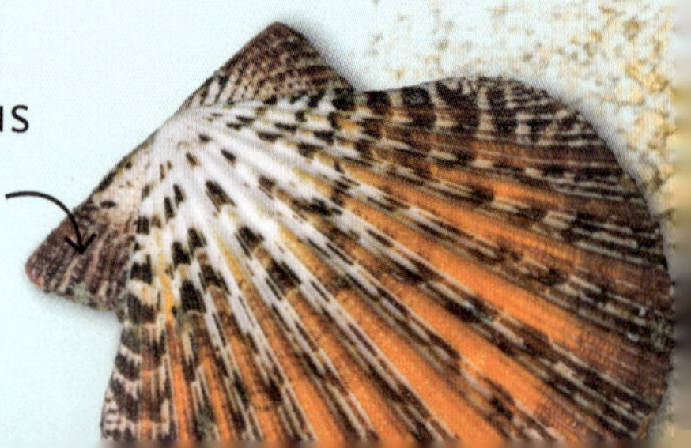

Spiralförmige Schnecke

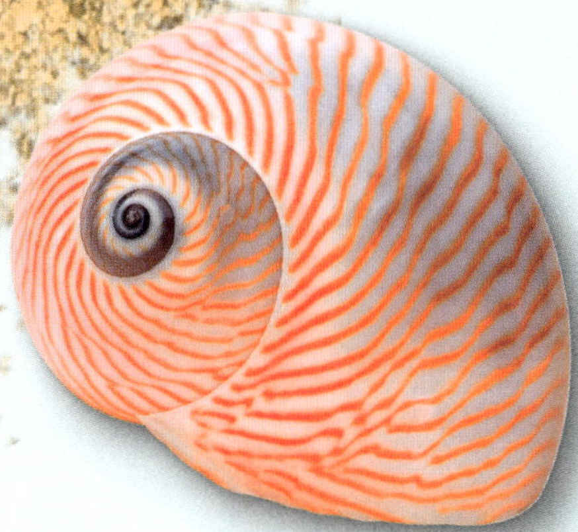

Mondschnecken sind sehr groß und leben im Meer, aber ihre Gehäuse ähneln denen von Landschnecken. Das Gehäuse dieser Mondschnecke ist spiralförmig.

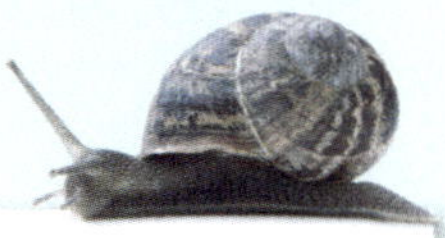

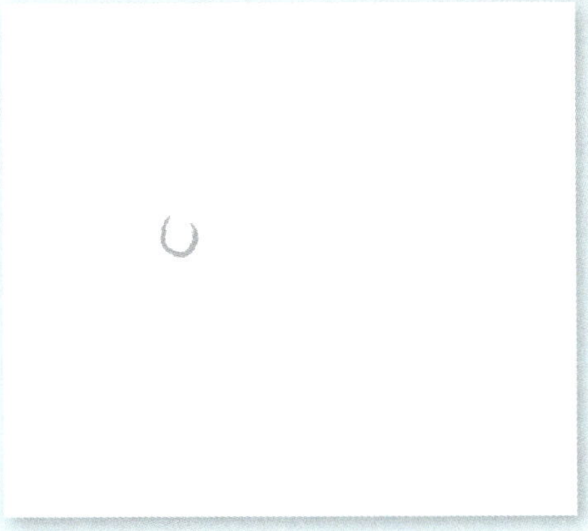

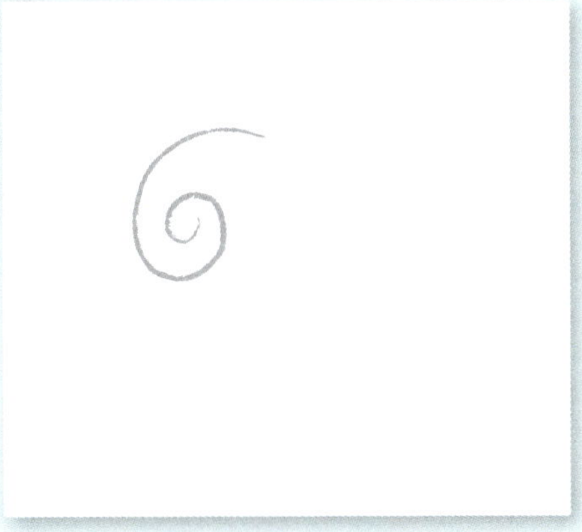

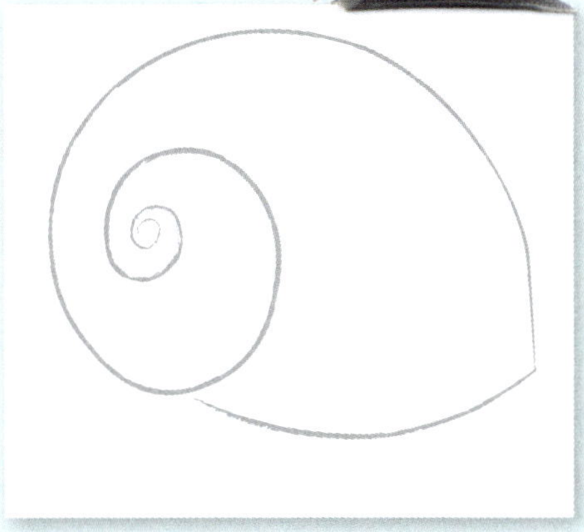

1 Zeichne ausgehend von der Mitte des Gehäuses einen halbkreisförmigen Bogen.

2 Vollende den Kreis nicht, sondern führe den Stift in Bögen um den Mittelpunkt herum.

3 Zeichne weiter, bis das Gehäuse groß genug ist. Verbinde das offene Ende mit einer Linie.

Willst du eine Schnecke in das Gehäuse zeichnen, setze hier den Körper an.

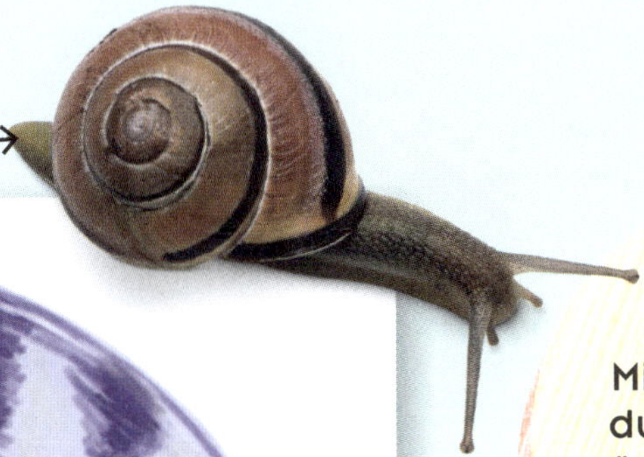

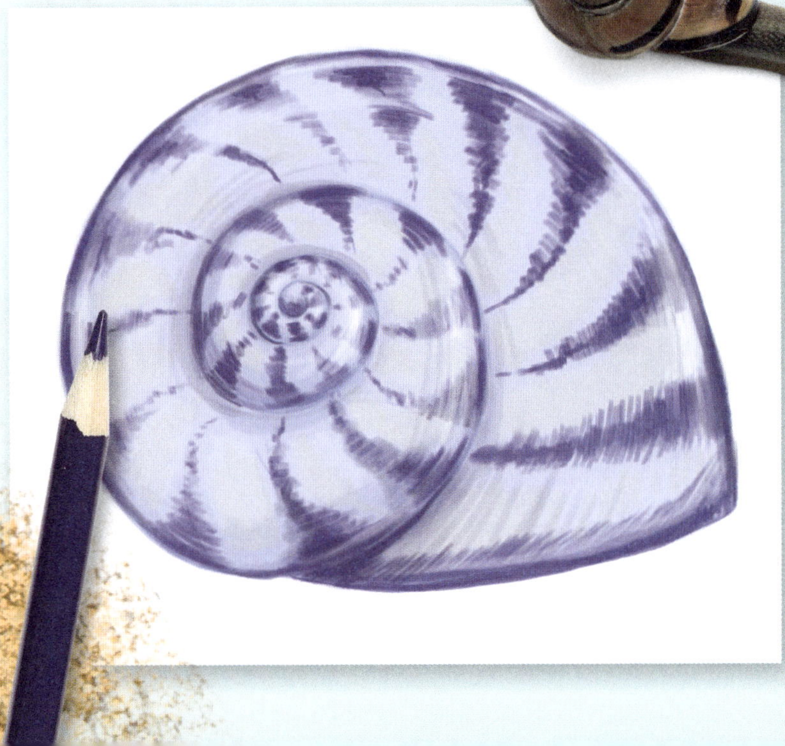

Tipp

Mit Spiralen kannst du auch Elefantenrüssel oder Pflanzen wie Farne und Weinreben zeichnen.

4 Koloriere das Gehäuse mit geraden Streifen oder zittrigen Linien.

Blätter und Blumen

Pflanzen gibt es überall – auf dem Land, in der Stadt und sicher auch in deinem Zuhause. Schau dir die Blätter auf dieser Seite an. Alle haben ganz eigene Formen, Farben und Muster.

Blätter-Allerlei

Versuche die zweite Blatthälfte anzumalen. Manche haben gezeichnete Umrisse, bei anderen fehlen sie. Kannst du sie ergänzen?

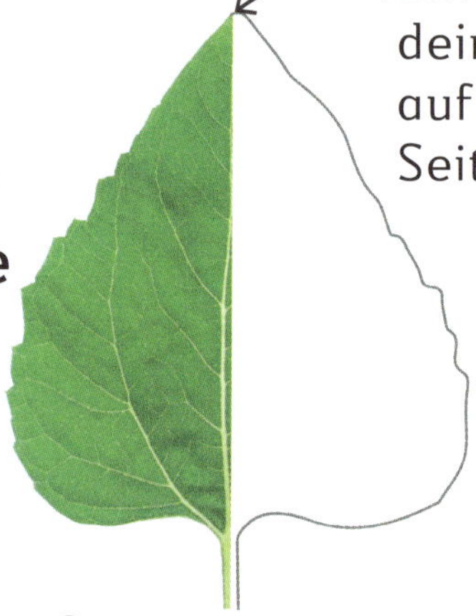

Sonnenblume

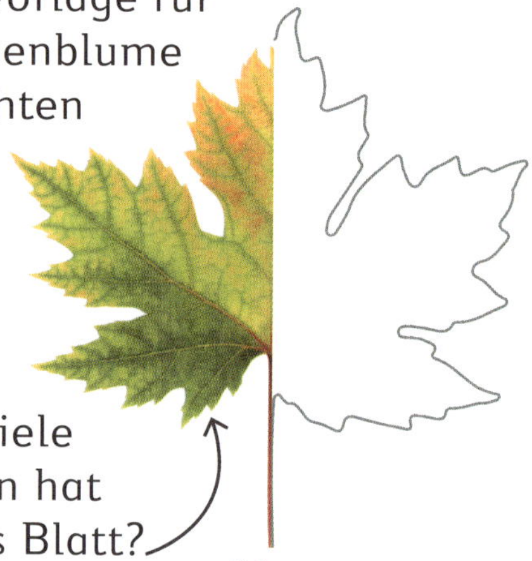

Ahorn

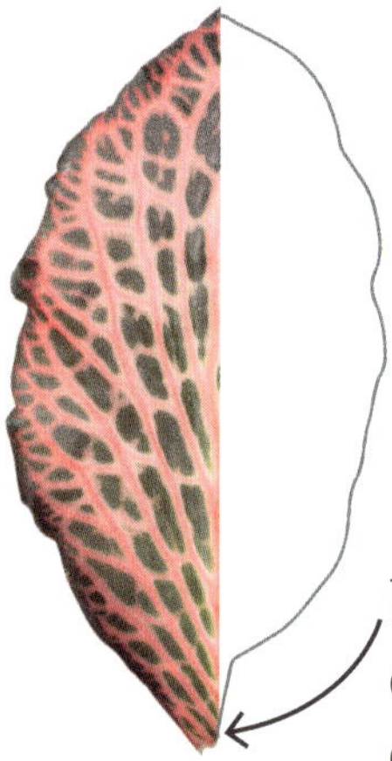

Fittonia

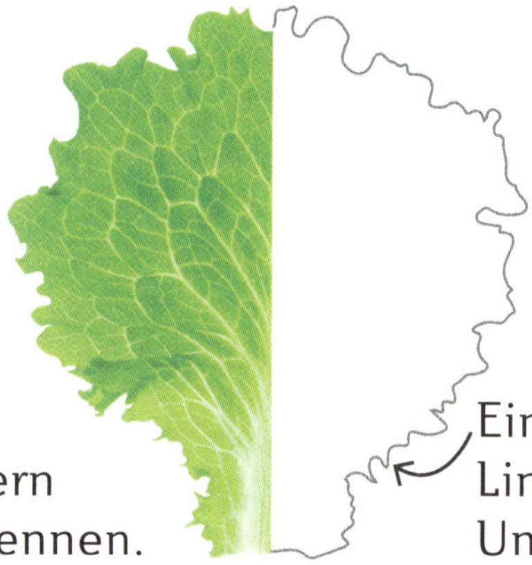

Salat

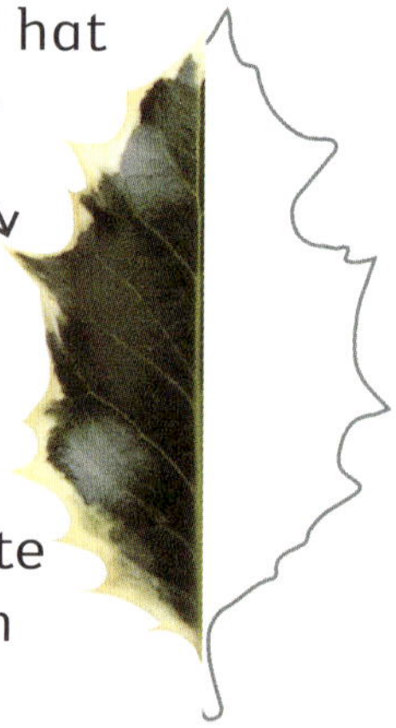

Stechpalme

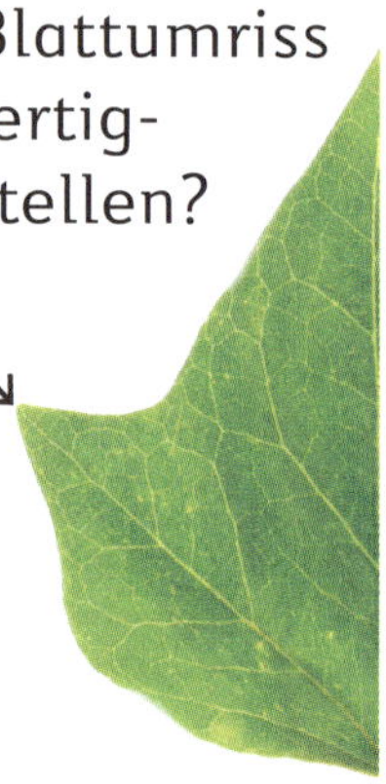

Efeu

Nessel

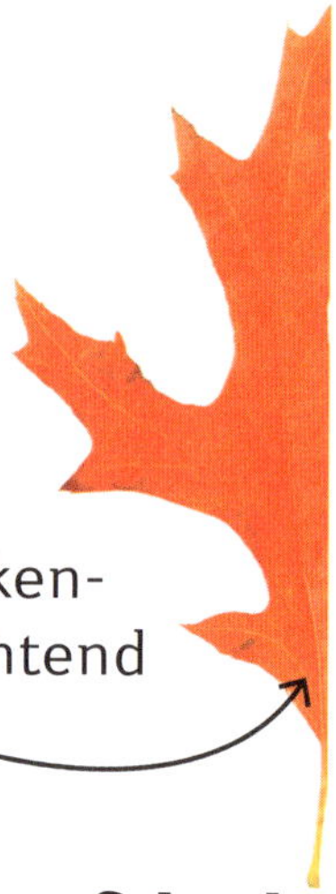

Scharlach-Eiche

Sonnenblume zeichnen

Lerne in fünf Schritten, wie du eine leuchtend gelbe Sonnenblume zeichnest.

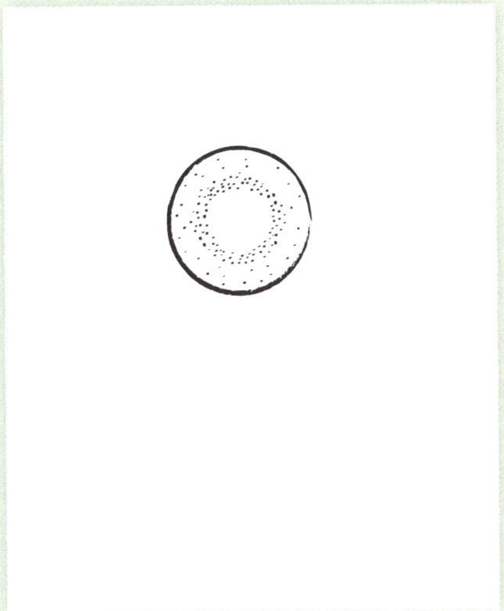

1 Zeichne den Mittelkreis. Fülle ihn mit Pünktchen für die Samen.

2 Zeichne eine erste Blütenblattreihe um den Kreis.

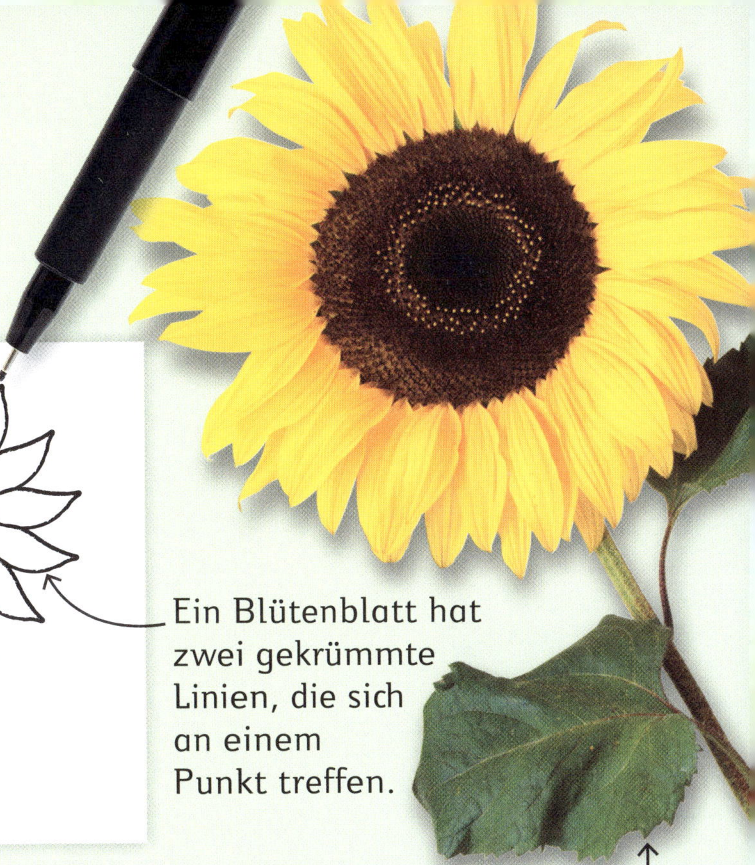

Ein Blütenblatt hat zwei gekrümmte Linien, die sich an einem Punkt treffen.

Die Blätter müssen nicht alle grün sein – mische Gelb oder Blau unter.

3 Ergänze weitere Blütenblätter hinter der ersten Blütenblattreihe.

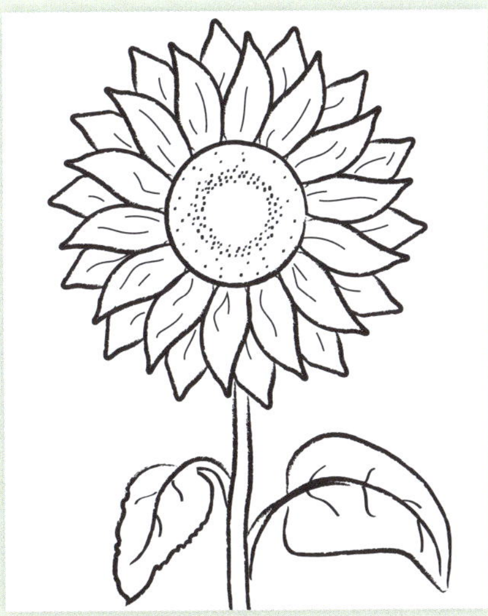

4 Zeichne den Stiel mit zwei Linien und ergänze Blätter. Orientiere dich am Sonnenblumenblatt links.

5 Male deine Sonnenblume farbig an.

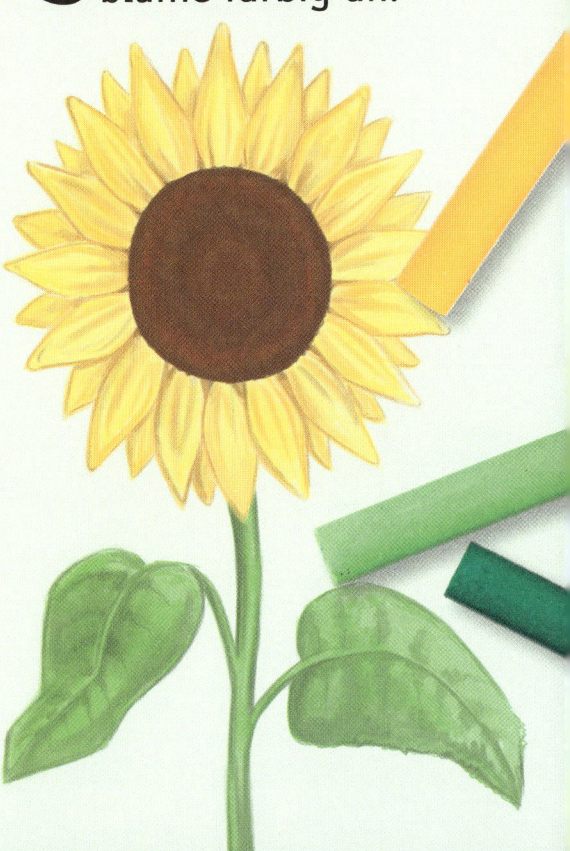

Bildaufbau

Die Teile einer Zeichnung auf einem Blatt anzuordnen und die Größe der gezeigten Objekte festzulegen, nennt man Bildaufbau oder Komposition. Es gibt unterschiedliche Arten solcher Zusammenstellungen.

Verschiedene Anordnungen

Betrachte die drei Kreise auf den kleinen Bildern. Deine Zeichnungen haben eine ganz unterschiedliche Wirkung, je nachdem, wie du sie aufbaust.

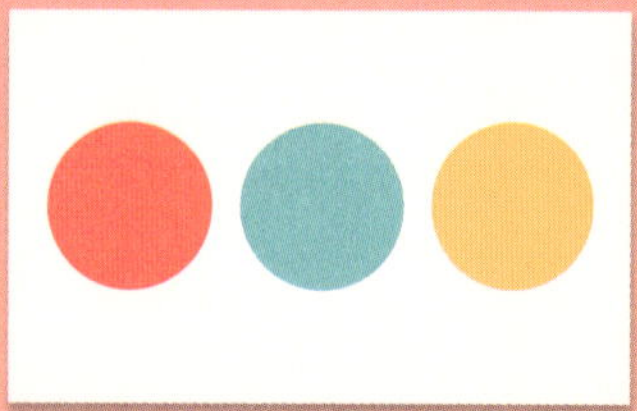

Gleich groß, nebeneinander
Eine einfache Art ist, Objekte gleich groß und nebeneinander anzuordnen. Das Elefantenbild ist genauso aufgebaut wie das Kreisbild.

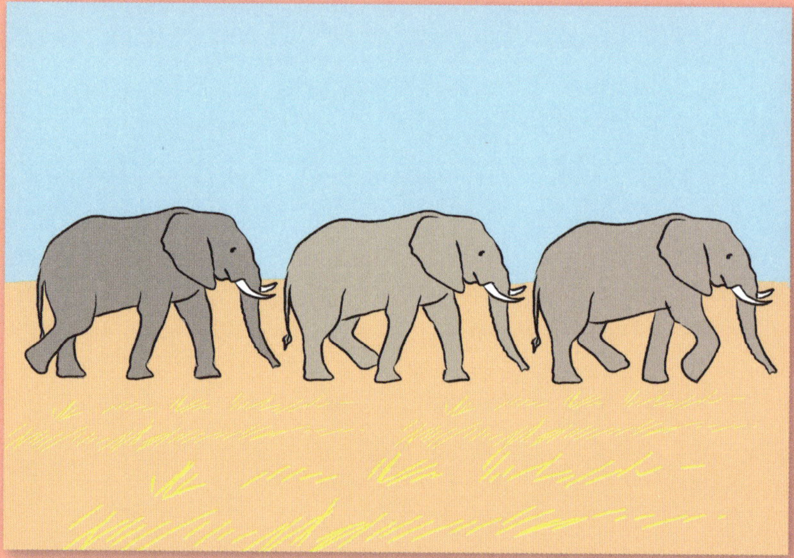

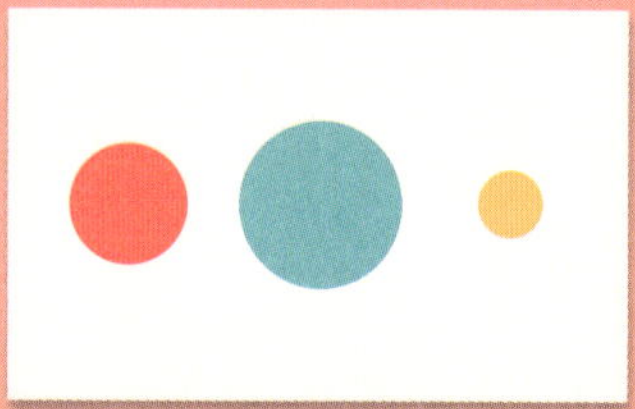

Unterschiedlich groß, nebeneinander
Bei diesem Bildaufbau sind die Kreise gleich positioniert, aber unterschiedlich groß. Auf der Zeltzeichnung scheinen deshalb die kleinen Zelte weiter entfernt zu stehen.

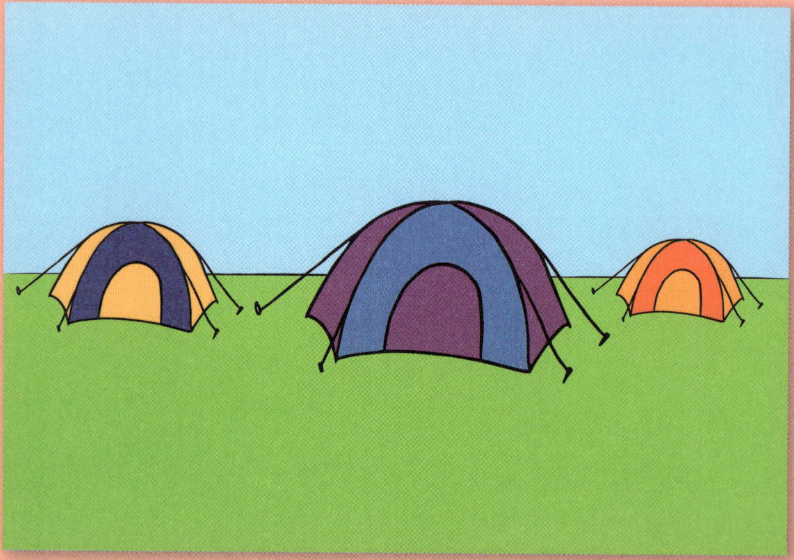

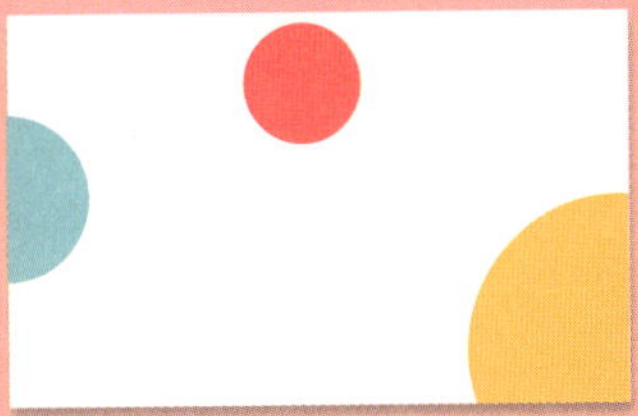

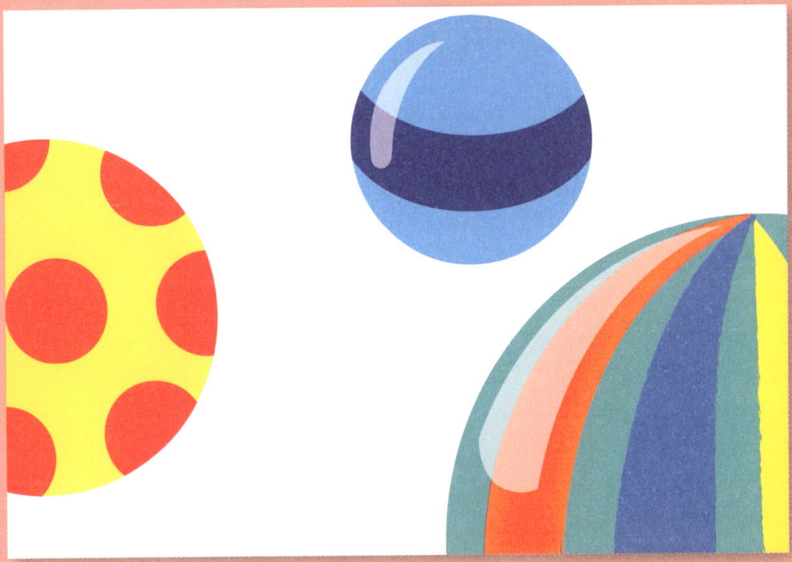

Über den Rand ragend
Nicht alles muss innerhalb des Bildrands liegen. Du kannst Objekte so platzieren, dass sie über den Rand hinausragen – wie diese Bälle, die scheinbar aus dem Bild fliegen.

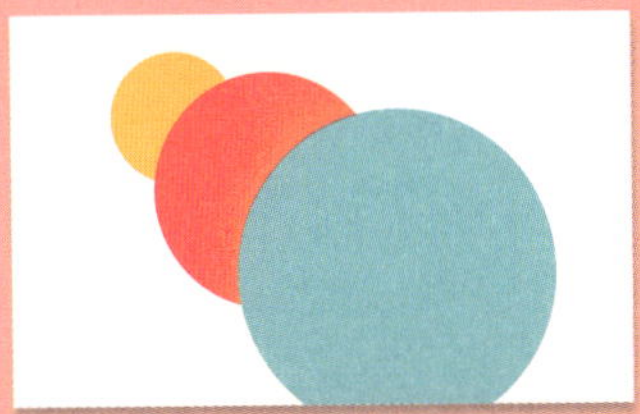

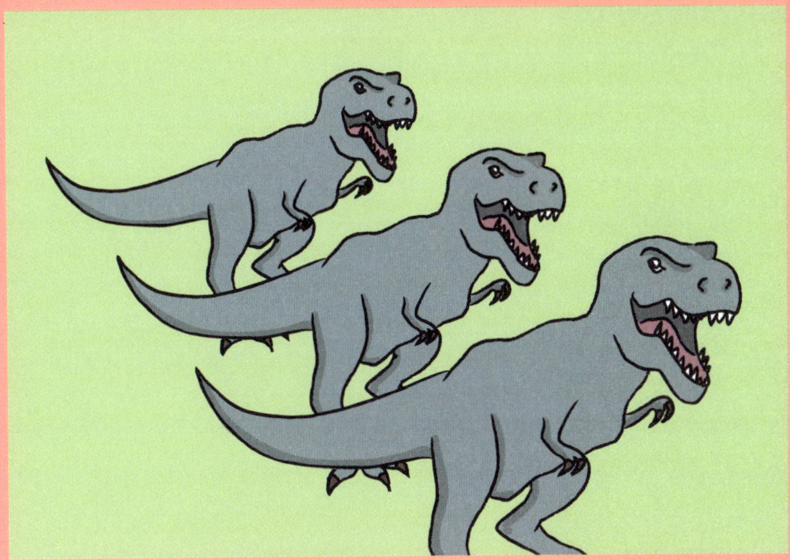

Groß vor klein
Wenn Objekte übereinander angeordnet sind, können die vorderen Objekte die dahinterliegenden teilweise verdecken. Motive in Nahansicht wie der vordere Dinosaurier ragen oft über den Bildrand hinaus.

Probier's aus!

Wie viele Anordnungen aus Kreisen oder anderen Formen fallen dir ein?

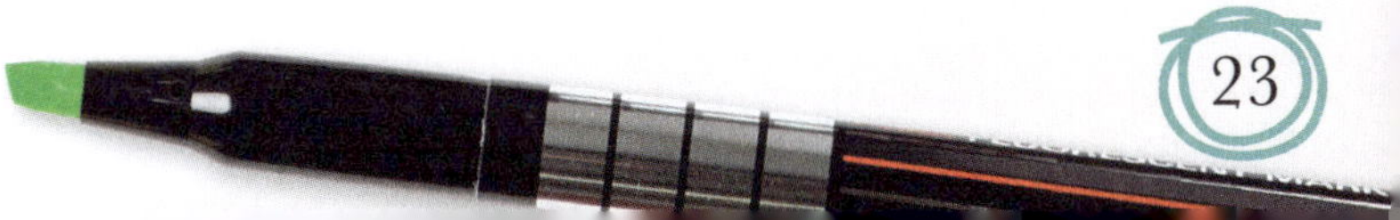

Kolorieren

Mit Farben kannst du Umrisse anmalen und deine Zeichnungen zum Leben erwecken. Du kannst naturgetreue Farben oder einfach deine Lieblingsfarben wählen.

Farbkreis

Der Farbkreis zeigt dir, welche Farbe sich aus der Mischung zweier Farben ergibt. Er hilft dir auch zu erkennen, welche Farben sich nicht gut mischen lassen.

Farben, die im Kreis nebeneinanderliegen, lassen sich gut miteinander mischen. Gelb und Orange ergeben dieses Hellorange.

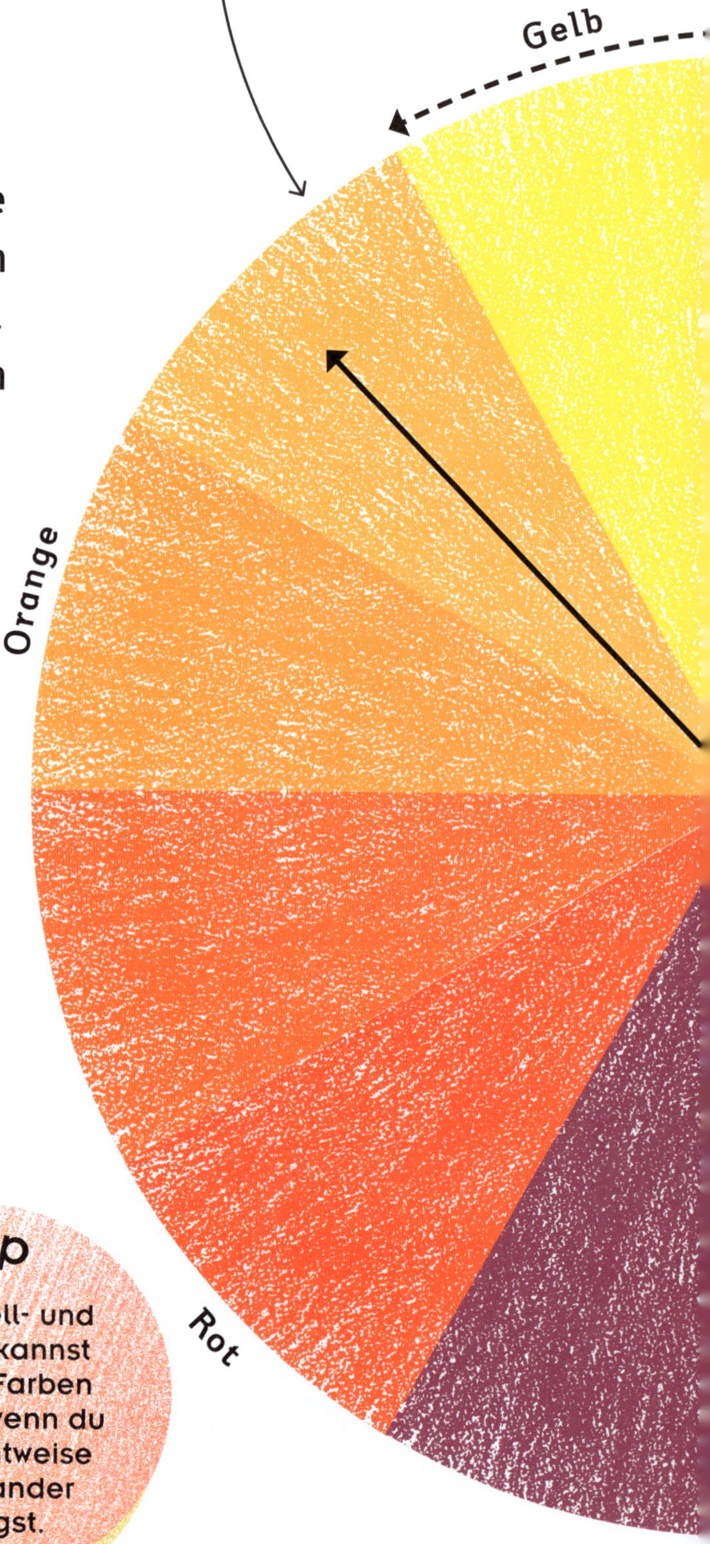

Primärfarben

Rot, Gelb und Blau sind die drei Primärfarben. Aus ihnen können alle anderen Farben gemischt werden.

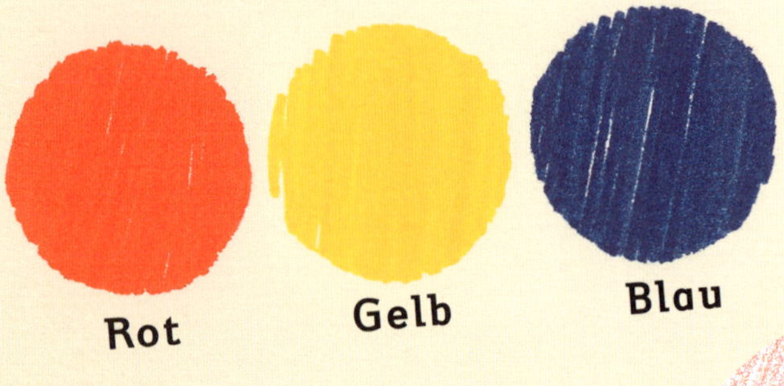

Tipp

Aus Pastell- und Ölkreide kannst du neue Farben mischen, wenn du sie schichtweise übereinander aufträgst.

Farben mischen

Orange, Grün und Violett werden Sekundärfarben genannt. Sie entstehen, wenn du zwei Primärfarben mischst.

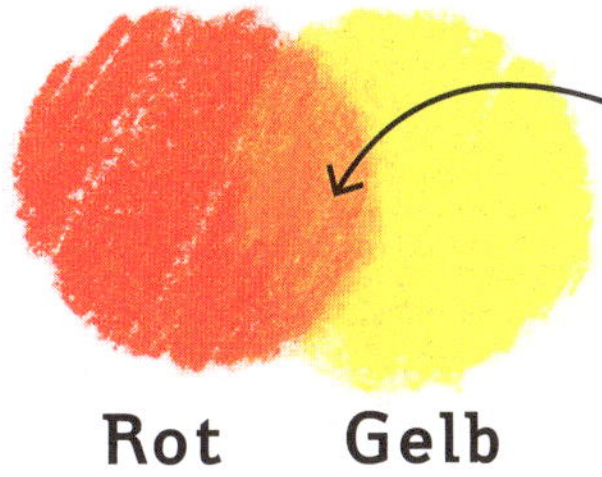

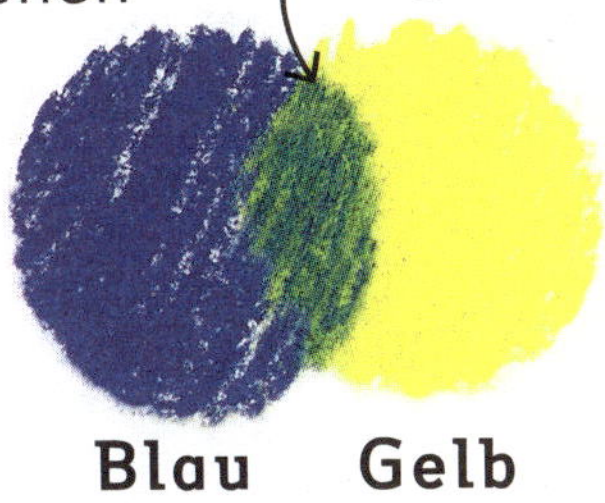

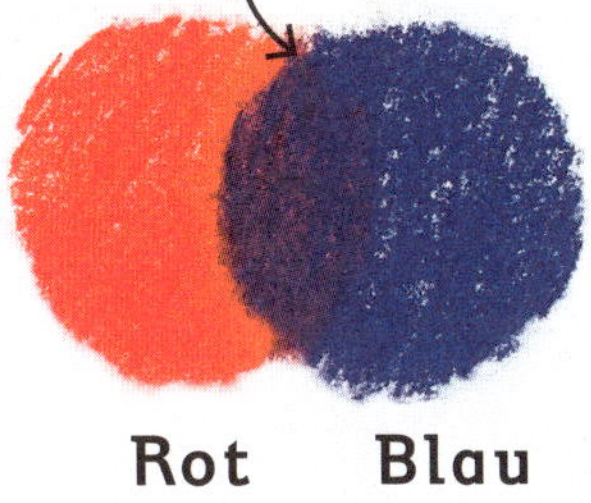

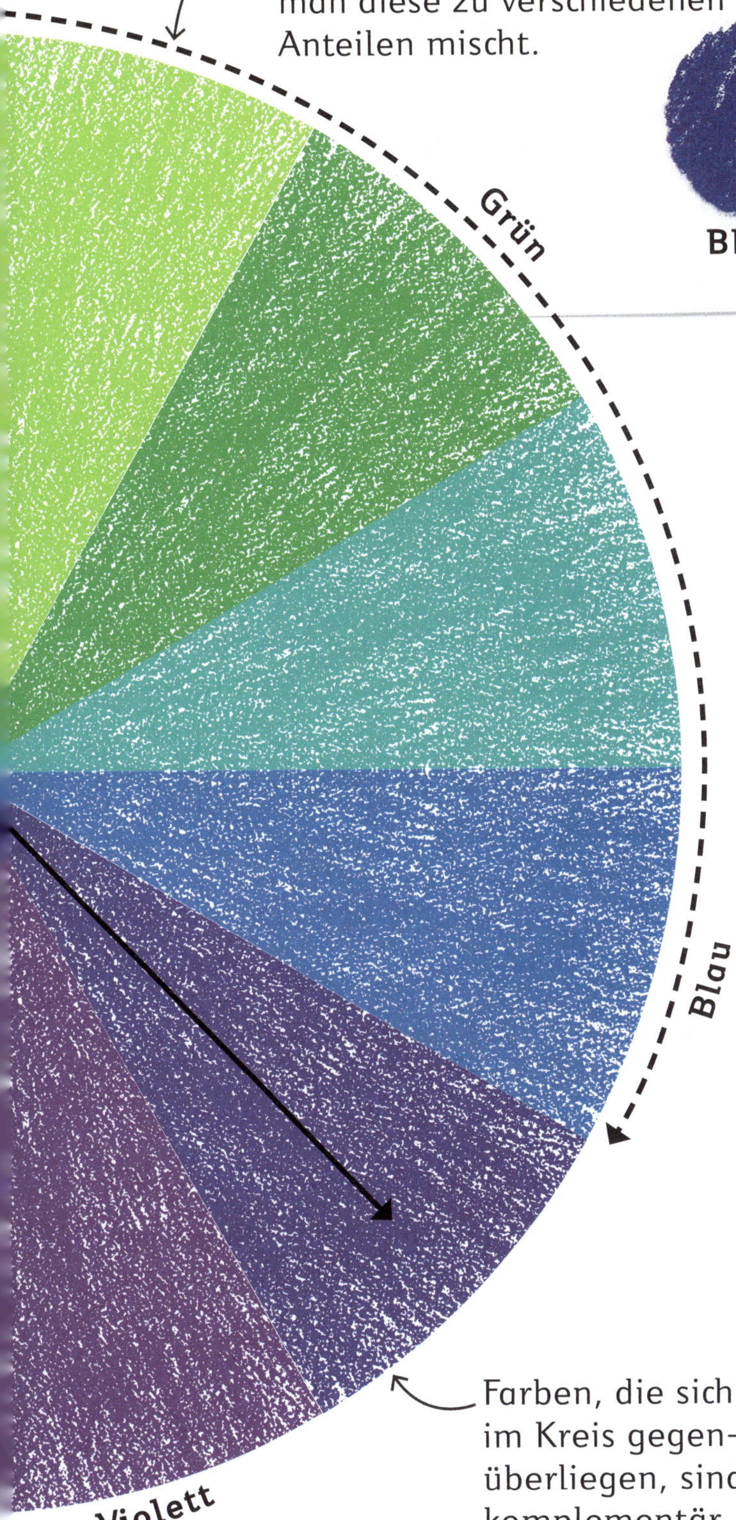

Komplementärfarben

Die Farben dieser Paare unterscheiden sich stark voneinander. Nebeneinander wirken sie kontrastreich, aber gemischt ergeben alle drei Paare Braun.

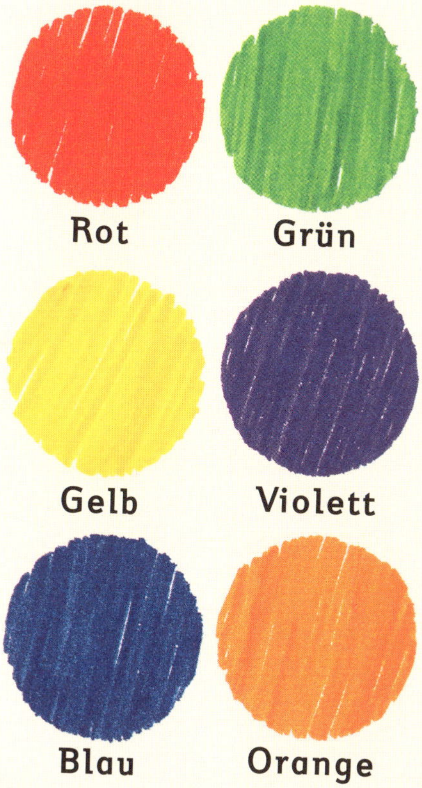

Warme und kalte Farben

Farben lassen Stimmungen in Bildern entstehen. Indem du die Farben änderst, kannst du ein sonniges Bild in ein regnerisches verwandeln.

Helles Blau und Grau eignen sich zur Darstellung von Schnee und Frost.

Kalte Farben

Blau, Türkis und Violett sind kalte Farben. Sie erinnern uns an Dinge, die kalt sind, wie Schnee oder Eis.

Jede Farbe hat helle und dunkle Töne. Welche Teile dieses Bilds sind dunkler?

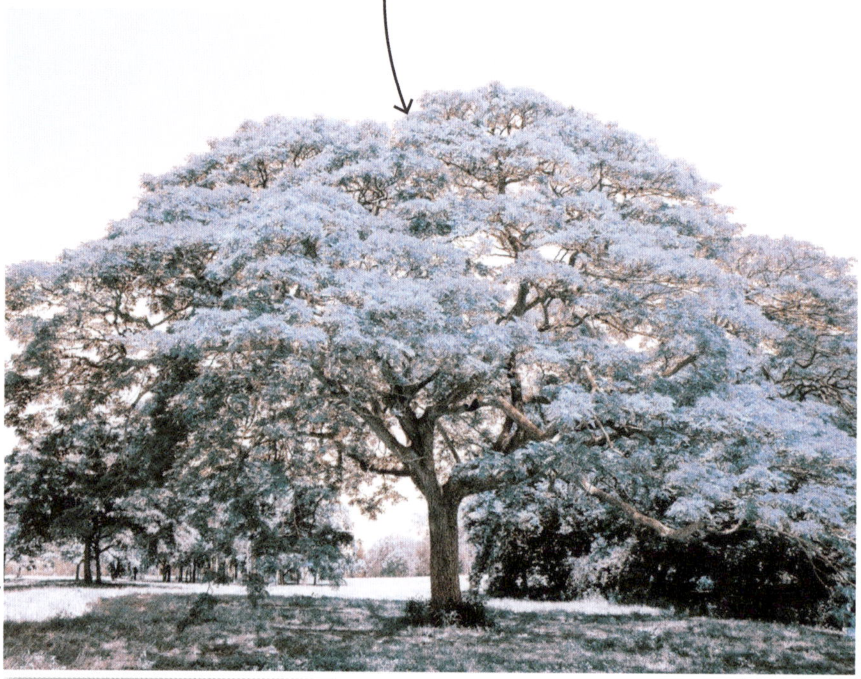

Probier's aus!

Sieh, wie Farben ein Bild verändern. Male ein Bild mit kalten Farben an, das andere mit warmen.

Verwende für dieses Bild kalte Farben.

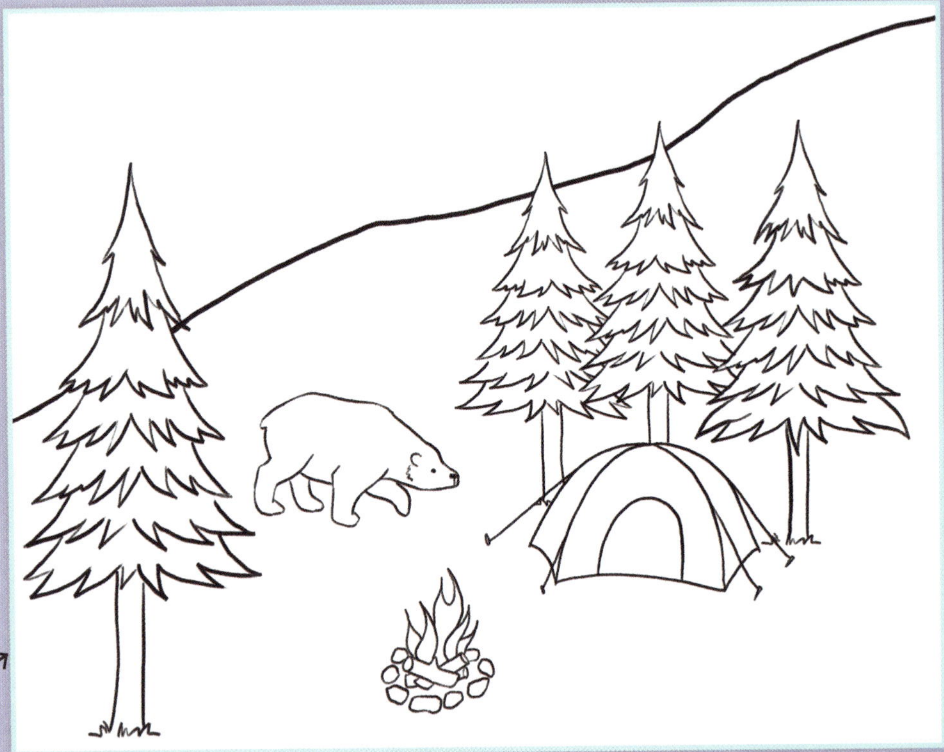

Erzeugen warme Farben ein anderes Gefühl bei dir als kalte?

Der Himmel muss nicht immer eine helle, kühle Farbe wie Blau haben.

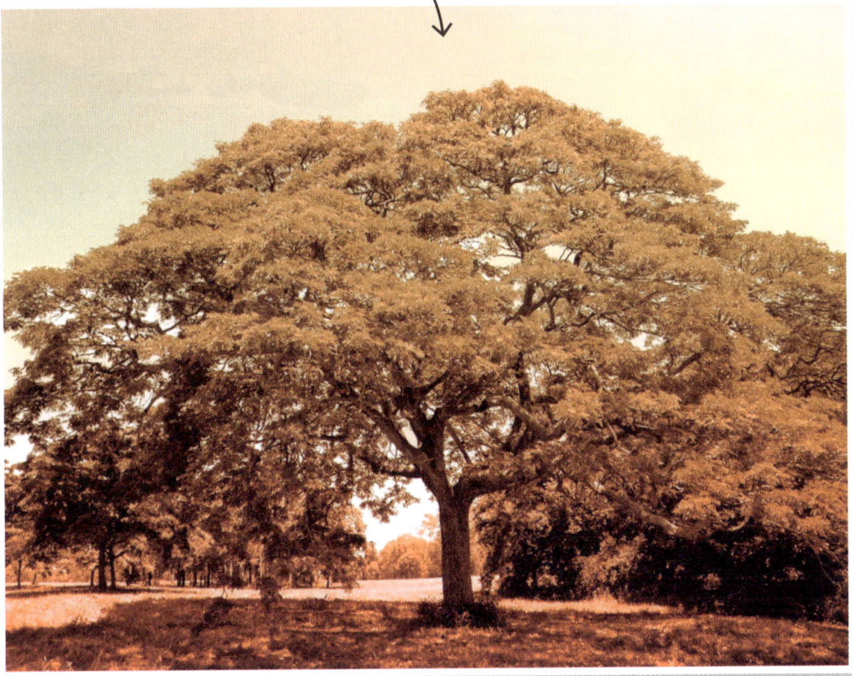

Rostorange und Rottöne sieht man oft im Herbst.

Warme Farben

Rot, Orange und Gelb sind warme Farben. Sie erinnern uns an Dinge, die warm sind, wie Feuer oder die Sonne.

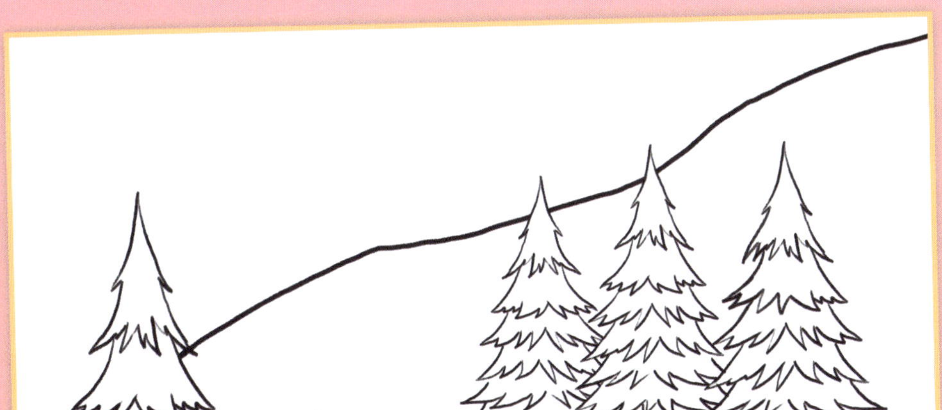

Tipp

Verwende verschiedene Farben für Himmel und Wolken. Sie ändern ihr Aussehen je nach Wetter und Jahreszeit.

Verwende für dieses Bild warme Farben.

Nah und fern

Wenn du in die Ferne schaust, erscheinen dir Dinge kleiner, die weiter von dir entfernt sind, und jene größer, die sich in deiner Nähe befinden. Indem du den Unterschied zwischen nah und fern in einer Zeichnung abbildest, gibst du deinem Bild Perspektive.

Groß und klein

Auf diesem Foto unterscheidet sich die Größe der Elefanten je nach ihrer Entfernung. Schaue auf das Strandbild unten. Erkennst du, wie der Zeichner Perspektive eingesetzt hat?

Die Elefanten in der Ferne wirken klein.

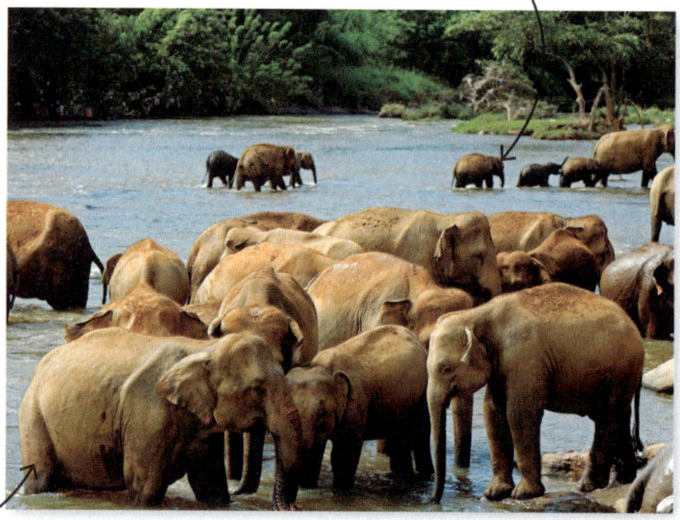

Dieser Elefant ist am nächsten und wirkt am größten.

An der Horizontlinie treffen Land oder Meer auf den Himmel.

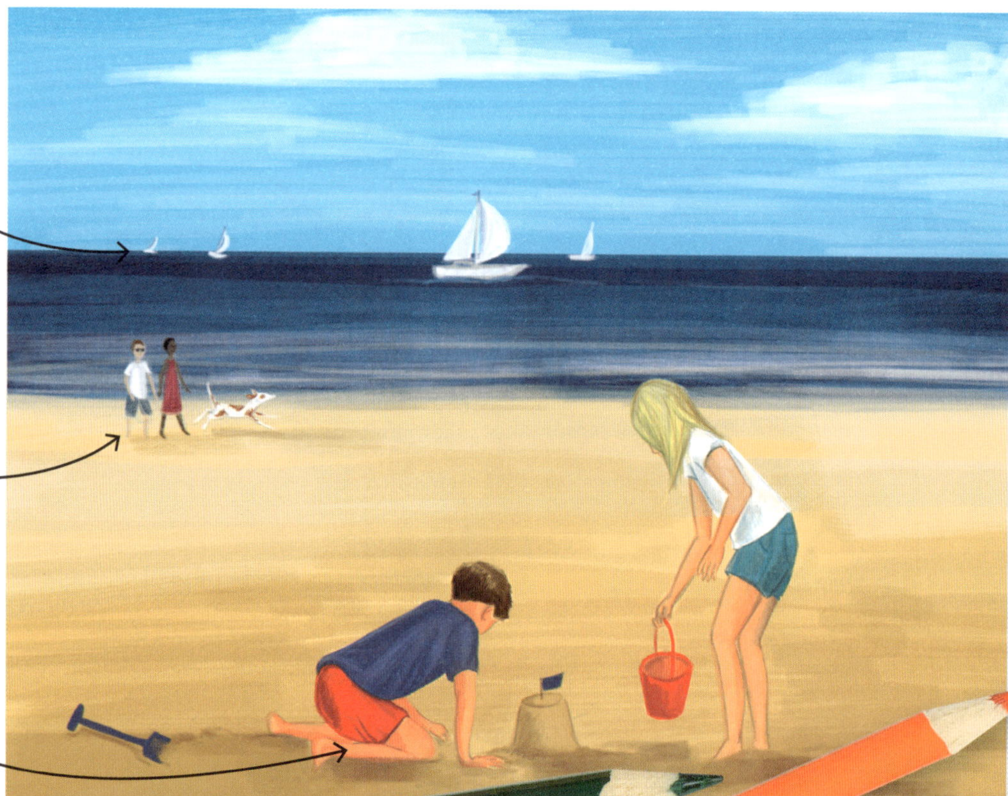

Diese Menschen sind fern, deshalb sind sie kleiner und in die Bildmitte gezeichnet.

Die Kinder sind nah, deshalb sind sie größer und in den Vordergrund gezeichnet.

In die Ferne entschwinden

Perspektive eignet sich auch zur Abbildung von Objekten wie Straßen oder Zügen, die in der Nähe beginnen und sich in die Ferne erstrecken.

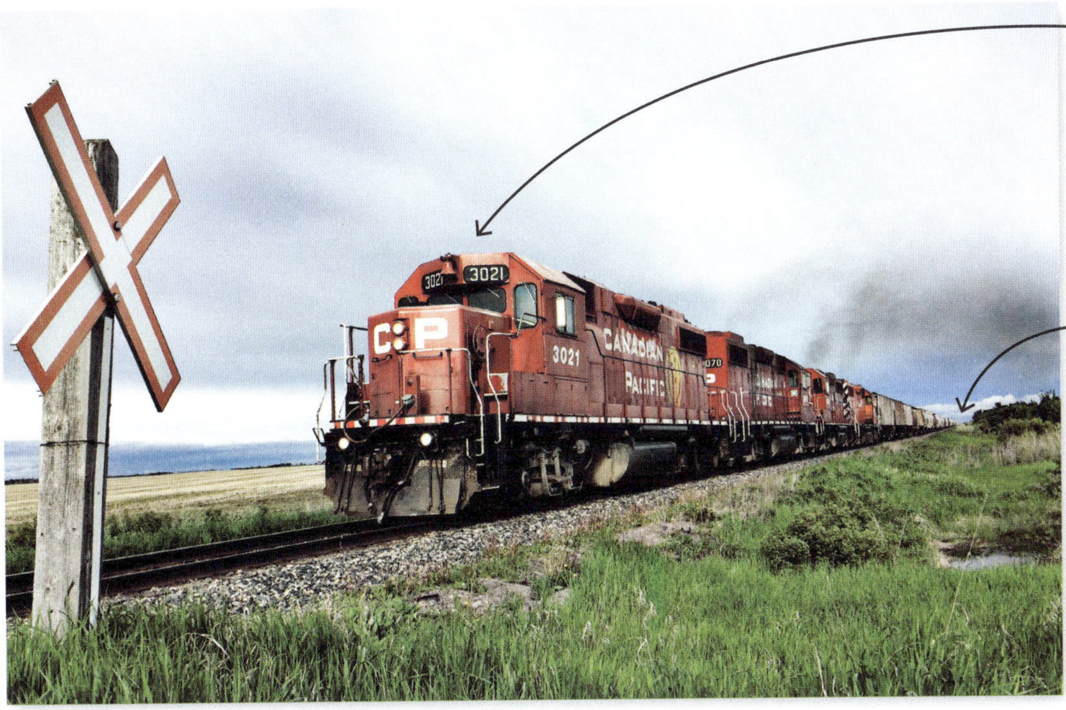

Aus der Nähe wirkt der Zug groß, doch in der Ferne wird er immer schmaler.

Der Punkt, an dem der Zug entschwindet, heißt „Fluchtpunkt“. Ein Fluchtpunkt liegt immer auf der Horizontlinie.

Probier's aus!

Versuche eine perspektivische Waldszene zu zeichnen. Male einige Bäume größer, andere kleiner.

Die Horizontlinie könnte etwa hier über den fernsten Bäumen sein.

Zeichne ferne Bäume klein und in die Mitte.

Zeichne nahe Bäume groß und in den Vordergrund.

Landschaften zeichnen

Landschaftsmotive sind Szenen im Freien, z. B. in einem Park oder Wald. Hier lernst du eine Art sie zu zeichnen. In der Szene gibt es ein Haus, Bäume und eine zu Bergen führende Straße.

Tipp

Landschaftsmotive findest du nicht nur in der Natur. Du kannst auch eine Stadtszene malen.

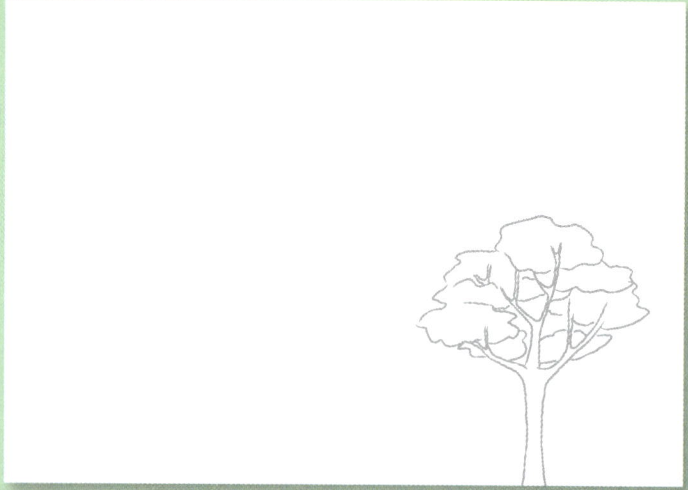

1 Zeichne zuerst den Baum, der am nächsten ist. Er sieht größer aus als die anderen.

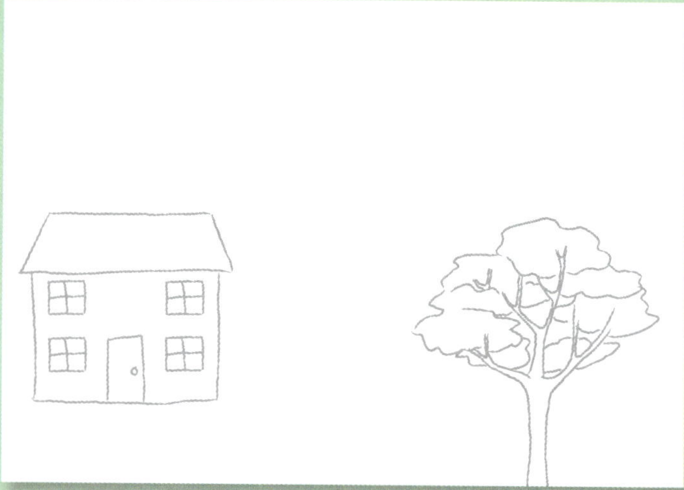

2 Zeichne ein Haus mit einer rechteckigen Tür, quadratischen Fenstern und einem geneigten Dach.

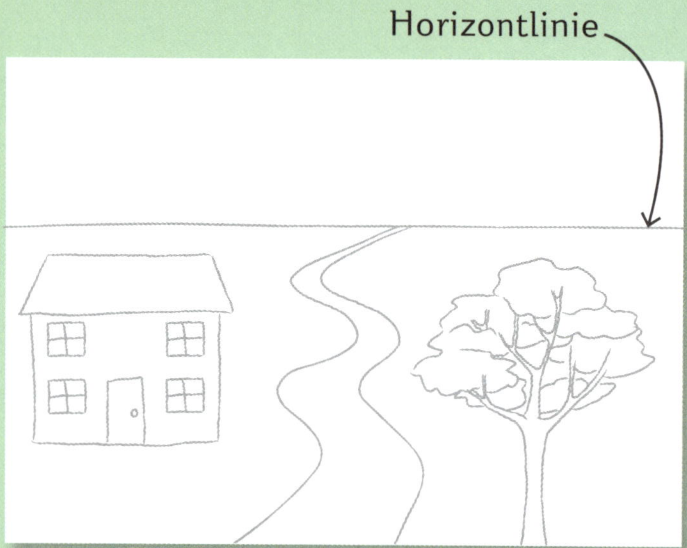

3 Zeichne die Horizontlinie in der Ferne, dann eine darauf zulaufende, schmaler werdende Straße.

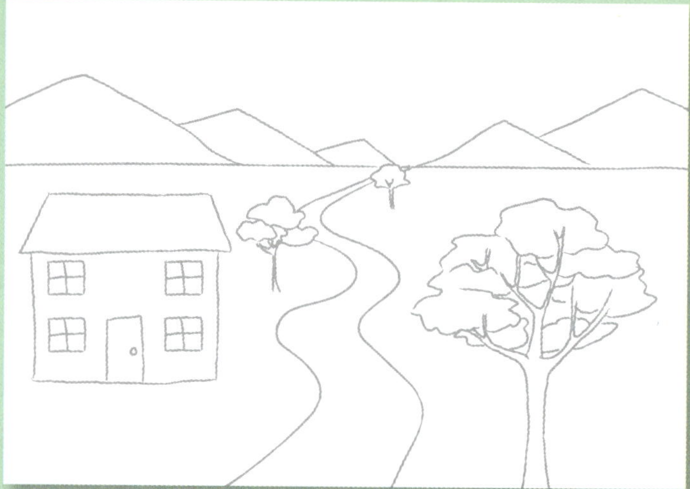

4 Zeichne Berge am Horizont und mehr Bäume, die kleiner werden, je weiter sie im Hintergrund liegen.

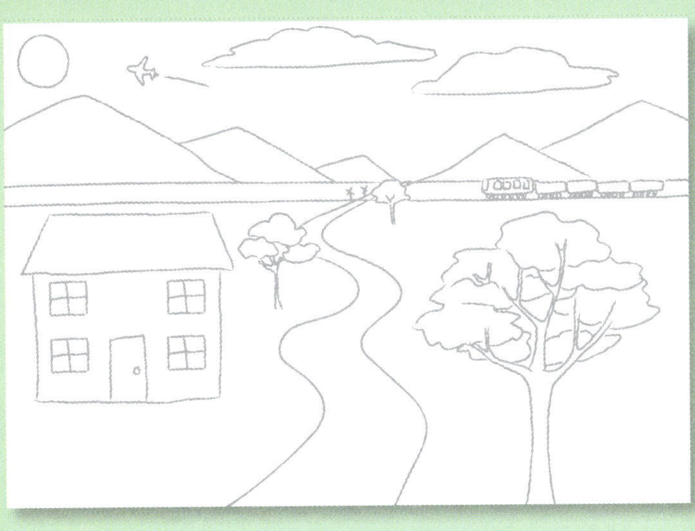

5 Füge weitere Details hinzu, z. B. Wolken, eine Sonne, ein Flugzeug oder einen Zug.

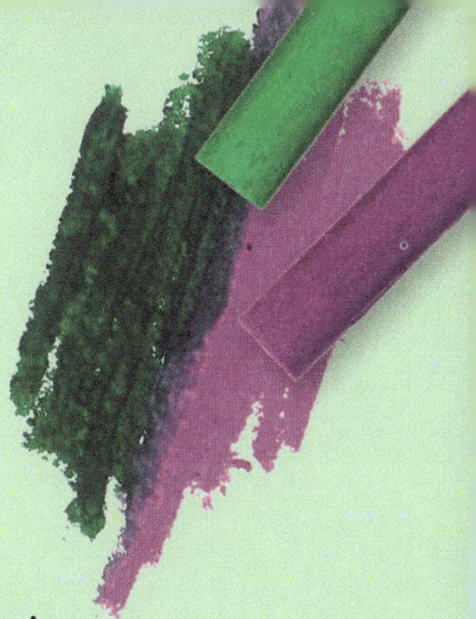

An der Horizontlinie begegnen sich Land und Himmel.

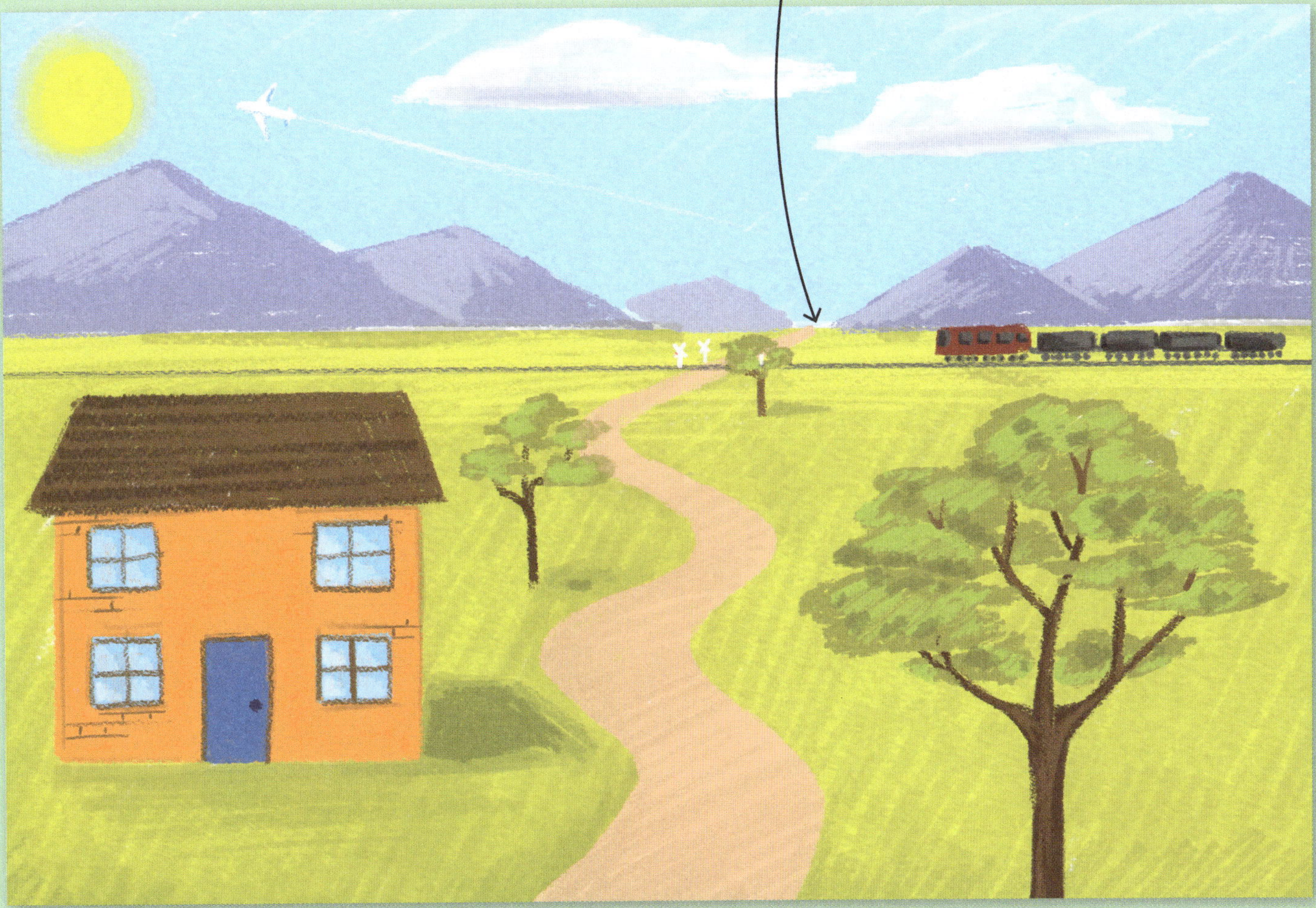

6 Gestalte dein Bild mit Farben und Strukturen. Der Boden könnte eine Grasstruktur, die Bäume könnten Blätter haben.

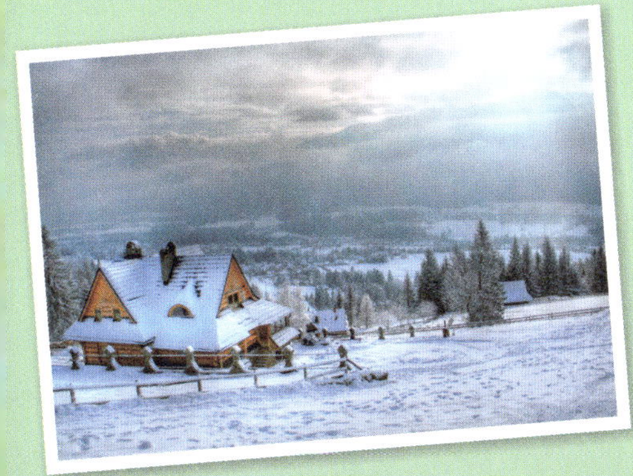

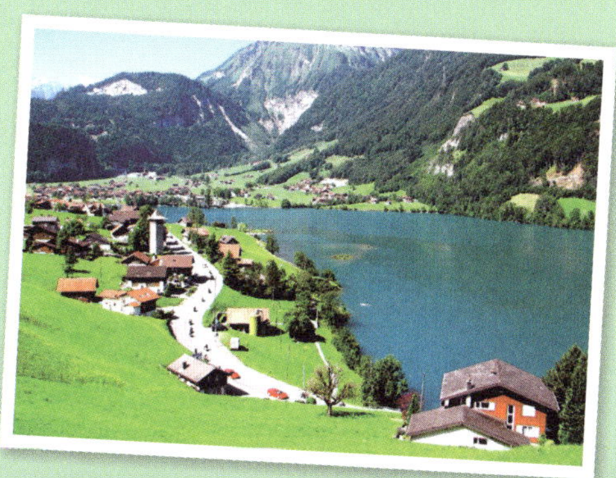

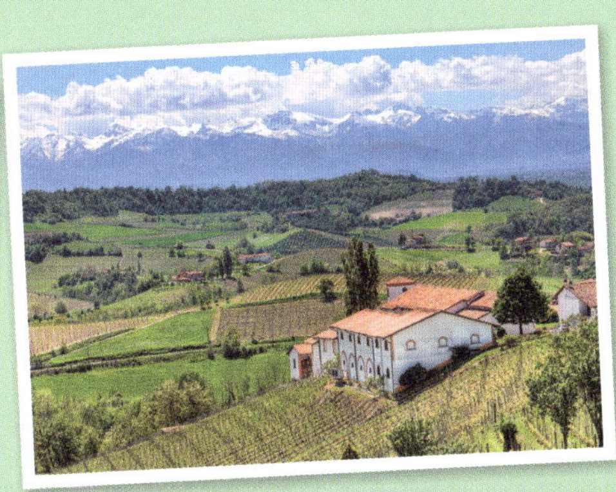

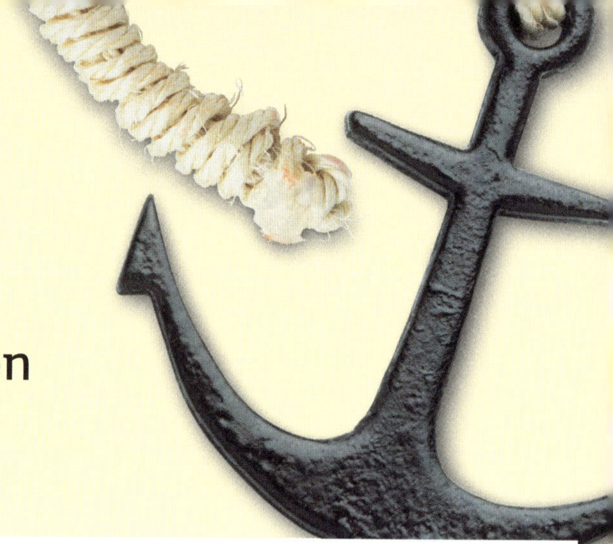

Boote zeichnen

Hier lernst du mit einfachen Linien Boote zu zeichnen. Hast du die Grundform gezeichnet, kannst du nach Herzenslust Details hinzufügen und deine eigene Szene gestalten.

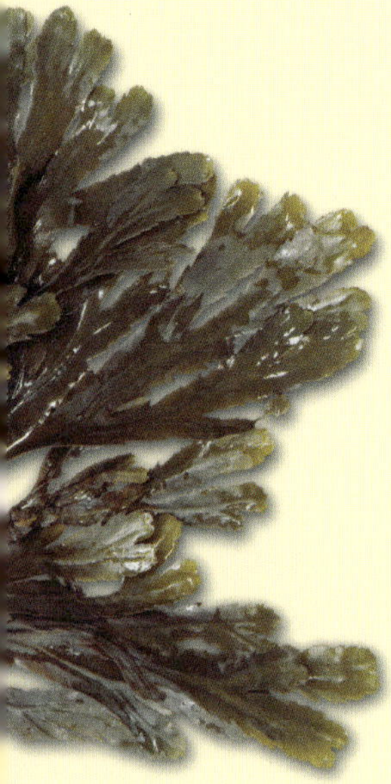

1 Beginne mit zwei gekrümmten Linien für den oberen Bootsrand. Zeichne zwei kleine Bögen für die Seiten. Den unteren Rand musst du nicht zeichnen, denn er liegt im Wasser.

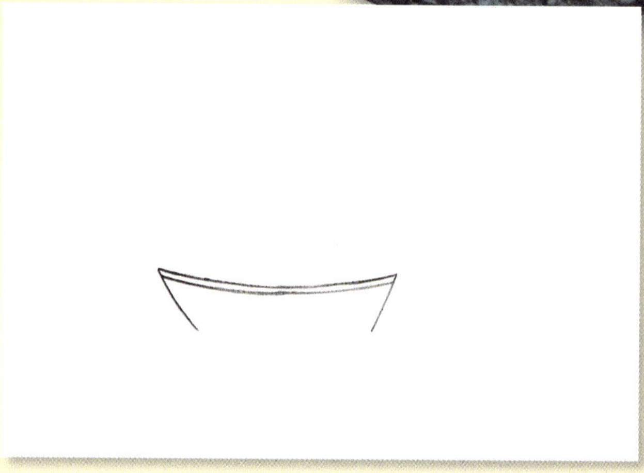

2 Zeichne eine sanfte Wellenlinie für das Wasser, das den unteren Rand verdeckt. Die Linie geht über das Boot hinaus.

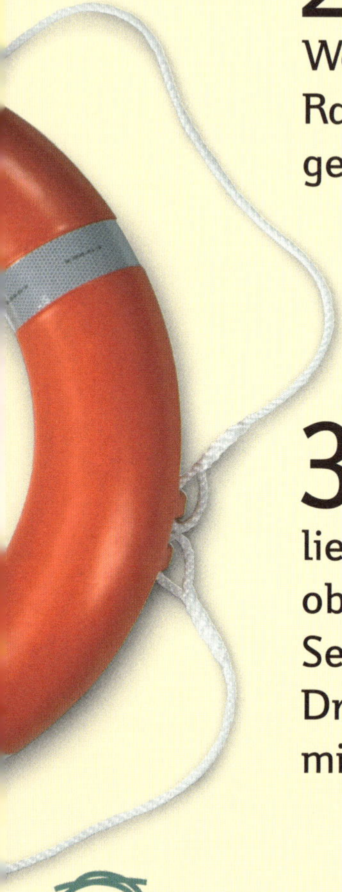

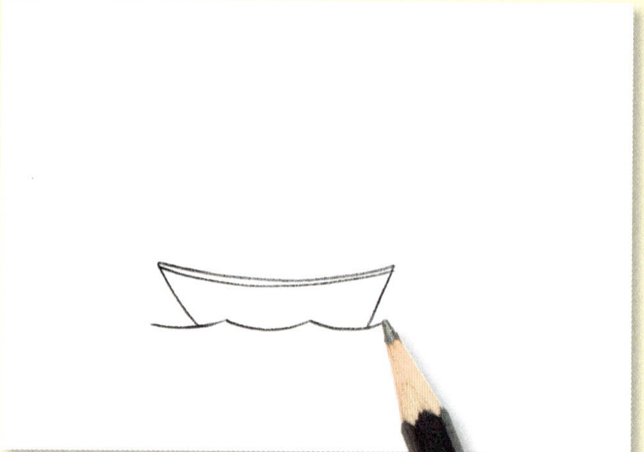

3 Für den Mast zeichne zwei dicht beieinanderliegende Geraden, die oben verbunden sind. Das Segel ist ein gewölbtes Dreieck. Du kannst es z.B. mit Streifen verzieren.

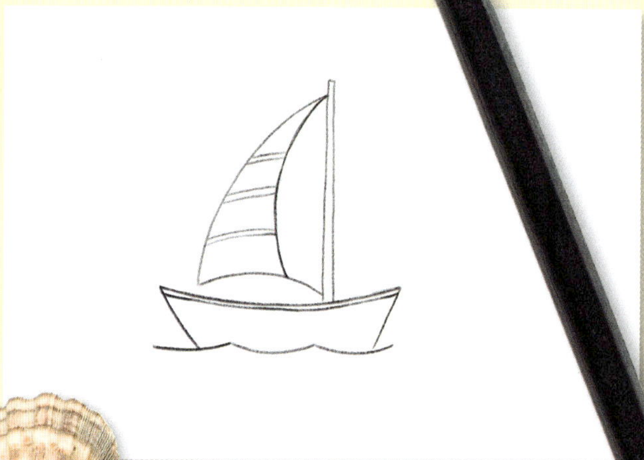

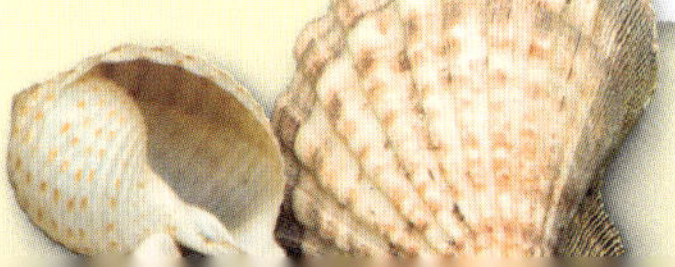

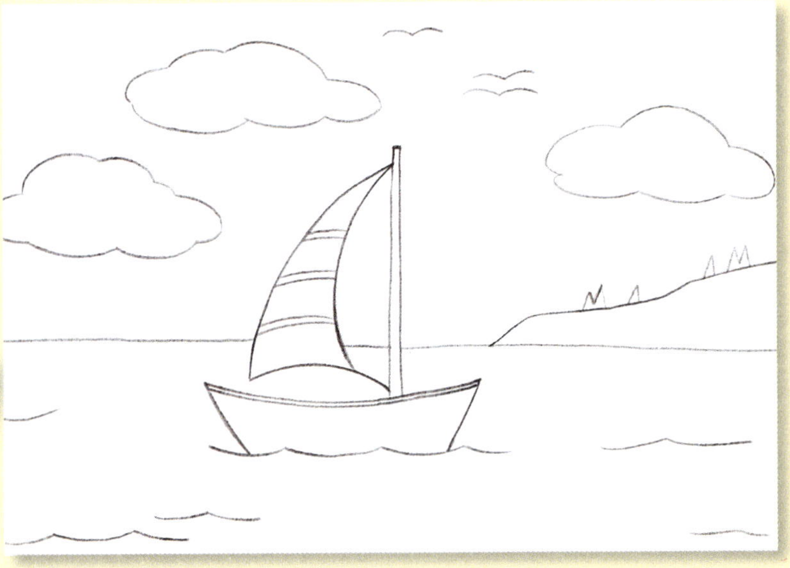

4 Zeichne eine Linie oberhalb des Bootsrumpfs – das ist die Horizontlinie, an der das Wasser auf den Himmel trifft. Füge weitere Wellenlinien und Details hinzu wie Wolken, Vögel oder eine Insel.

Tipp

Zeichne große, bewegte Wellen mit größeren Schwüngen, sanfte Wellen mit flacheren, waagerechten Linien.

5 Male dein Bild farbig an und verziere Boot und Segel. Dieses Segel hat Streifen – vielleicht hat deines Punkte oder sogar Blumen?

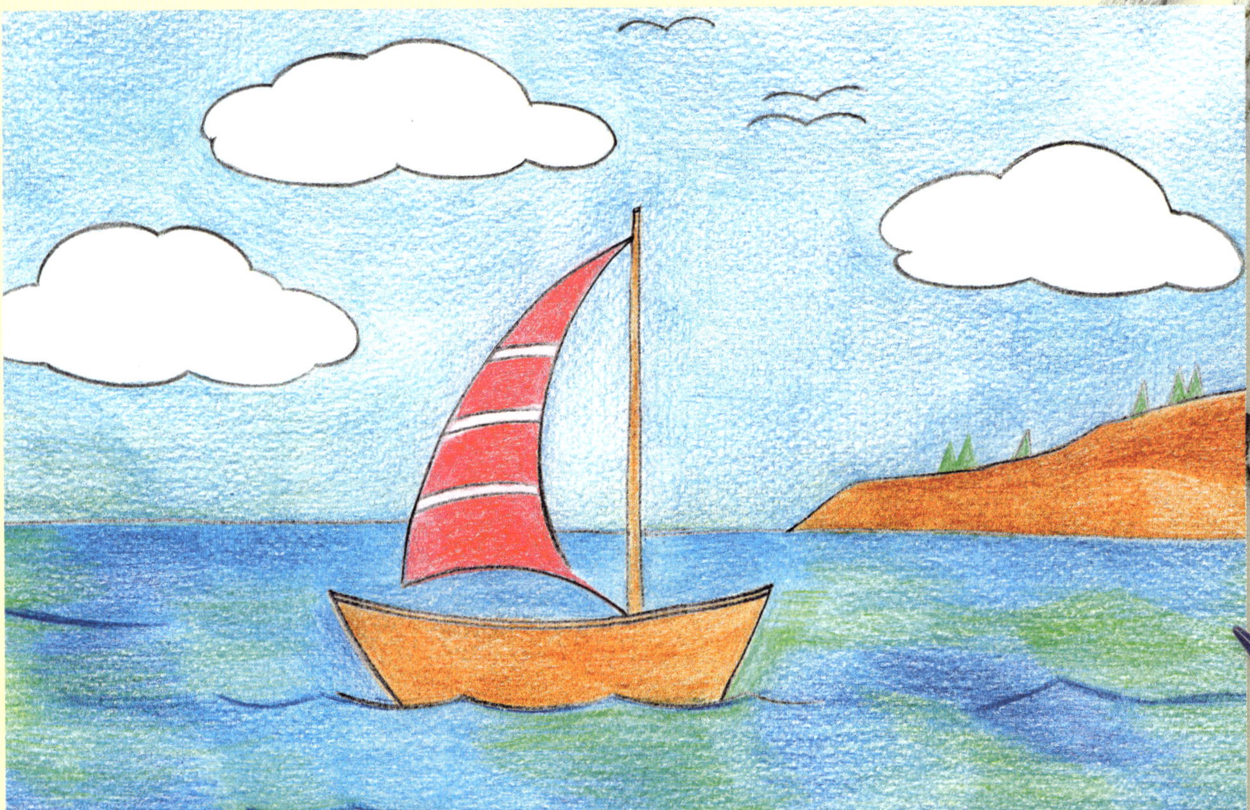

Meer und Himmel müssen nicht nur Blau sein – mische verschiedene Farben.

Schattieren

Wenn du ein Objekt betrachtest, wirken die Teile, die im Schatten liegen, dunkler. Bei Zeichnungen erreichst du diesen Effekt durch Schattierungen.

Tipp

Übe helle und dunkle Bereiche auf Objekten zu erkennen. So lernst du, wo du ein Bild schattieren musst.

Schwarz und Weiß

Alle Farben haben helle und dunkle Töne. Hier siehst du einen Farbtonverlauf von Schwarz nach Weiß.

Schwarz ist am dunkelsten.

Grau ist ein Mittelton zwischen Schwarz und Weiß.

Weiß ist am hellsten.

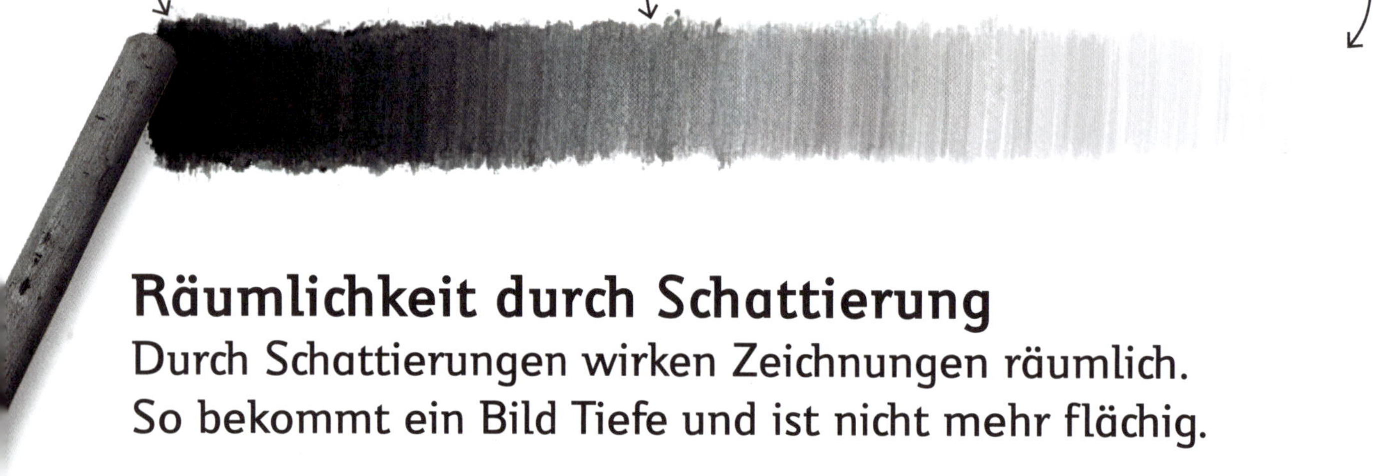

Räumlichkeit durch Schattierung

Durch Schattierungen wirken Zeichnungen räumlich. So bekommt ein Bild Tiefe und ist nicht mehr flächig.

Fotografie

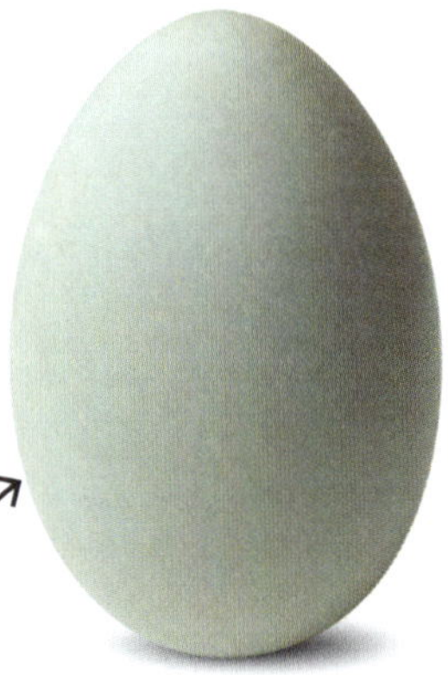

Das Ei ist heller an den Stellen, auf die mehr Licht fällt.

Flächiger Umriss

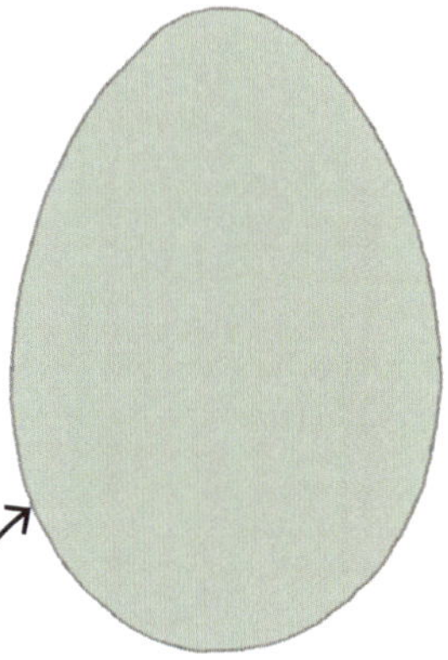

Ohne Hell-Dunkel-Schattierung wirkt das Ei wie eine Fläche.

Schattierte Zeichnung

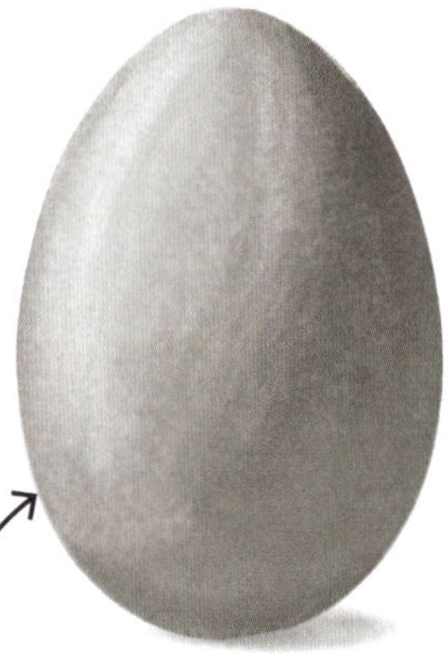

Durch die Schattierung sieht das Ei gewölbt aus.

Helle und dunkle Farben

Eine Farbe wirkt je nach ihrem Farbton unterschiedlich. Hier siehst du helle und dunkle Grün- und Blautöne.

Fotografie

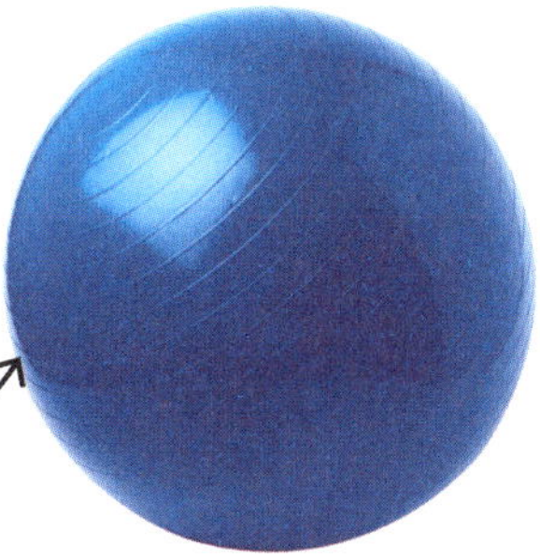

Beobachte, wo das Blau heller und wo es dunkler wird.

Schattierte Zeichnung

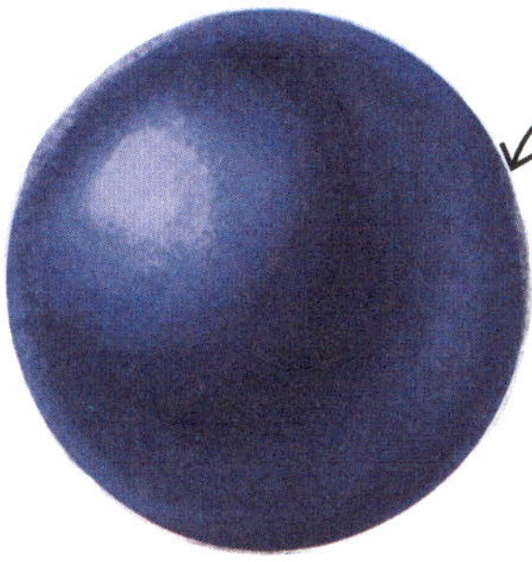

Für die Schattierung kannst du dunkle Blautöne oder eine andere Farbe, z. B. Violett, nehmen.

Schraffuren

Wenn du einen Umriss mit Schwarz ausmalst, erhältst du eine flächige, schwarze Form. Zeichnest du hingegen viele kleine Striche und gestaltest manche Stellen heller, andere dunkler, bekommt das Bild Tiefe.

Schraffur

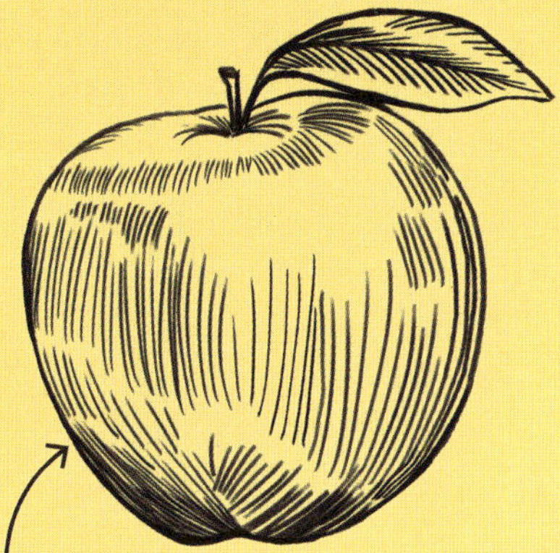

Viele kleine, gleichgerichtete Linien nennt man Schraffur.

Kreuzschraffur

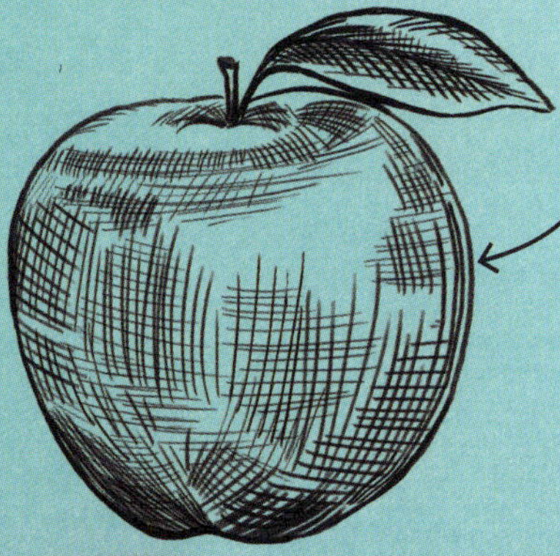

Viele kleine, sich überkreuzende Linien nennt man Kreuzschraffur. Sie wirkt dunkler als eine nomale Schraffur.

Tüpfeln

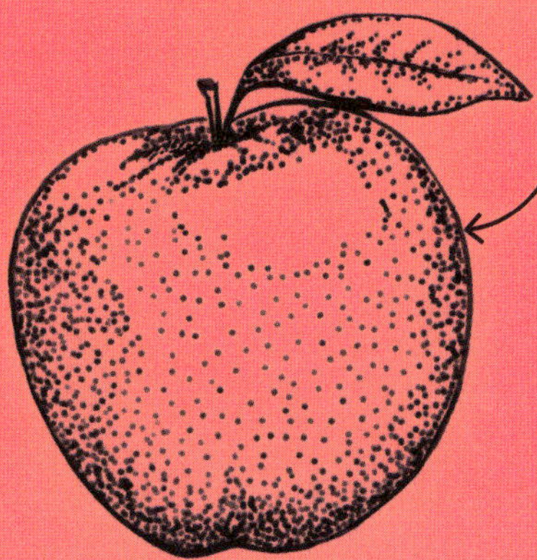

Viele kleine Punkte zu zeichnen nennt man Tüpfeln. Zeichne viele Punkte auf dunkle Stellen und weniger oder keine Punkte auf hellere.

Räumliche Tasse

Was gibt es Besseres als eine heiße Tasse Kakao oder Tee an einem kalten Tag? Wie fühlt sich die Form der Tasse in deinen Händen an? Zeichne eine Tasse mit Schattierung.

Tipp

Wandle die Tassenform ab und zeichne eine Vase, eine Schüssel oder einen Eimer.

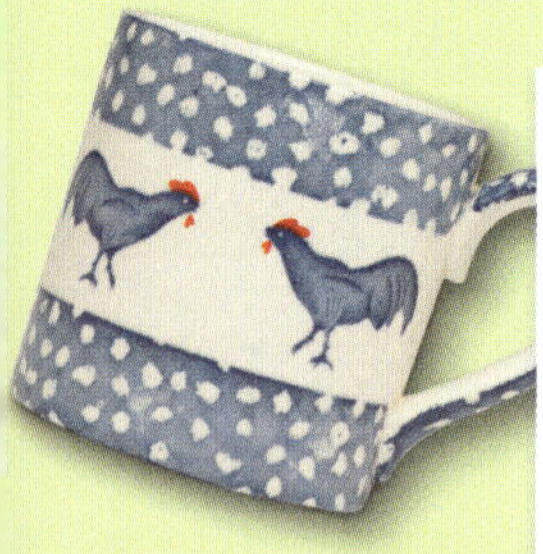

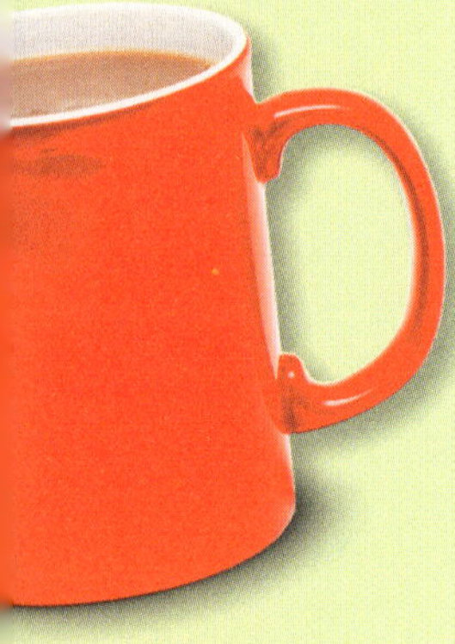

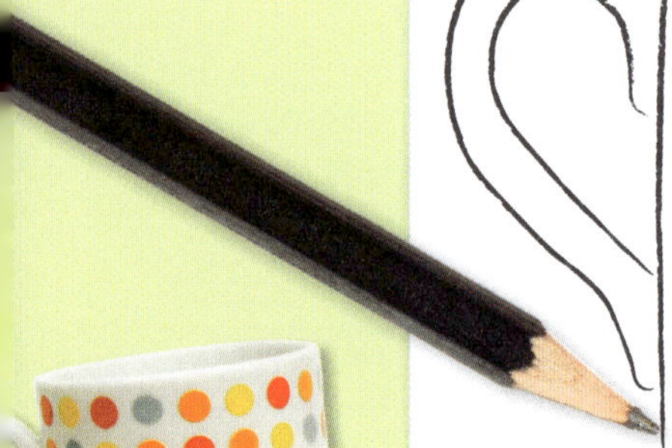

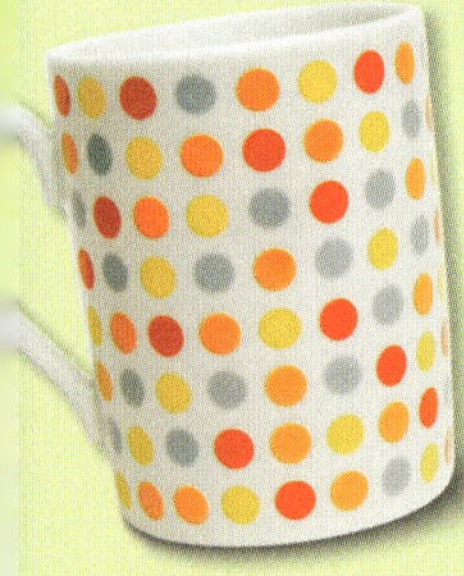

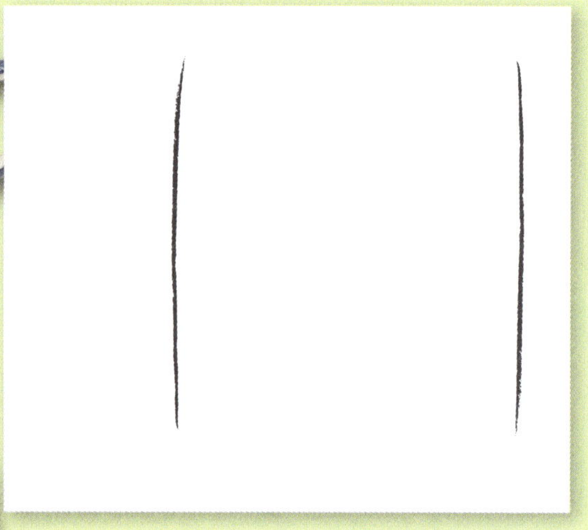

1 Zeichne zwei gerade Linien für die Seiten der Tasse.

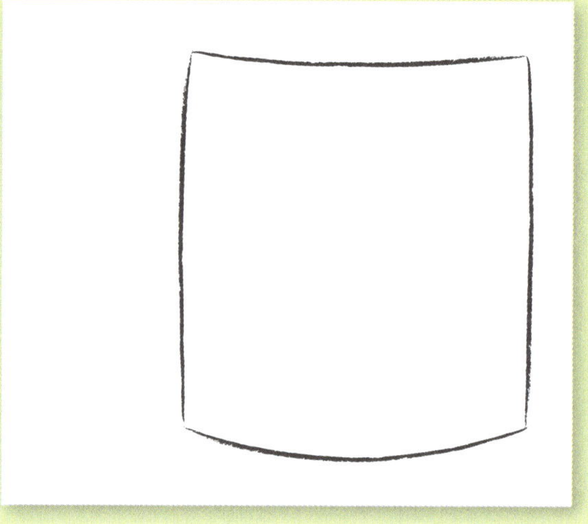

2 Füge für den oberen und unteren Rand zwei leicht nach unten gewölbte Linien hinzu.

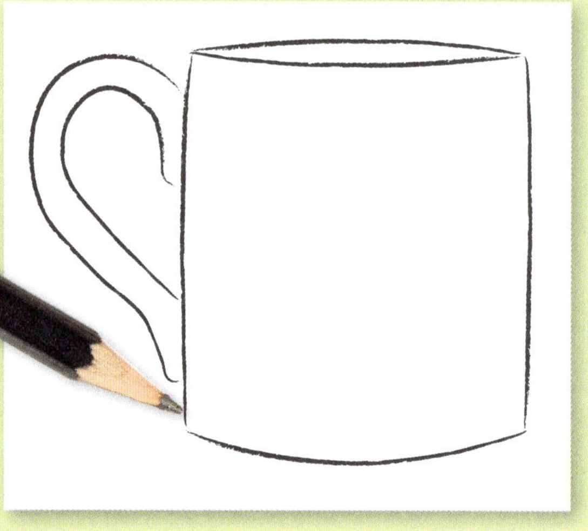

3 Vollende den oberen Rand mit einer leicht nach oben gewölbten Linie. Zeichne den Henkel ein.

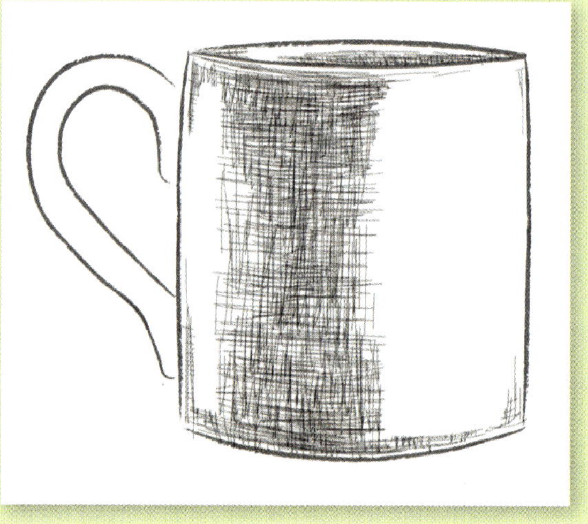

4 Schattiere jene Teile der Tasse, die im Schatten liegen. Durch Kreuzschraffur wirken sie noch dunkler.

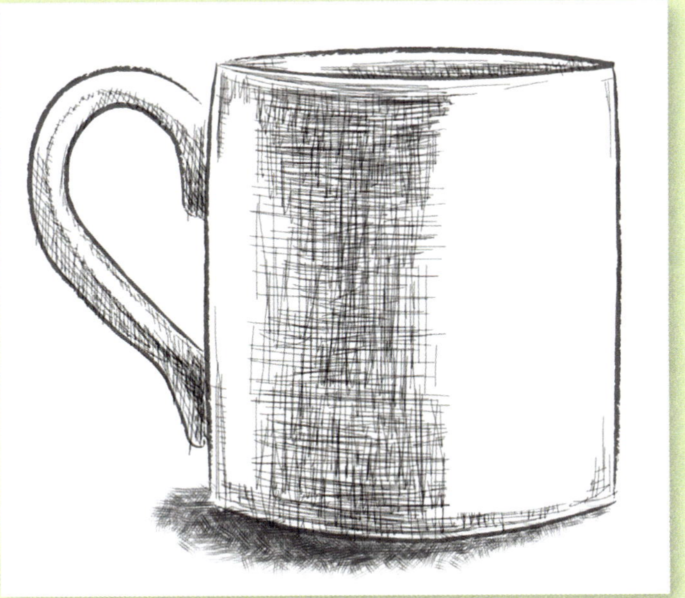

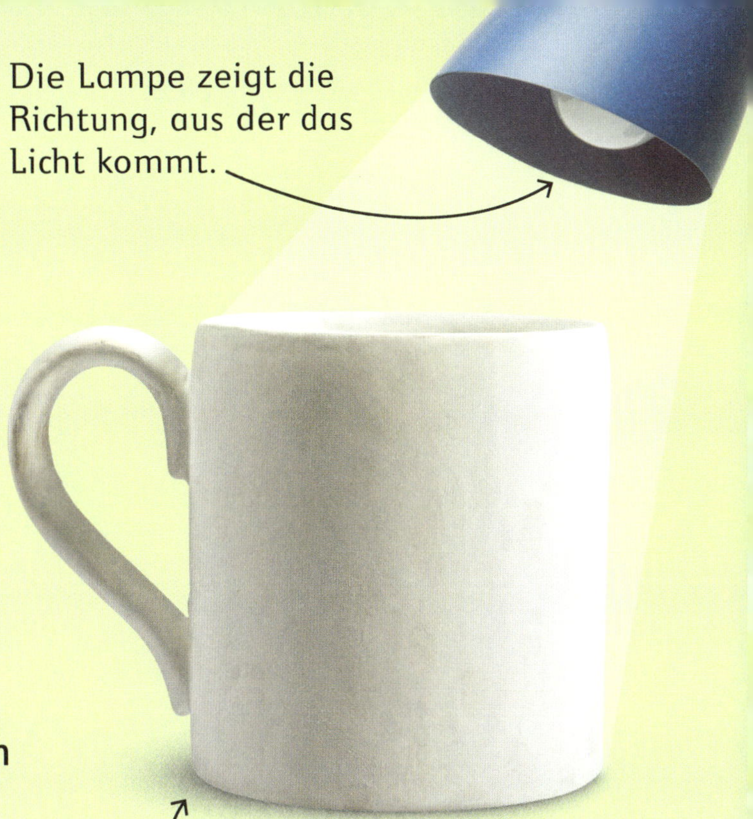

Die Lampe zeigt die Richtung, aus der das Licht kommt.

5 Schattiere jetzt den Henkel und zeichne einen kleinen, sehr dunklen Schlagschatten unter die Tasse.

Diese Tasse hat einen kleinen Schlagschatten.

Kolorieren

Du kannst auch mit Farbe anstelle von Strichen schattieren und farbige Muster aus Punkten, Quadraten oder Blumen hinzufügen.

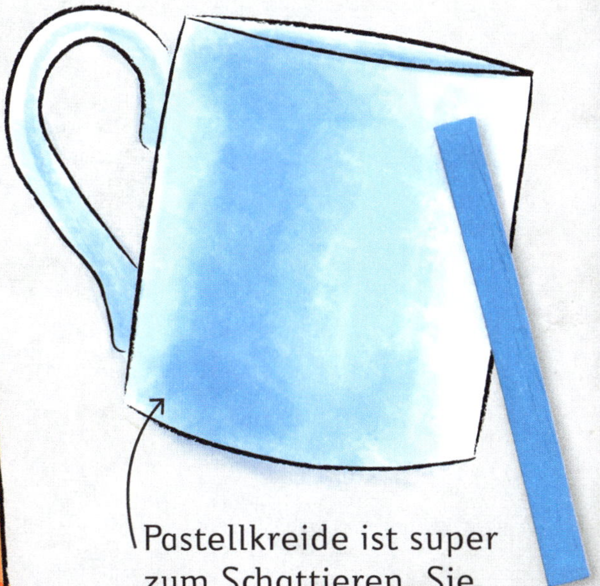

Pastellkreide ist super zum Schattieren. Sie lässt sich von hell nach dunkel verwischen.

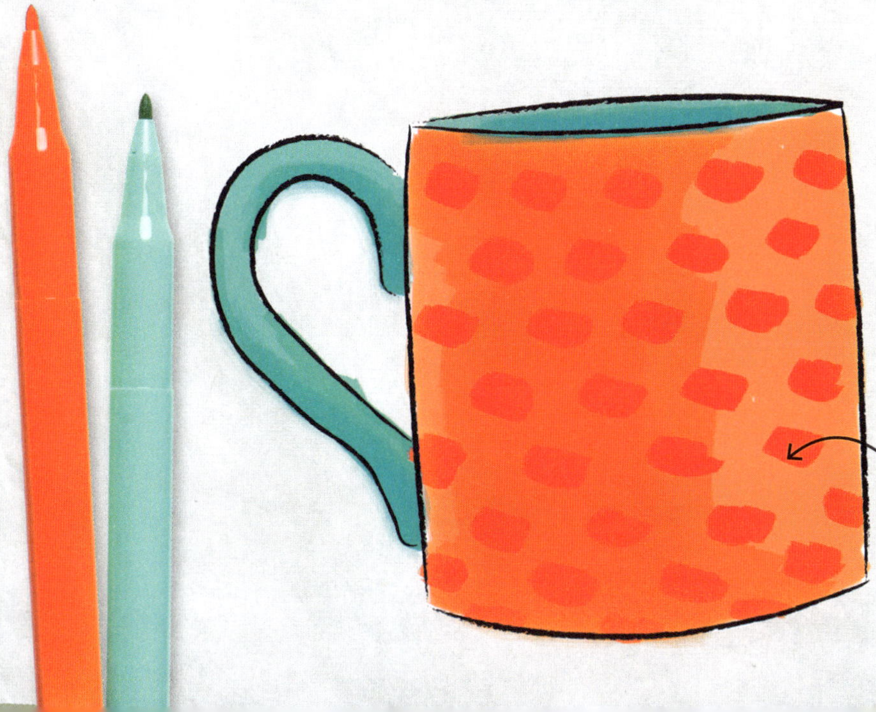

Verziere deine Tasse z. B. mit einem Fleckenmuster.

Tiere zeichnen

Tiere haben ganz unterschiedliche Formen und Größen und lassen sich auf verschiedene Weise zeichnen. Du kannst z. B. mit dem Umriss, mit Kreisformen oder mit Details wie Augen und Nase beginnen.

Zeichne den gesamten Umriss der Ente, bevor du Details einfügst.

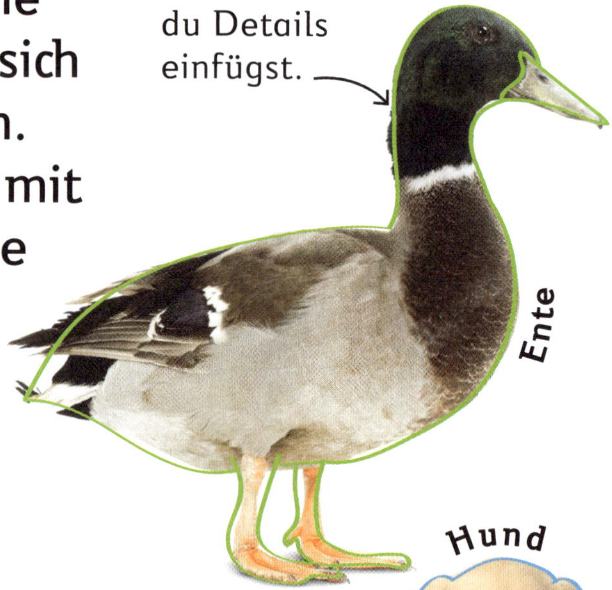

Ovale und Kreise helfen dir deinem Tier eine Form zu geben.

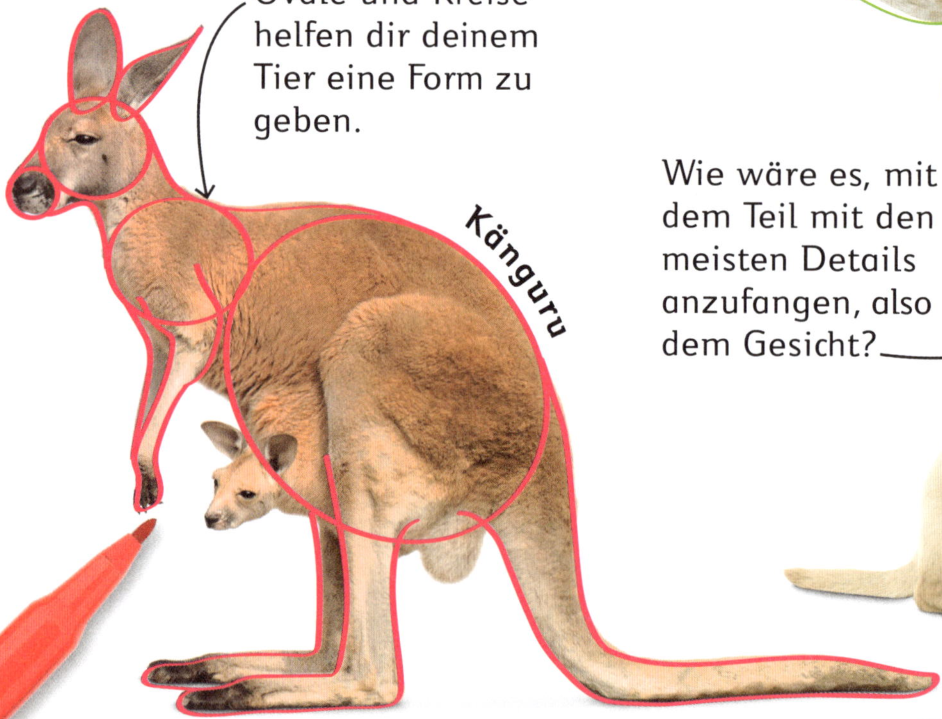

Wie wäre es, mit dem Teil mit den meisten Details anzufangen, also dem Gesicht?

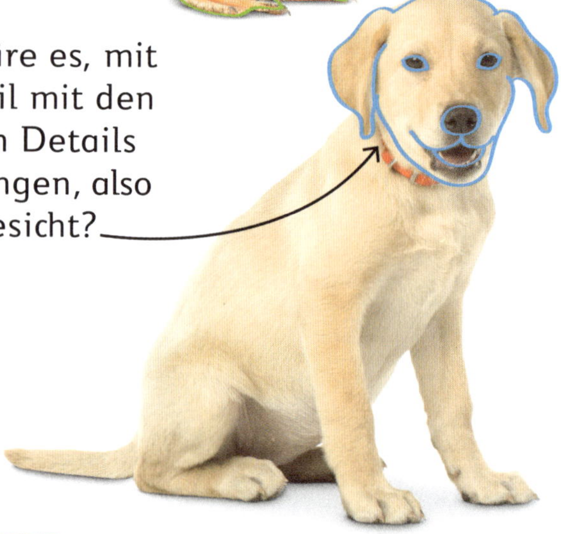

Probier's aus!

Bei dem Nilpferd sind schon zwei Ovale eingezeichnet. Kannst du die für Rumpf und Beine ergänzen?

Nachdem du Ovale zeichnen geübt hast, zeichne selbst ein Nilpferd.

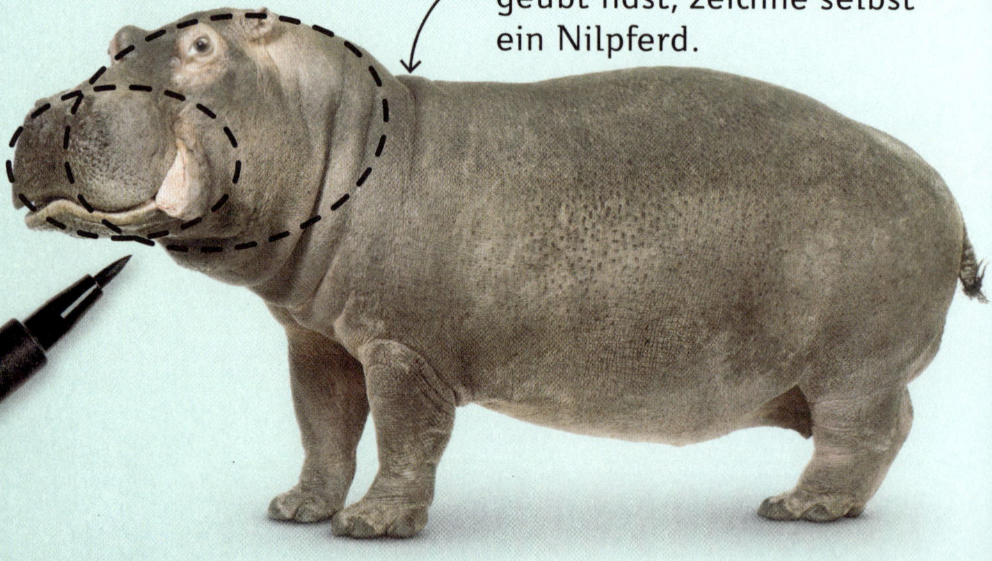

Hundegesichter zeichnen

Versuche einmal, ein Tiergesicht Detail für Detail zu zeichnen. Am besten fängst du mit der Nase und den Augen an.

Tipp

Viele Tiere haben ähnliche Gesichter oder Körper. Durch Muster, Farbe und Fell kannst du sie unterscheiden.

1 Zeichne ein Oval für das Gesicht. Danach zeichne die Nase.

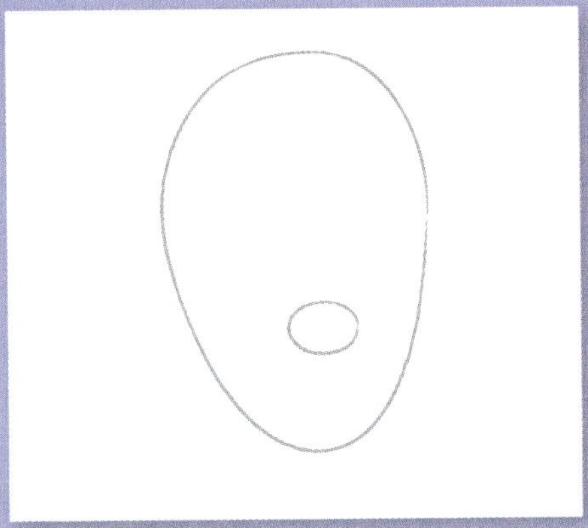

2 Zeichne über der Nase eine Linie und links und rechts davon ein Oval.

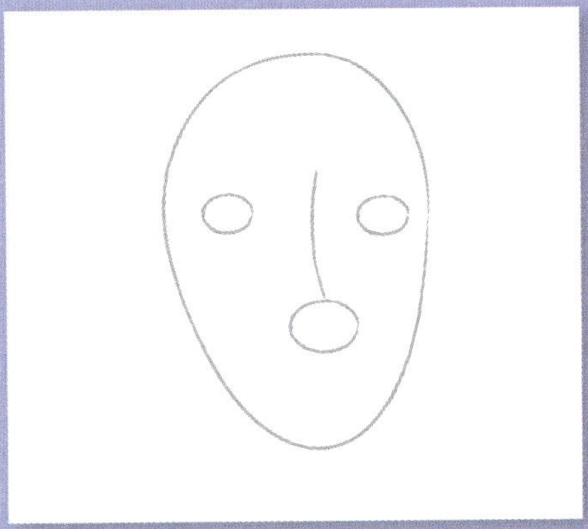

3 Zeichne drei Bögen unter die Nase für den Mund.

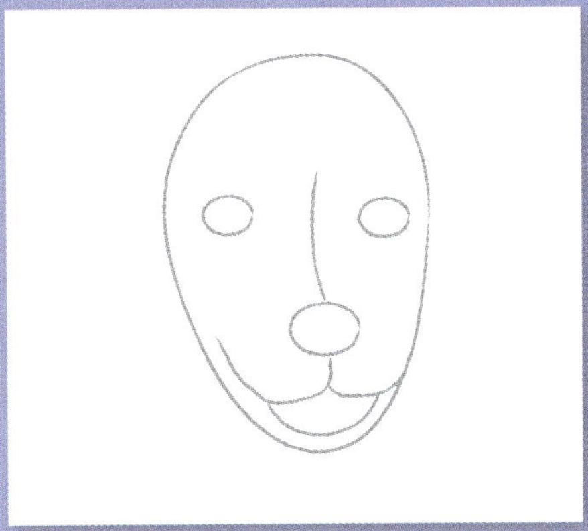

4 Ergänze die Ohren. Mach das Gesichtsoval auf der linken Seite breiter, auf der rechten schmaler.

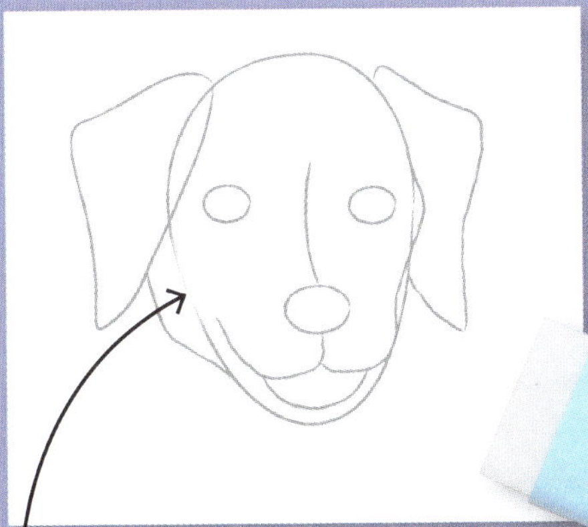

Radiere das erste Oval weg.

Ergänze Details wie Nasenlöcher, Zähne und glänzende Augen.

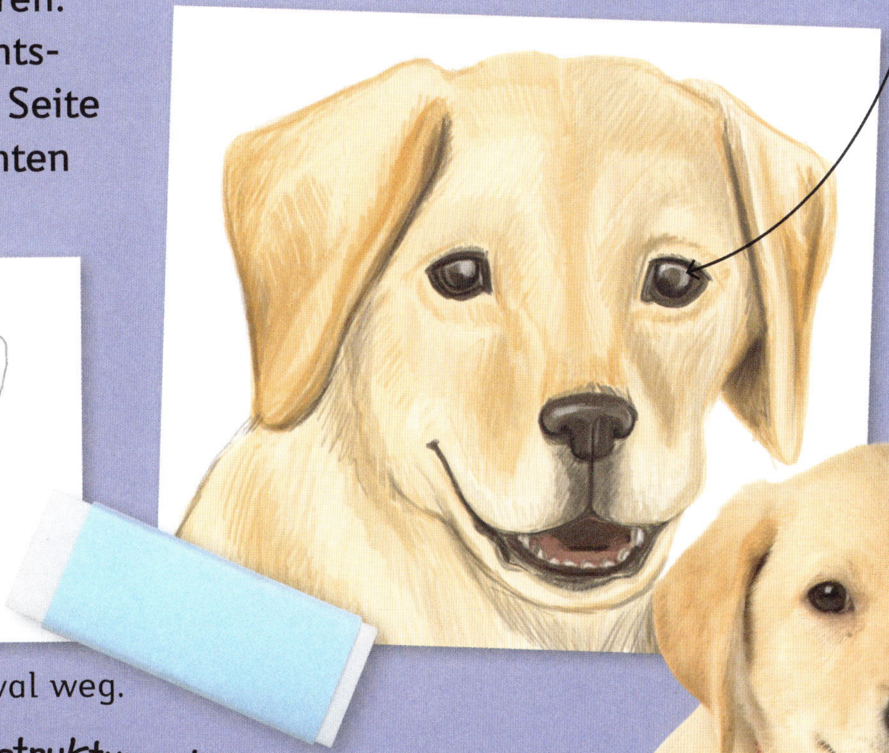

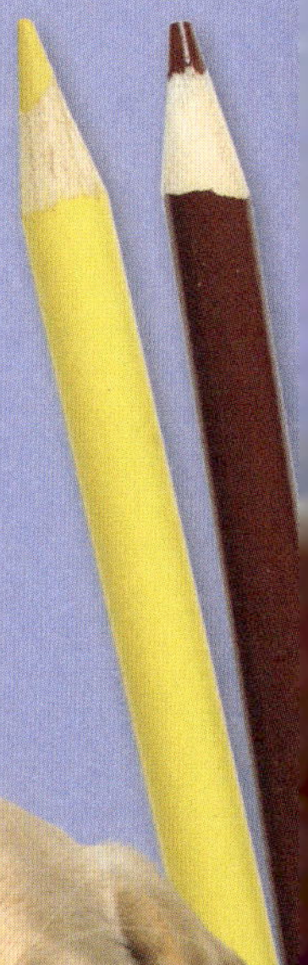

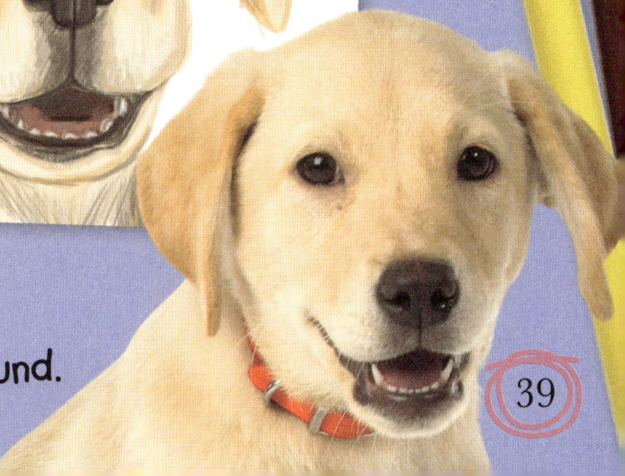

Zeichne eine Fellstruktur oder koloriere den Hund.

Katzen zeichnen

Eine Katze wirkt schwer zu zeichnen, doch mit einigen Hilfsformen wird es leichter. Hier lernst du, wie du eine Katze in fünf einfachen Schritten zeichnest.

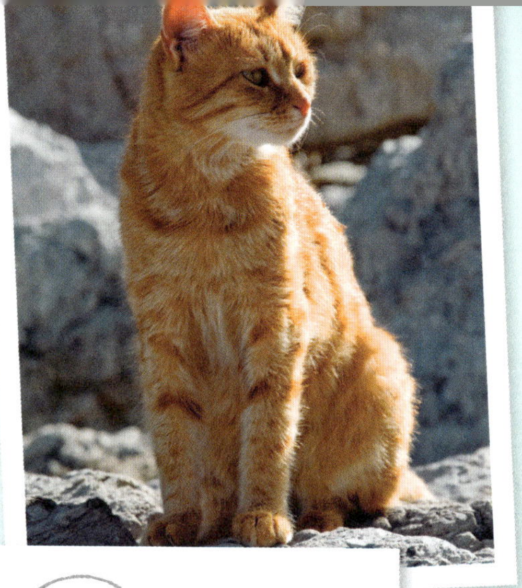

Drücke nur leicht auf, denn die Kreise werden später wegradiert.

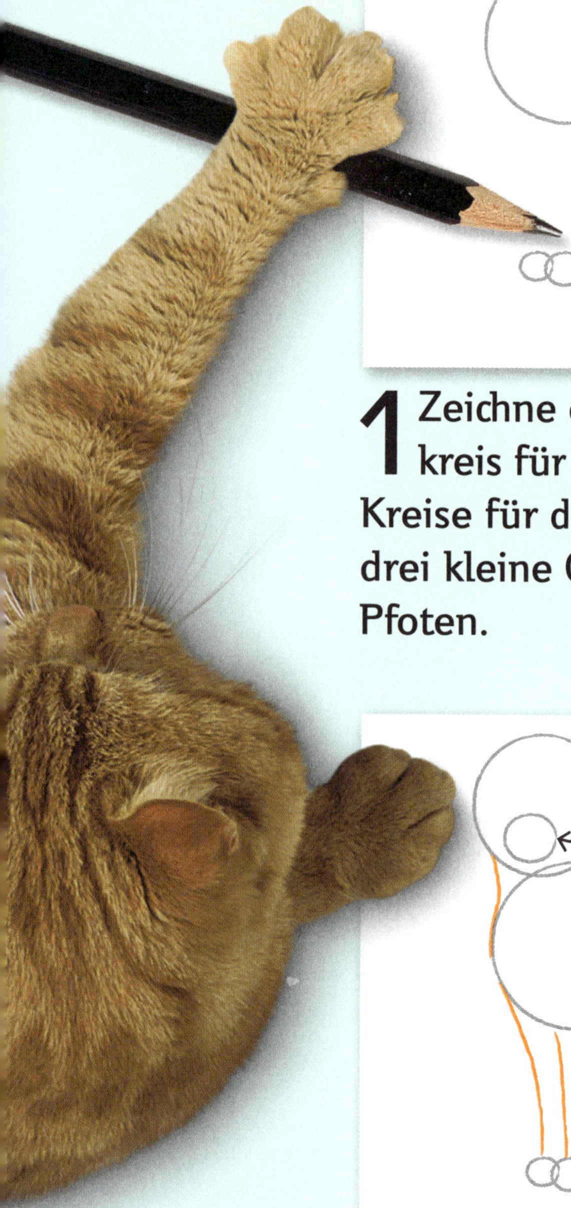

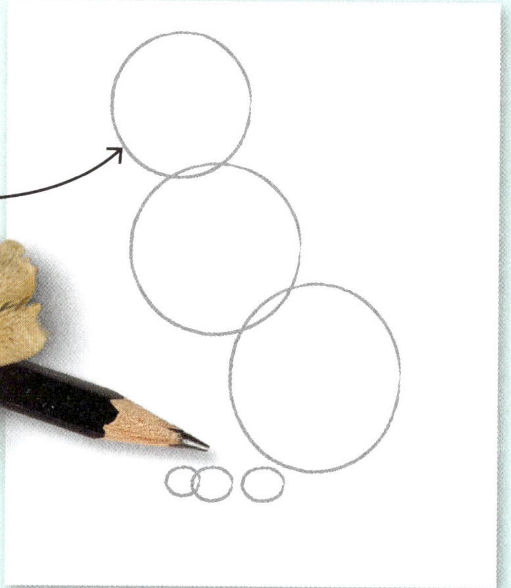

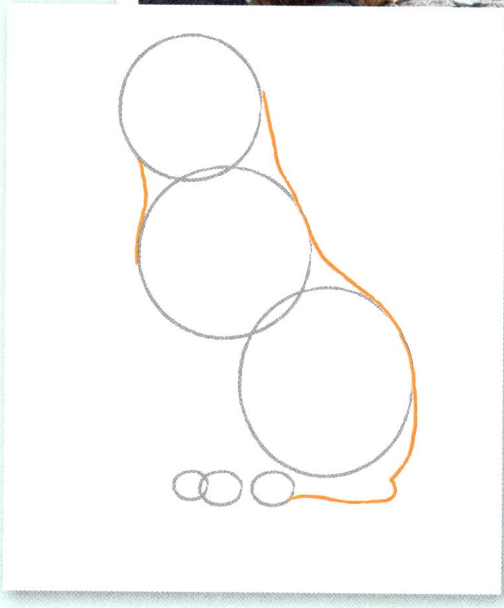

1 Zeichne einen Bleistiftkreis für den Kopf, zwei Kreise für den Körper und drei kleine Ovale für die Pfoten.

2 Verbinde die Außenränder der Kreise mit einem Buntstift zu dem Umriss des Katzenkörpers.

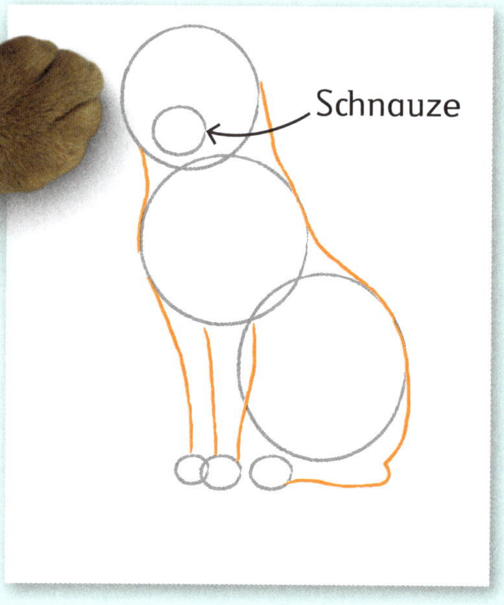

3 Zeichne mit drei Linien die Vorderpfoten ein. Ergänze die Schnauze mit einem kleinen Bleistiftkreis.

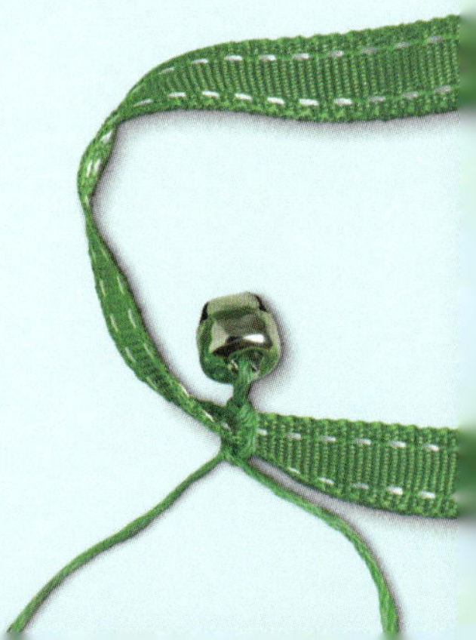

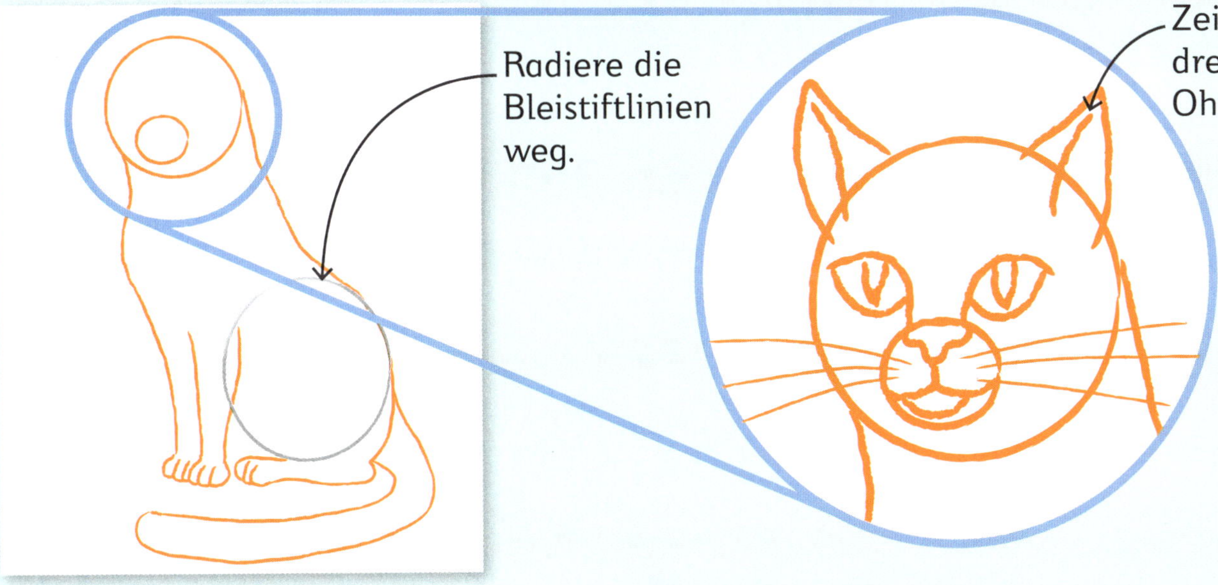

4 Zeichne Kopf, Schnauze und Pfoten mit Buntstift nach. Ergänze die Pfoten mit kurzen Linien. Zeichne den Schwanz.

5 Zeichne die Nase, darunter drei Bögen für den Mund. Ergänze zwei Ovale mit je einem kleinen Oval darin für die Augen. Zeichne die Schnurrhaare mit dünnen Linien.

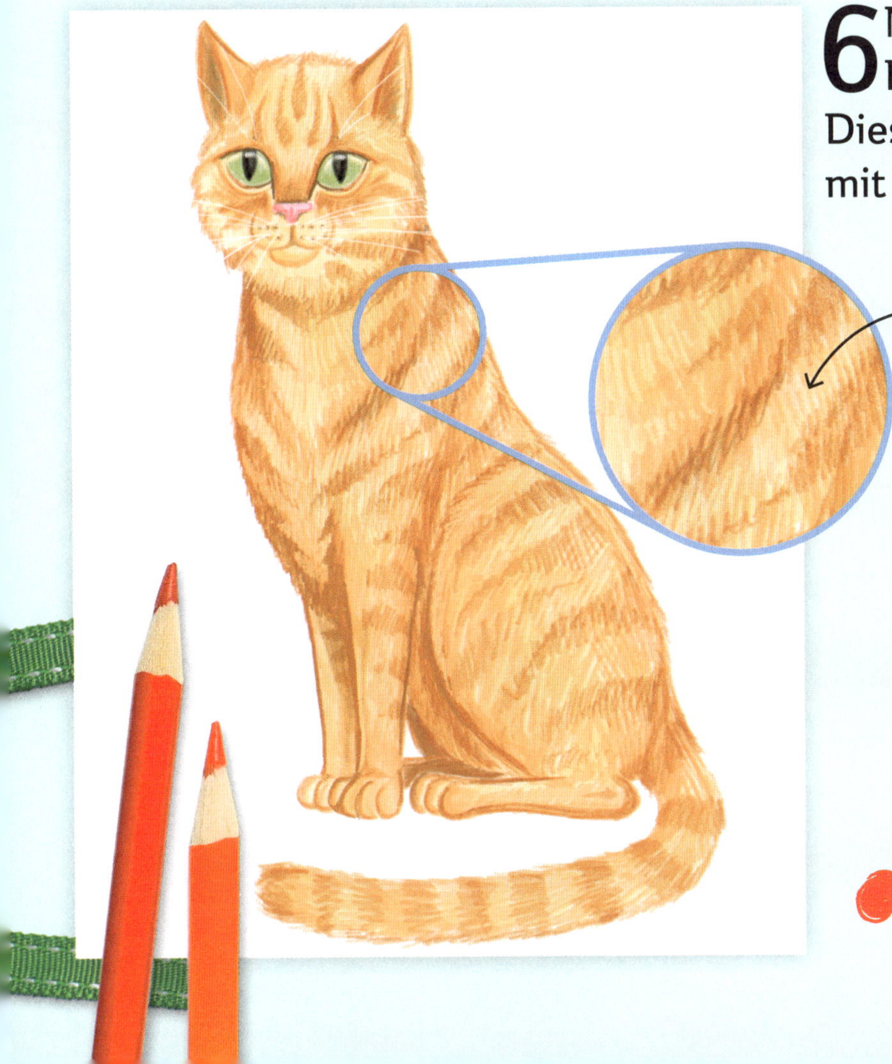

6 Nun kannst du deine Katze ausmalen. Diese hier ist fuchsfarben mit grünen Augen.

Benutze verschiedene Farben für deine Katzen.

Tipp

Zeichne ein glattes Fell mit vielen kleinen, dichten Linien, ein flauschiges Fell mit längeren, gekrümmten.

Papageien zeichnen

Diese farbenfrohen Papageien mit ihren bunten Flügeln sind wahre Flugkünstler. Hier lernst du, wie du einen südamerikanischen Ara zeichnest.

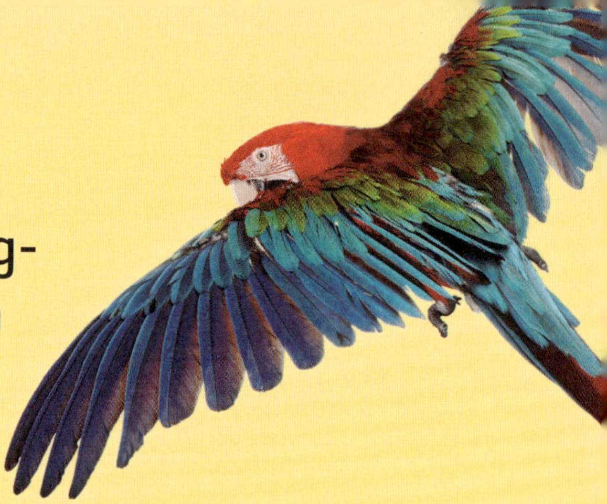

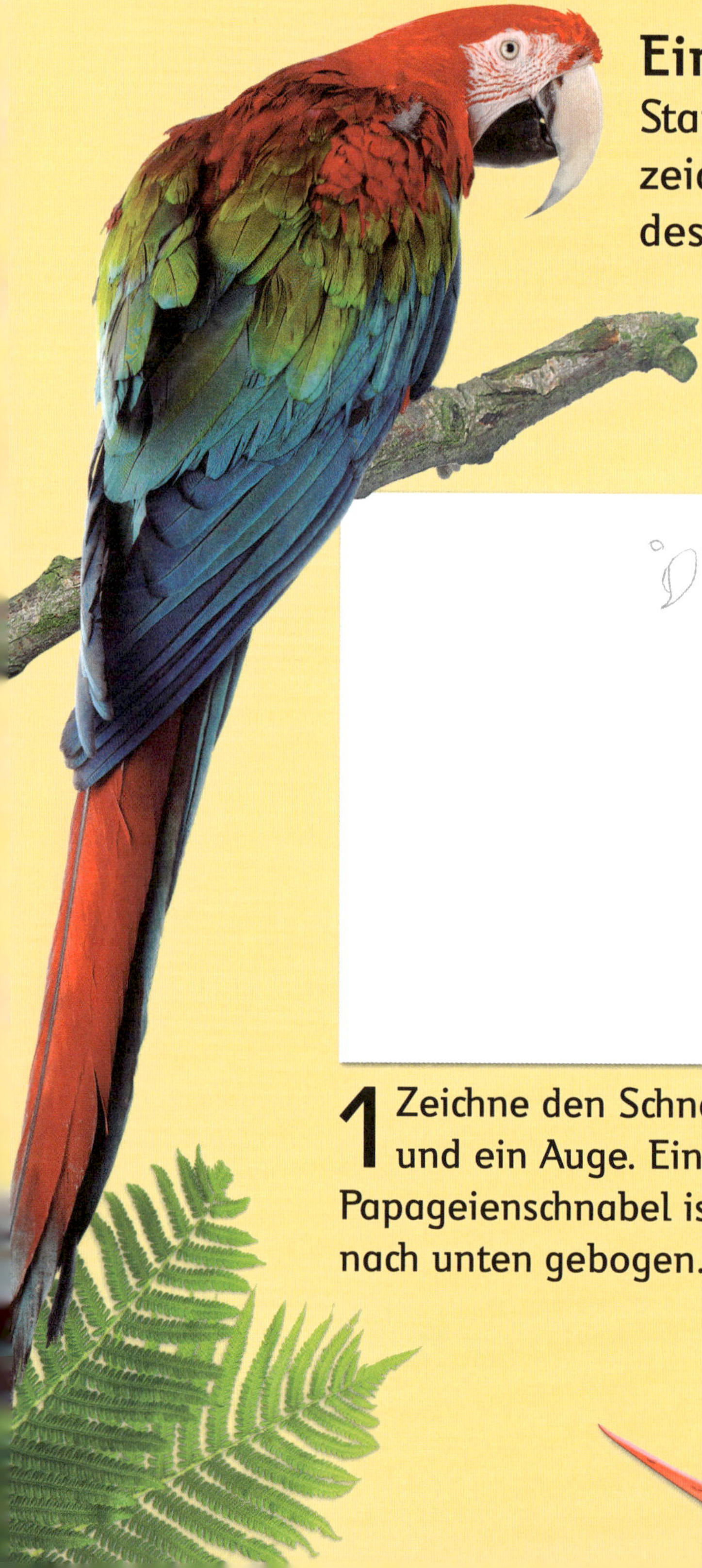

Ein Ara

Statt den Körper mit Hilfsformen zu zeichnen, beginne hier mit den Details des Vogelgesichts und baue darauf auf.

Weil Papageien keinen langen Hals haben, schließe den Körper direkt an den Kopf an.

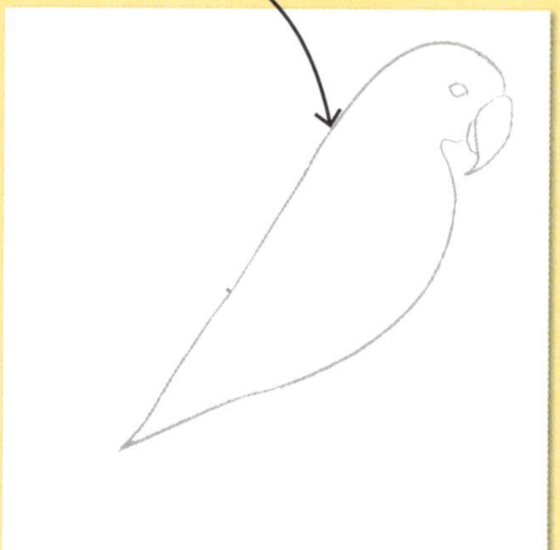

1 Zeichne den Schnabel und ein Auge. Ein Papageienschnabel ist nach unten gebogen.

2 Zeichne den Körper beginnend vom Schnabel mit zwei gewölbten Linien, die spitz zulaufen und sich am Rücken treffen.

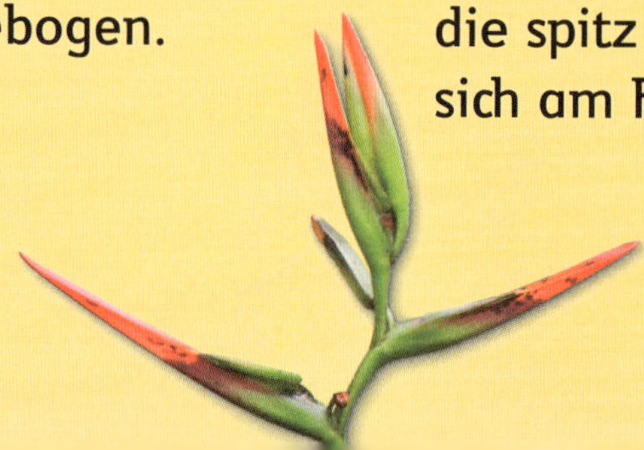

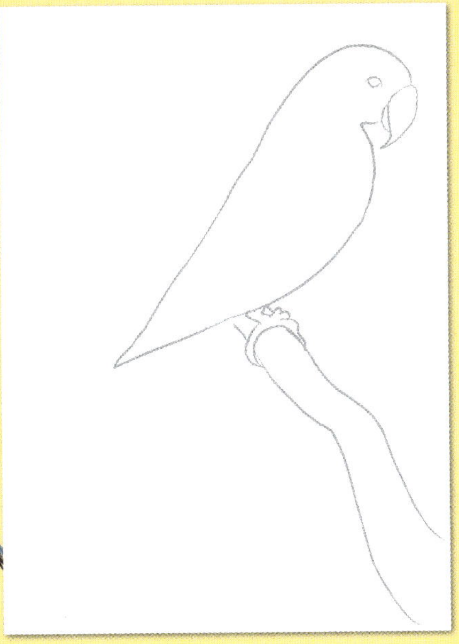

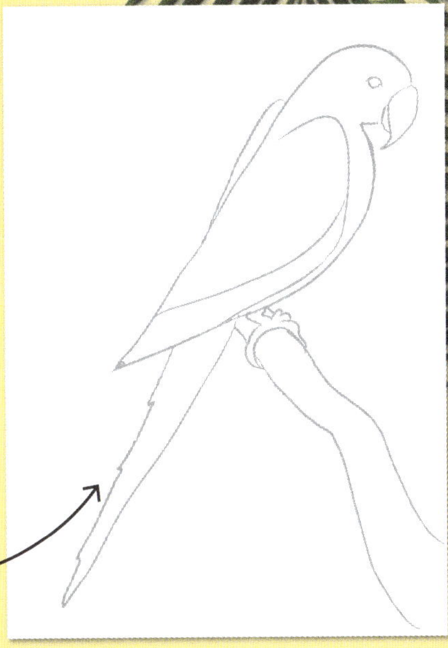

Die Flügel falten sich über dem langen Schwanz.

3 Zeichne die Füße und ergänze darunter einen Ast.

4 Zeichne Linien für die Flügel und den Umriss der Schwanzfedern.

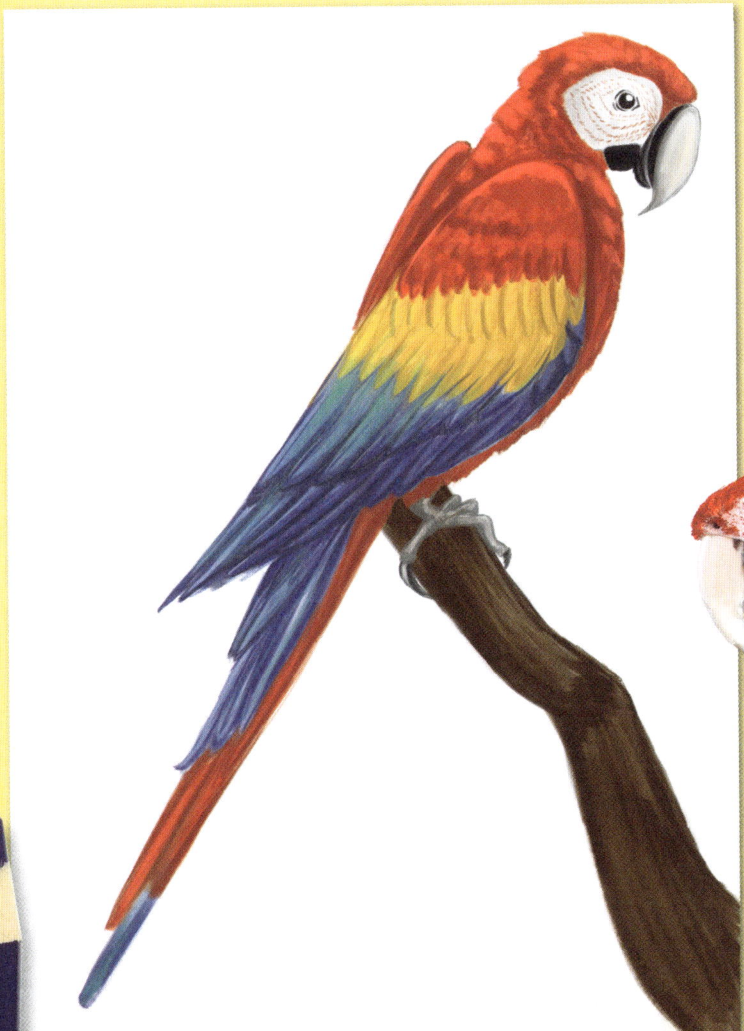

5 Nun kannst du kreativ werden. Male den Vogel aus und deute die Federstruktur mit Mustern an.

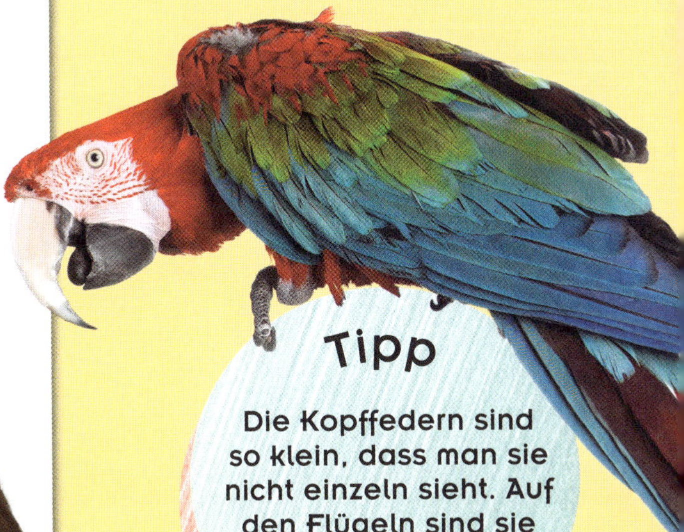

Tipp

Die Kopffedern sind so klein, dass man sie nicht einzeln sieht. Auf den Flügeln sind sie größer, am längsten am Schwanz.

Verziere den Hintergrund mit tropischen Blumen und Pflanzen.

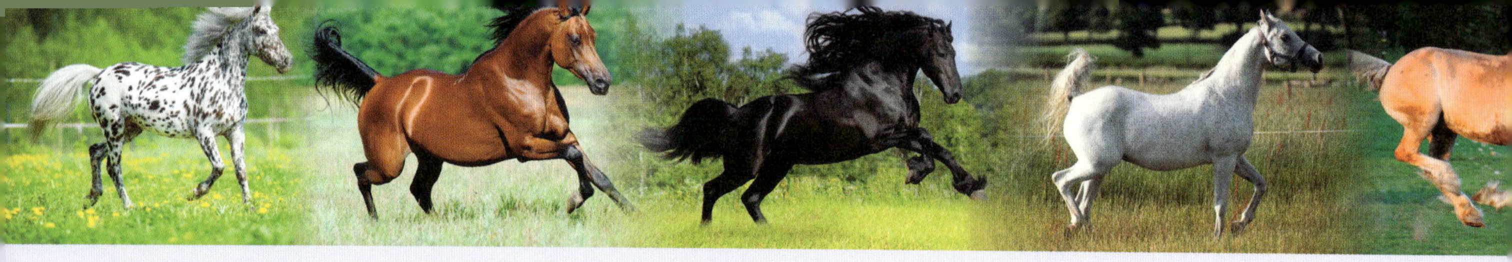

Pferde zeichnen

Nun wird es etwas kniffliger, aber wenn du mit Kreisen anfängst, ist auch ein Pferd kein Problem. Beobachte, wie Pferde laufen. Die Gangarten kannst du mit verschiedenen Beinpositionen zeichnen.

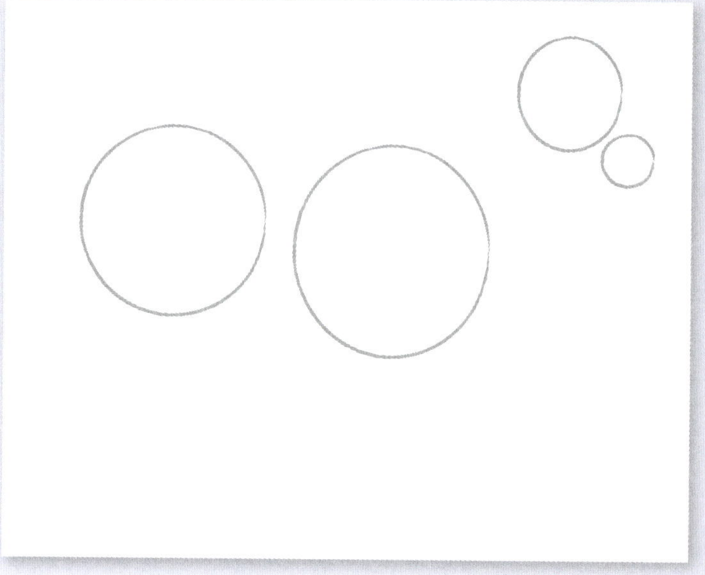

1 Zeichne zwei Bleistiftkreise für den Kopf und zwei größere Kreise für den Rumpf.

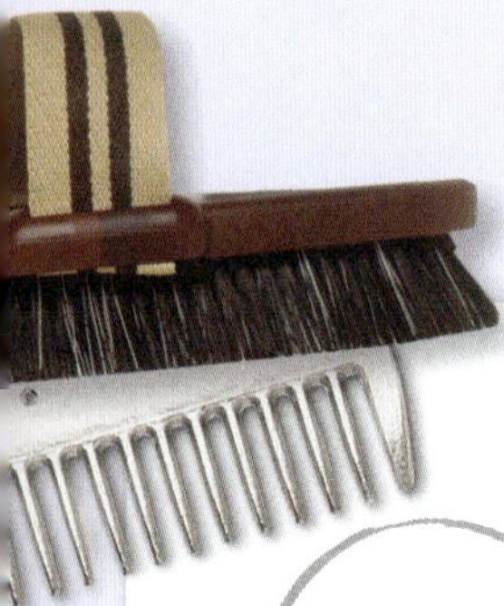

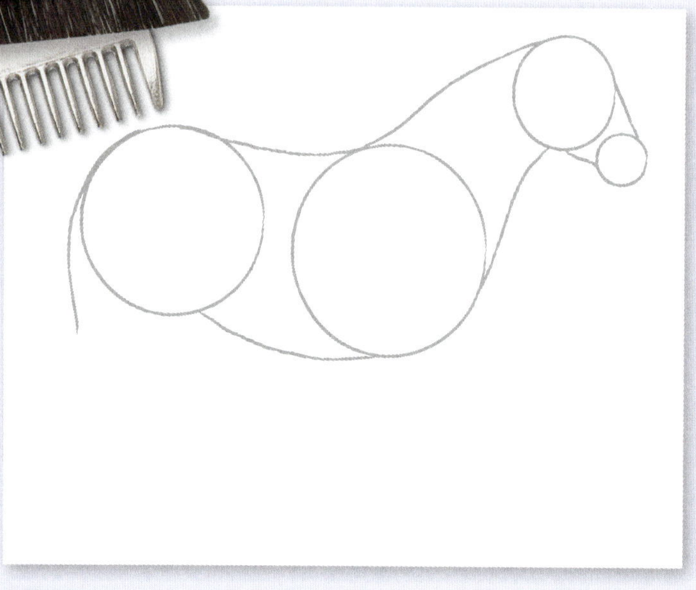

2 Zeichne Linien um die Kreise, um dem Pferd eine Form zu geben. Lass unten Platz für die Beine.

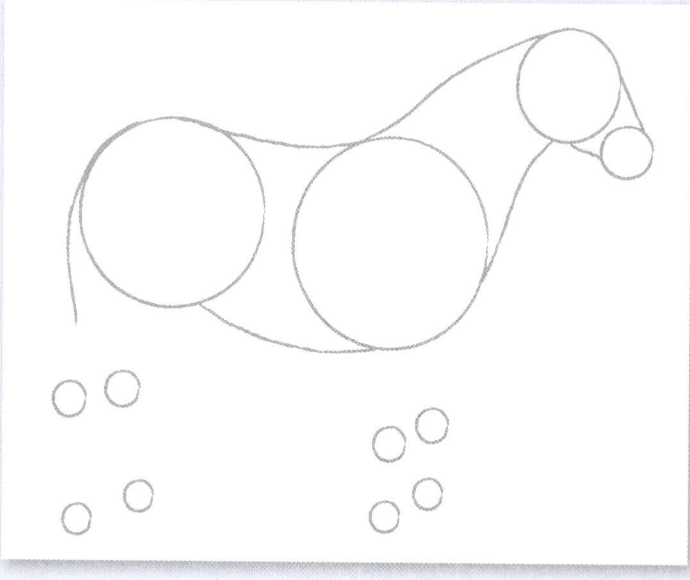

3 Zeichne Kreise für die Gelenke. Lass etwas Abstand dazwischen, denn die Beine sind lang.

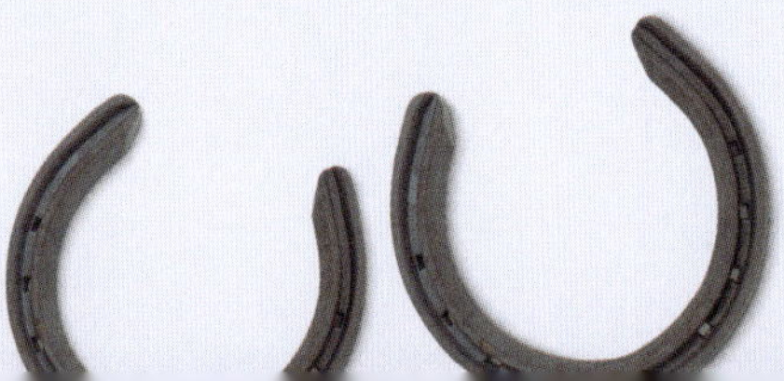

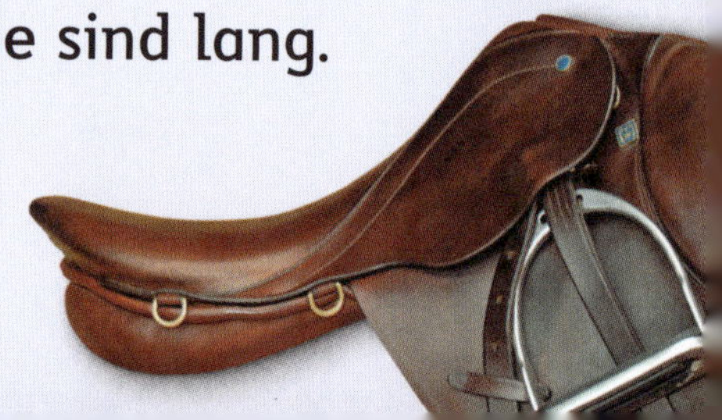

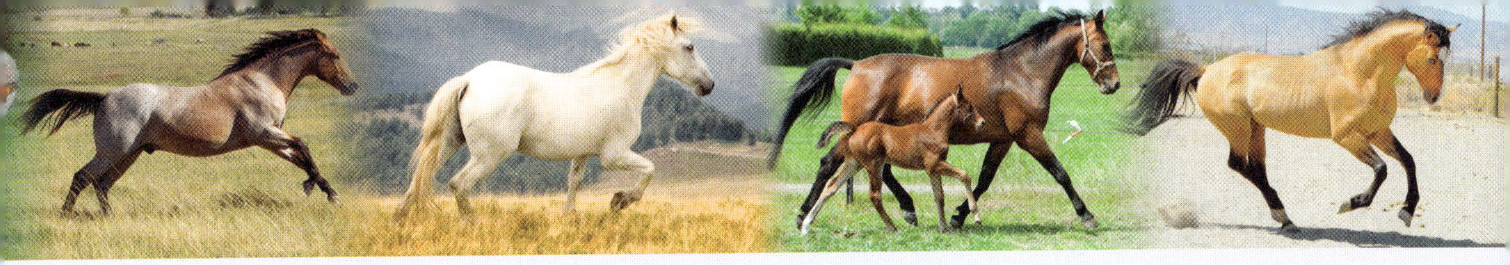

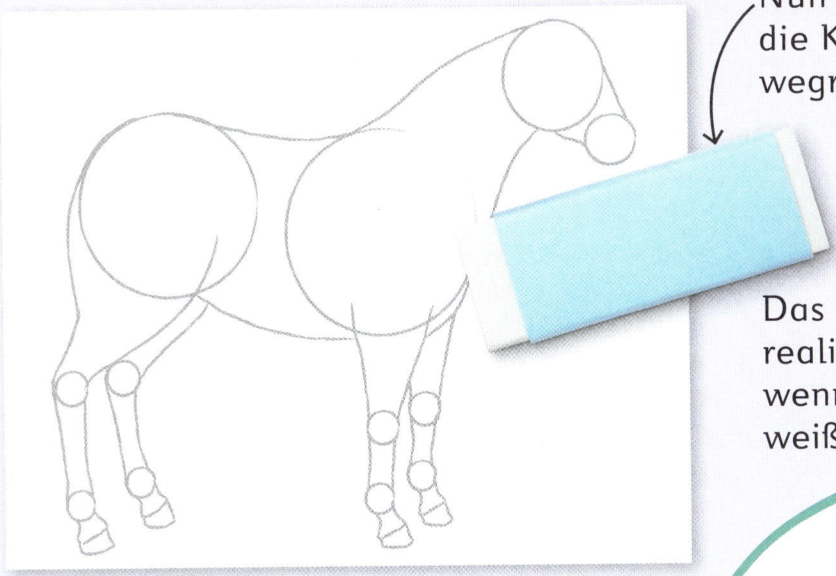

Nun kannst du die Kreise wegradieren.

Tipp

Mit dieser Anleitung kannst du auch ein Zebra, ein Einhorn und sogar einen Pegasus zeichnen.

4 Verbinde die Kreise zu schlanken Beinen. Ergänze unten Hufe.

Das Auge wirkt realistischer, wenn du eine Stelle weiß lässt.

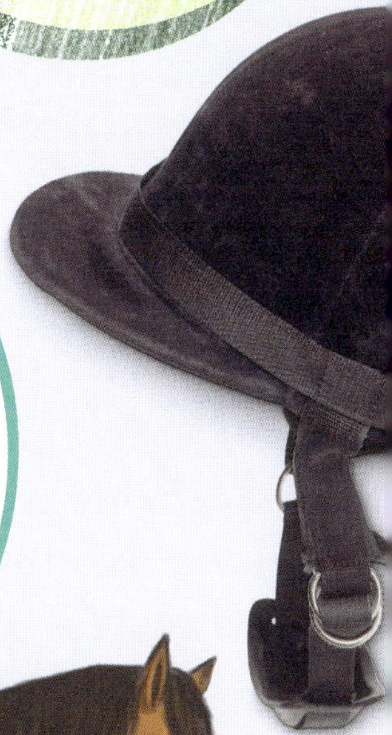

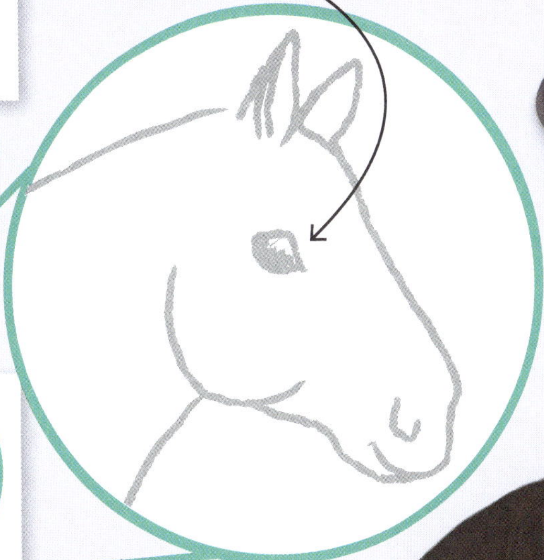

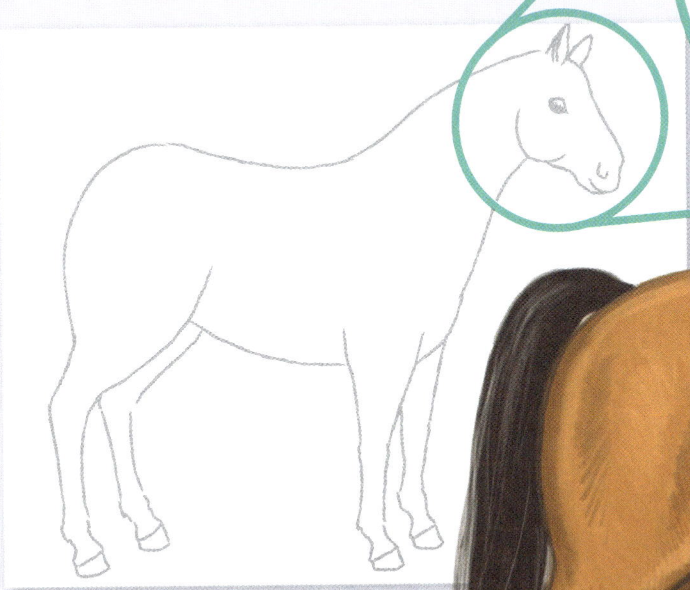

5 Zeichne spitz zulaufende Ohren, ein Auge, den Mund und die Nüstern.

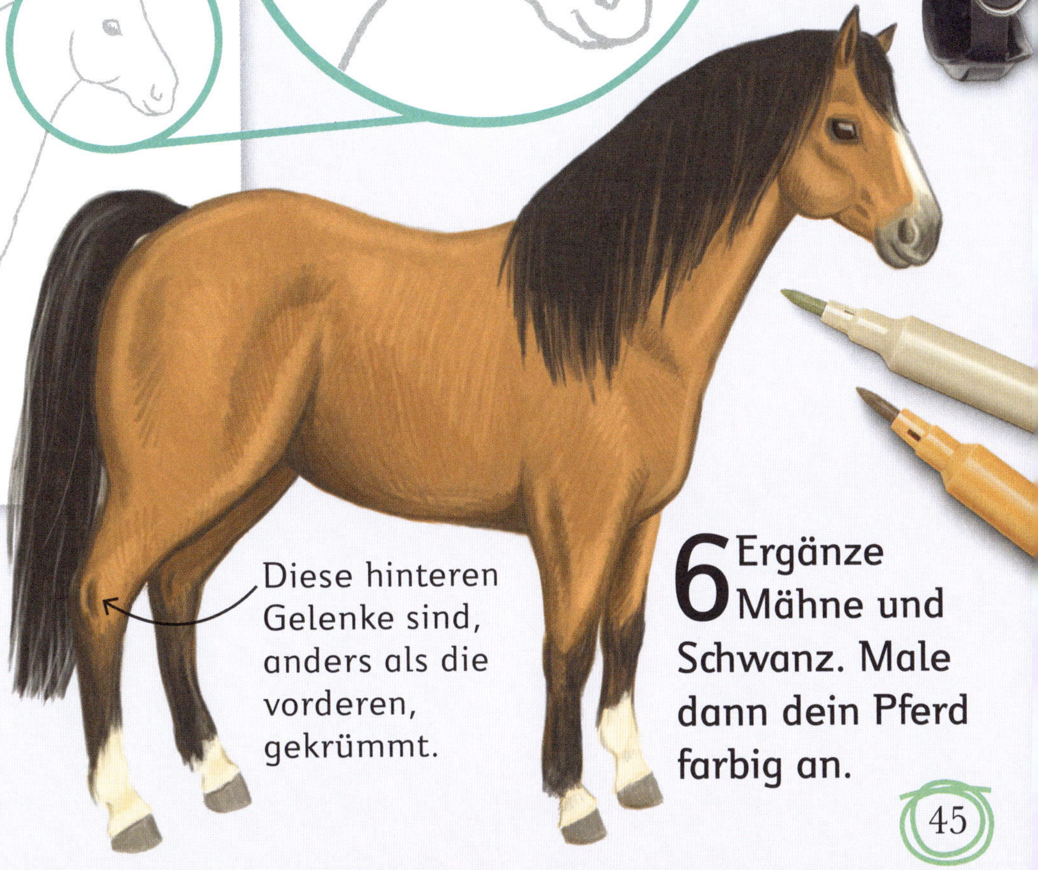

Diese hinteren Gelenke sind, anders als die vorderen, gekrümmt.

6 Ergänze Mähne und Schwanz. Male dann dein Pferd farbig an.

Delfine zeichnen

Viele Meeresbewohner wie Delfine und Wale sind anders geformt als Landtiere. Sieh dir diesen springenden Delfin an. Er hat eine glatte Haut ohne Haare oder Pelz.

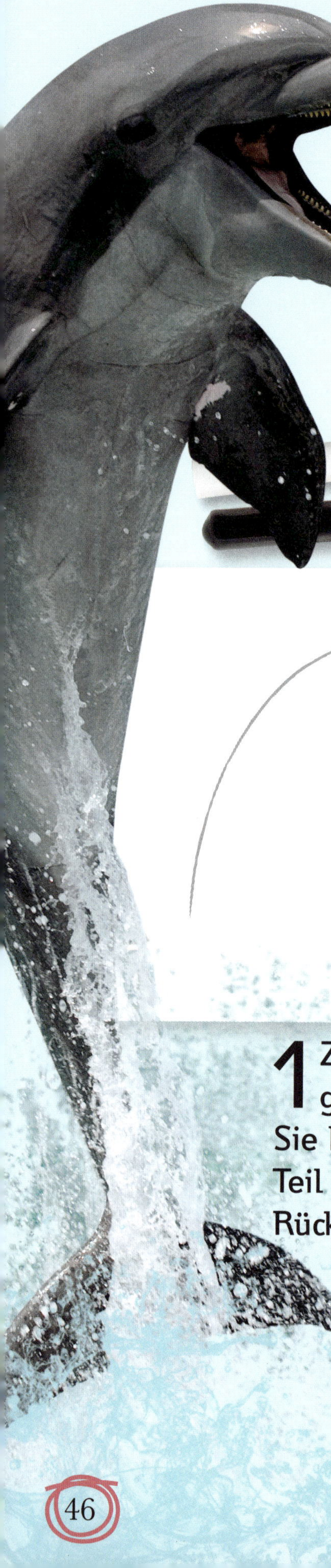

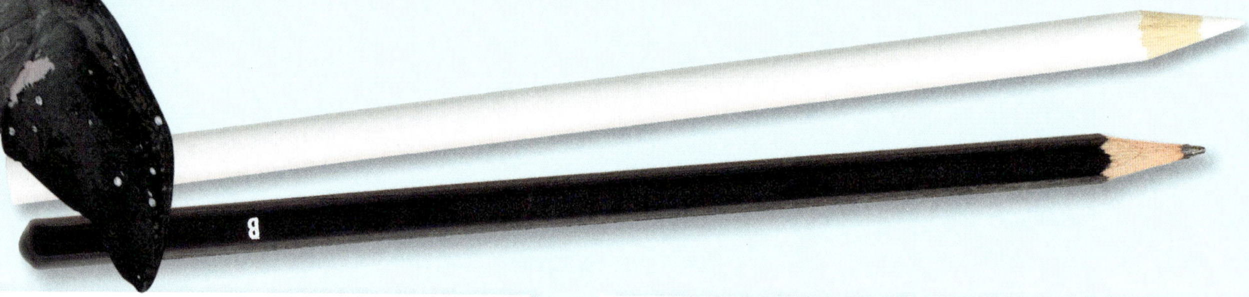

1 Zeichne eine lange, gekrümmte Linie. Sie bildet den oberen Teil des Kopfs und den Rücken.

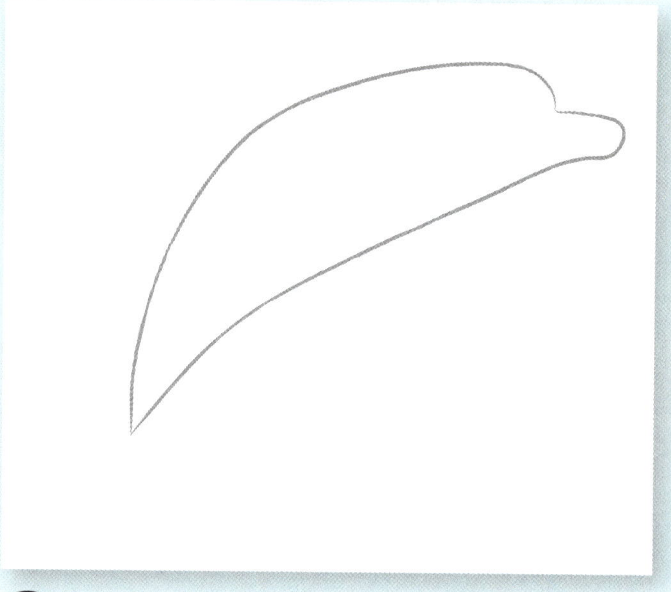

2 Zeichne die schmale Schnauze und eine zweite gekrümmte Linie für den Bauch, die auf die erste Linie trifft.

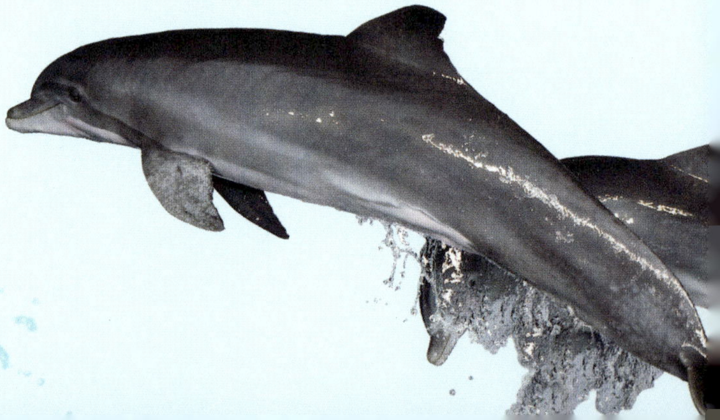

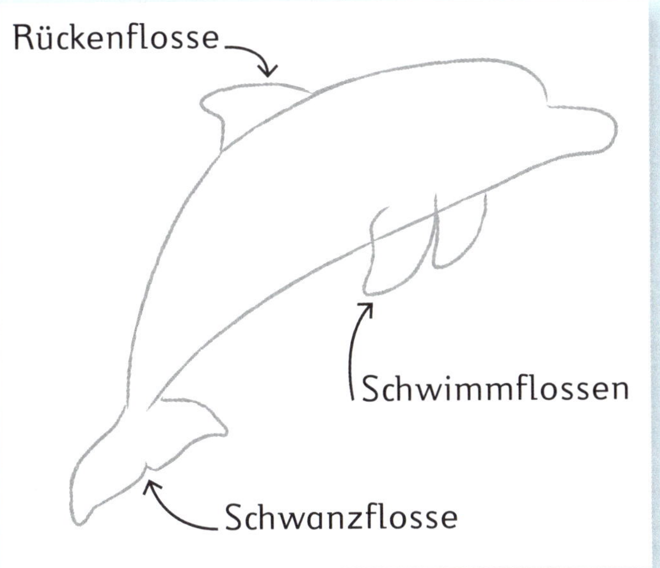

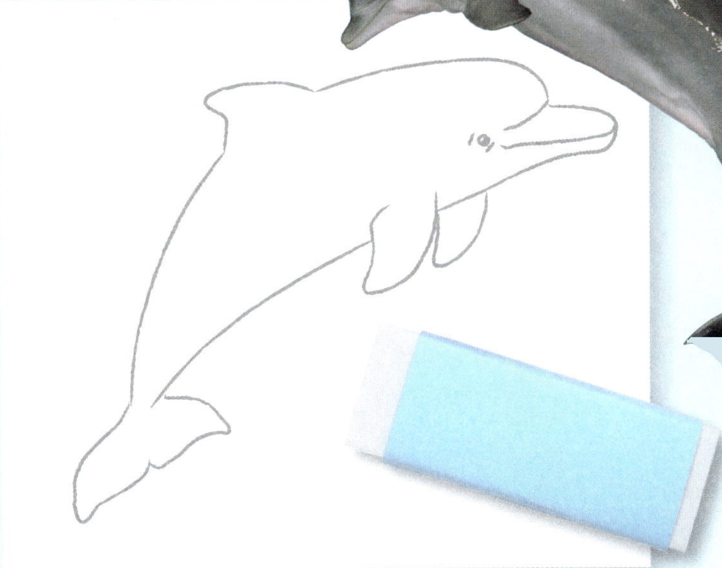

3 Zeichne auf den Rücken ein gewölbtes Dreieck für die Rückenflosse. Ergänze zwei Schwimmflossen und am unteren Ende eine Schwanzflosse.

4 Radiere die überflüssigen Linien an den Flossen weg. Ergänze eine Linie am Kopf, dann das Auge und ein freundliches Maul.

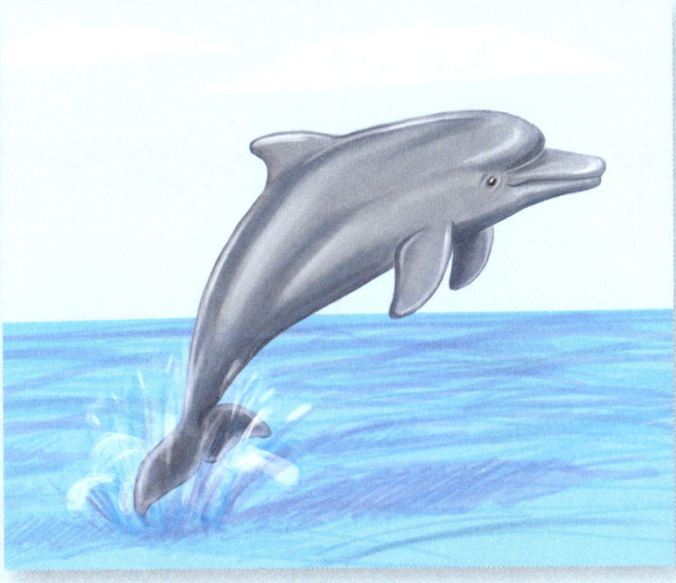

5 Jetzt kannst du den Delfin kolorieren und Wasserspritzer ergänzen. Wenn du willst, füge in der Ferne eine Horizontlinie und Wellenlinien hinzu.

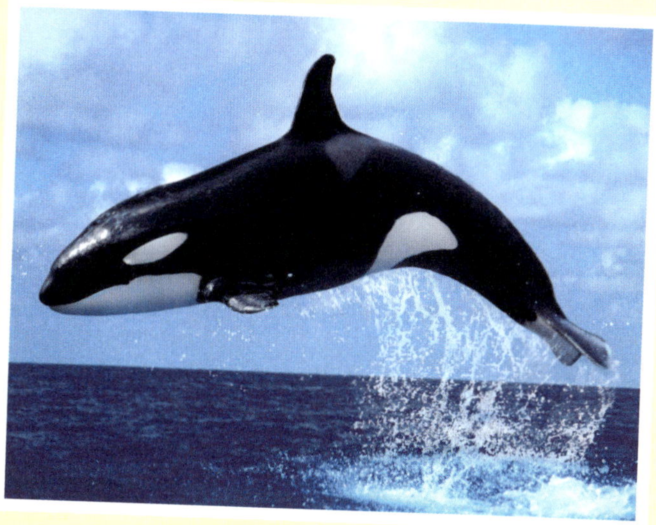

Probier's aus!

Mit denselben Schritten kannst du einen Schwertwal zeichnen. Dieses Foto hilft dir bei den Linien und Farben.

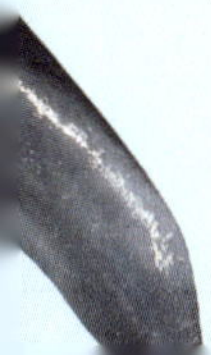

Nützliche Raster

Sicher siehst du manchmal ein Bild, das du gern nachzeichnen würdest. Mit einem Raster geht das ganz leicht: Du kannst damit die Details des Bilds erfassen und es Quadrat für Quadrat kopieren.

Tipp

Willst du ein Bild aus einem Buch nachzeichnen, mach zuerst eine Kopie davon und zeichne darauf dein Raster ein.

Raster zeichnen

Über dieses Bild wurde ein Raster gelegt, das es in kleine Abschnitte unterteilt.

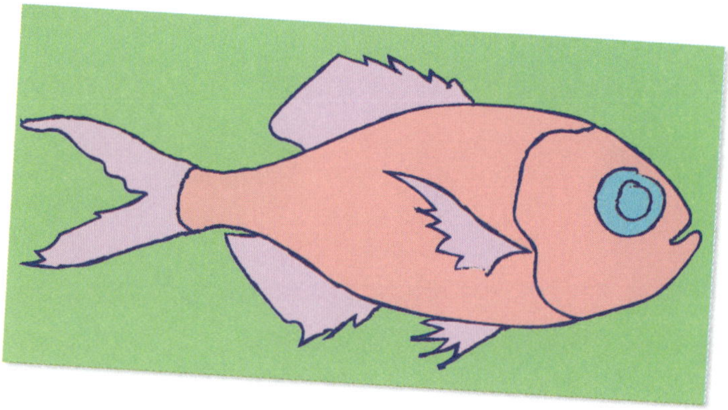

Sieh dir die Details in jedem Kästchen an.

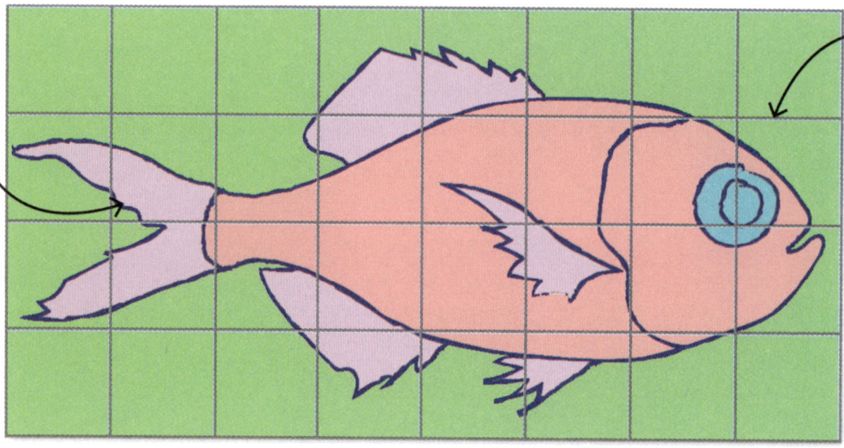

Das Raster unterteilt das Bild, das nachgezeichnet werden soll.

Es wurde mit Bleistift gezeichnet, damit man es am Ende wegradieren kann.

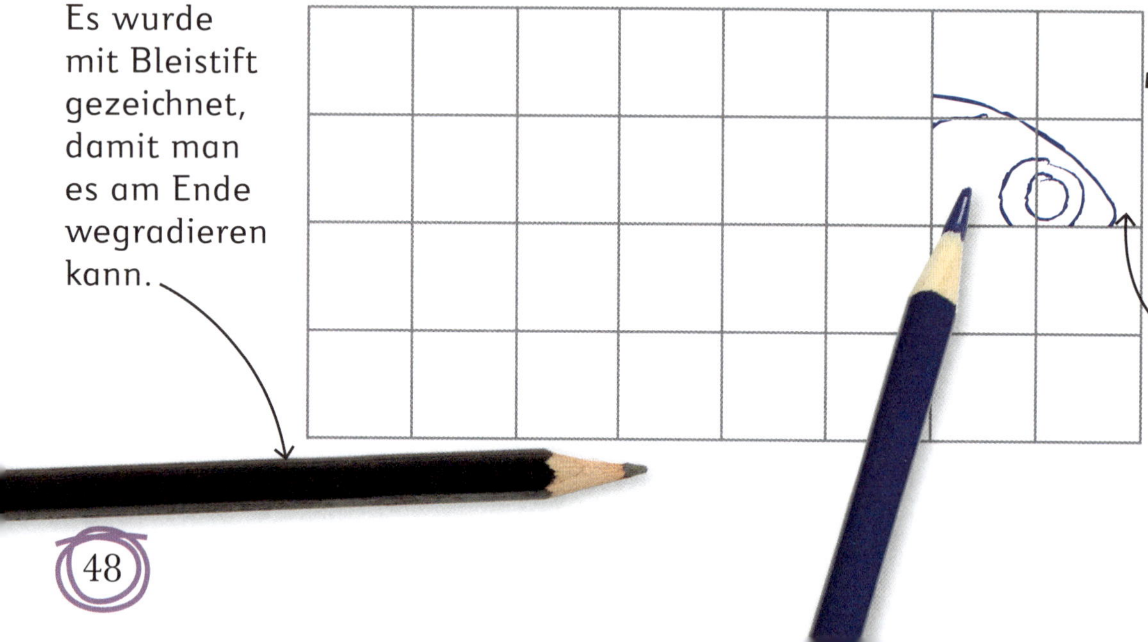

Dieses Raster hat genauso viele Quadrate wie das obere.

Jedes Kästchen wird einzeln abgezeichnet.

Bilder nachzeichnen

Hier siehst du ein Bild von einem Elefanten. Darüber liegt ein Raster. Wie ist der Elefant darin platziert? Welcher Teil liegt in welchem Kästchen?

Dein Raster muss genauso viele Quadrate haben wie das, was du nachzeichnest. Dieses hat sechs Reihen zu fünf Quadraten.

Miss das Raster mit einem Lineal aus und zeichne gerade Linien.

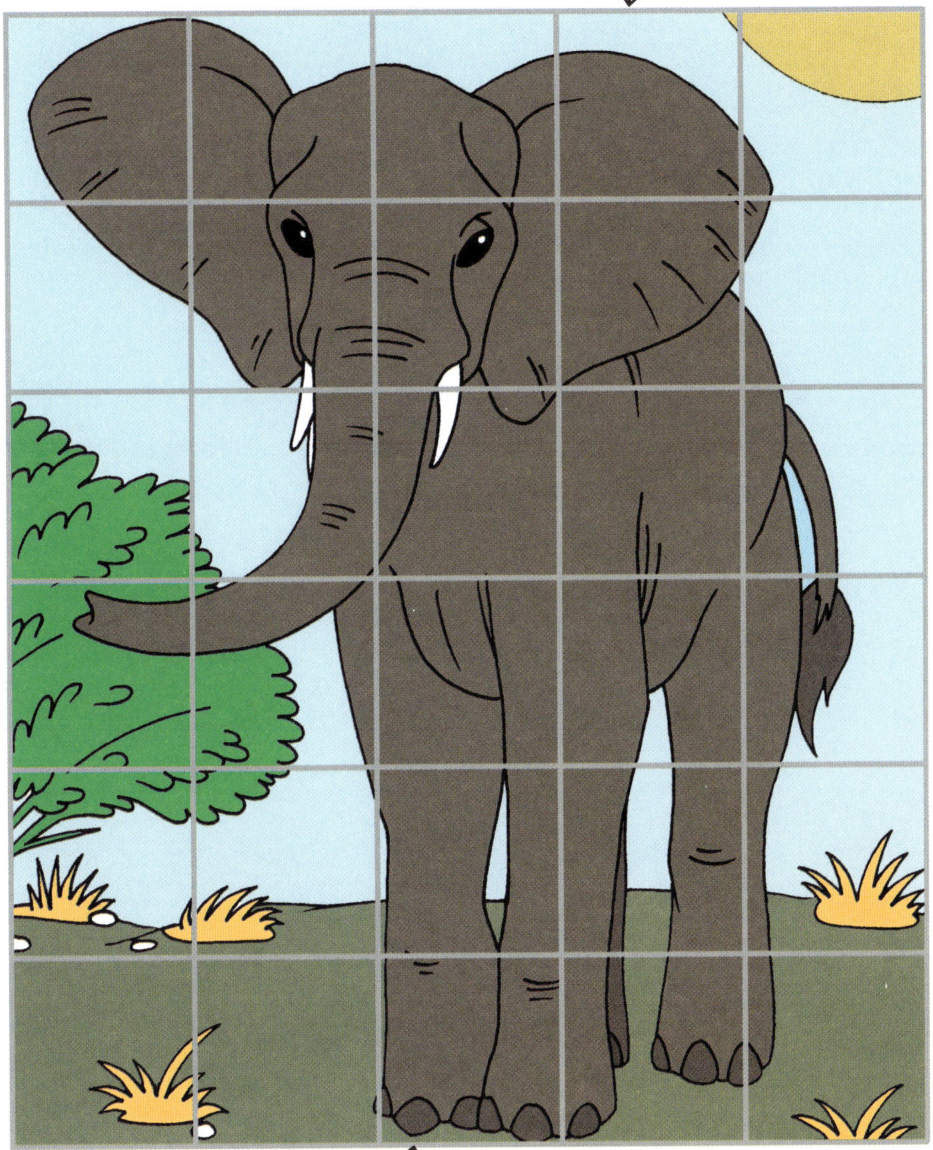

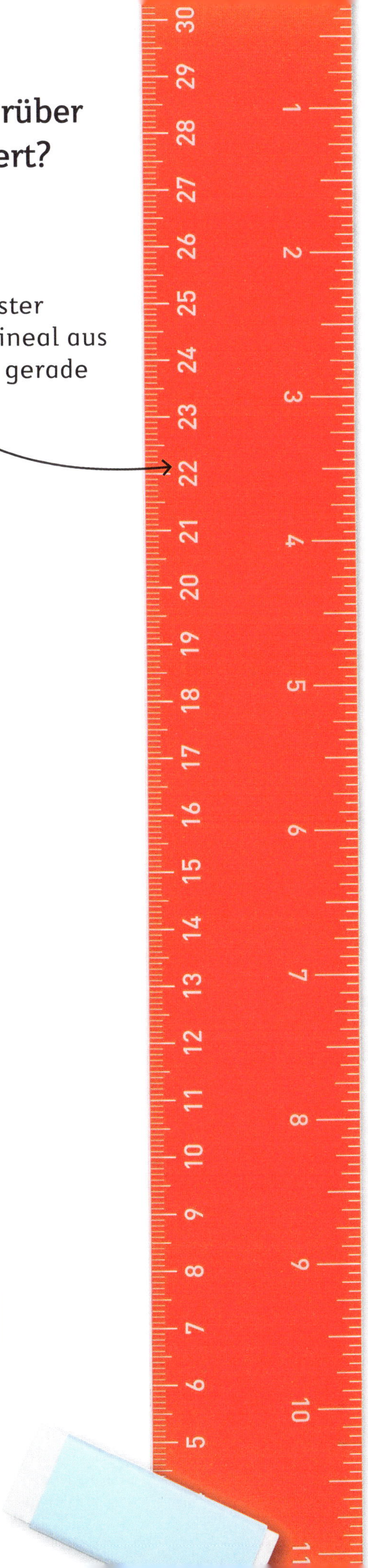

Übertrage die Umrisse der einzelnen Kästchen. Radiere das Raster weg, bevor du das Bild ausmalst.

Stegosaurier nach Kästchen

Hier siehst du ein Bild von einem Stegosaurier, der durch die Landschaft stapft. Zeichne das Bild mit dem unten stehenden Raster nach. Wie gefällt es dir, nach Kästchen zu zeichnen?

Tipp

Du kannst ein Bild vergrößern oder verkleinern, indem du größere oder kleinere Rasterkästchen verwendest.

Der Vulkan beginnt in diesem Kästchen und ragt bis in die nächsten.

Schaue, wie viel Platz ein Detail im Kästchen einnimmt.

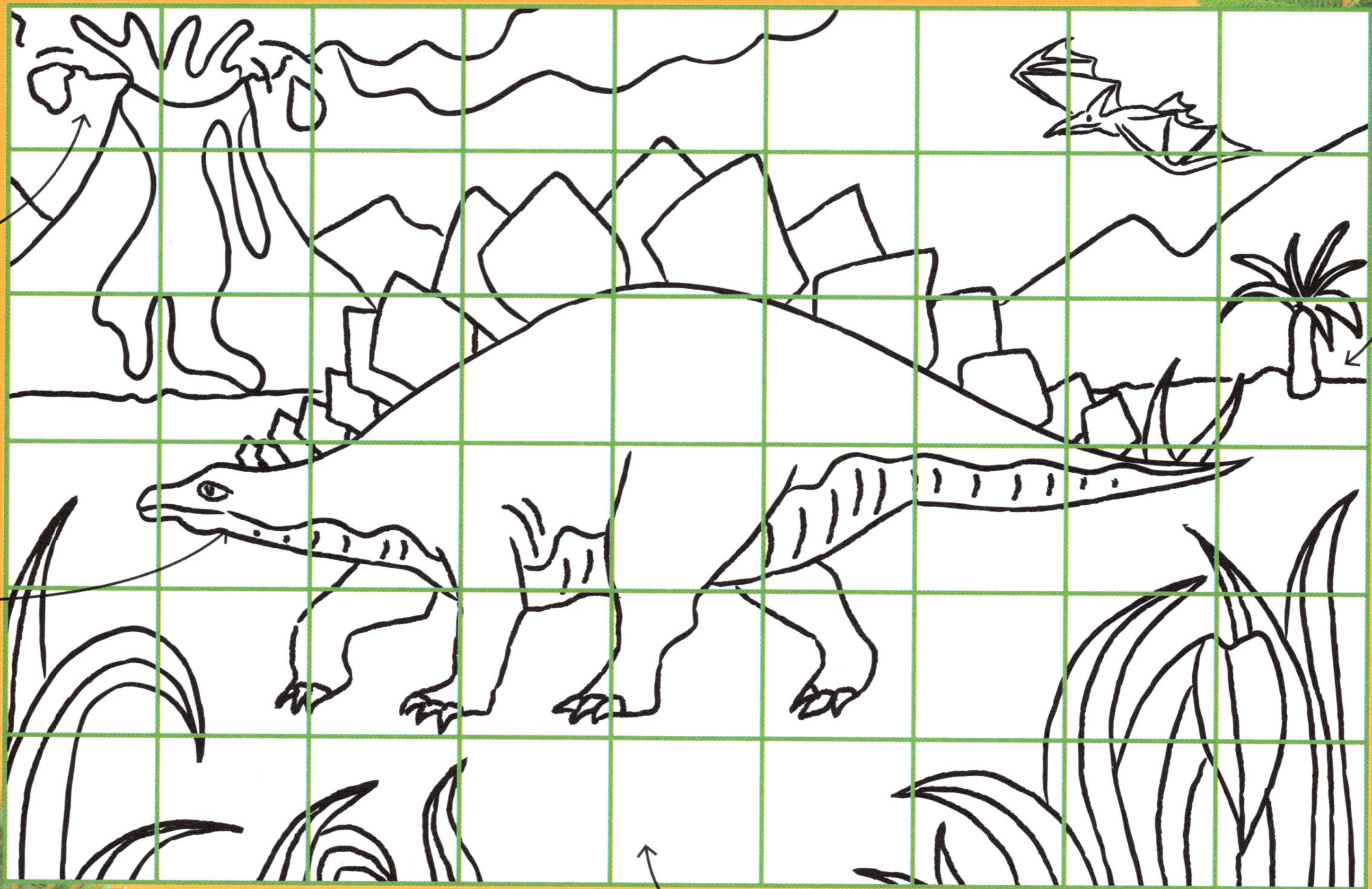

Prüfe, wo die Details in den Kästchen platziert sind.

Manche Kästchen bleiben leer.

Manchmal ist es einfacher, in einer Ecke anzufangen. Beginne hier, wenn du Rechtshänder bist.

Wenn du ein Kästchen fertig hast, mach mit dem daneben weiter.

Verbinde die Linien, die von einem Kästchen ins nächste reichen.

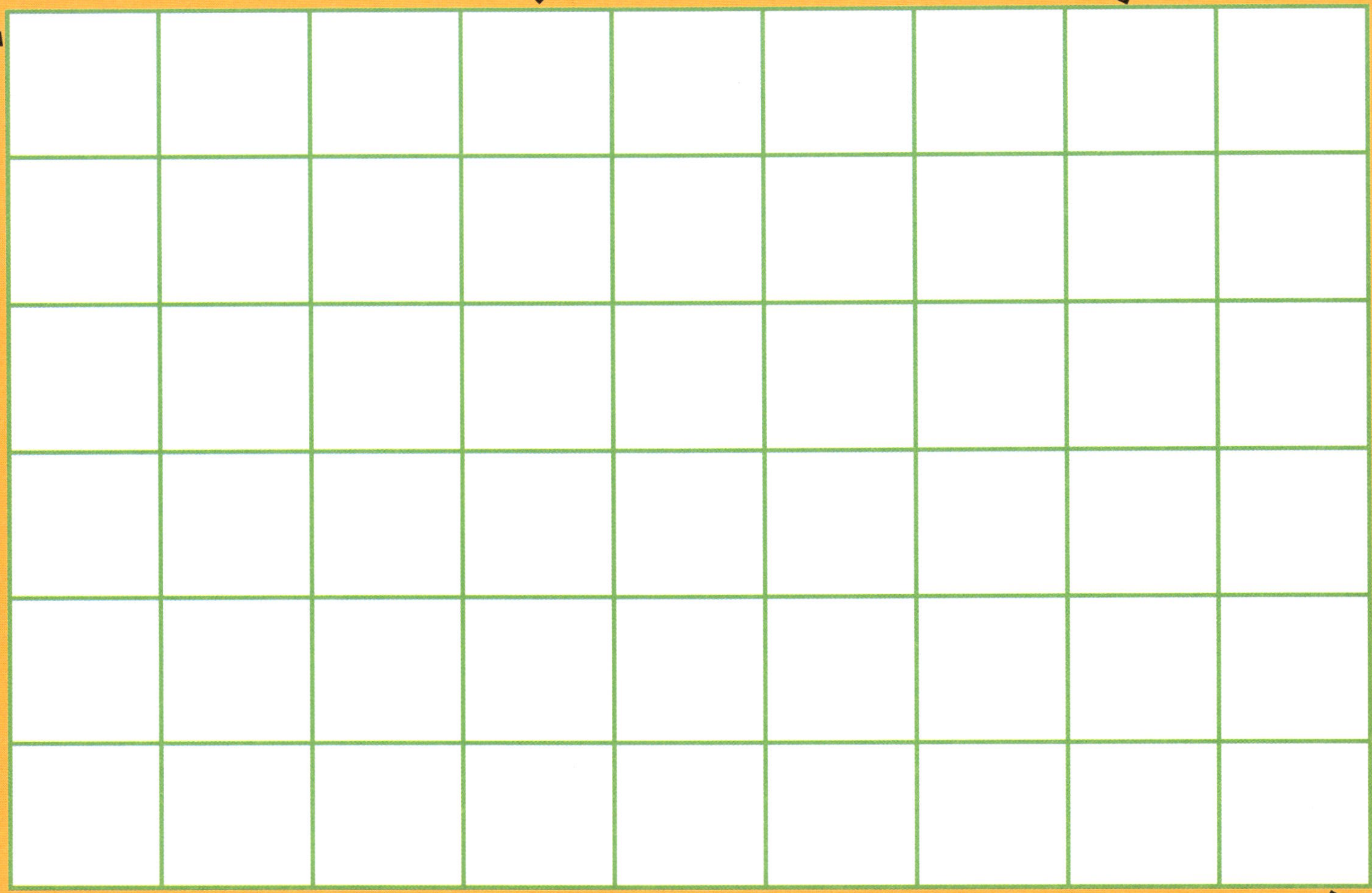

Zeichne zuerst die Umrisse und male dann dein Bild mit Filz- oder Buntstiften aus.

Beginne hier, wenn du Linkshänder bist.

Auch wenn du ein Bild nachzeichnest, kannst du nach Belieben eigene Details ergänzen.

Unterwasserszene

Erstelle ein Raster, um diese Unterwasserszene mit Haien, Schiffswrack und Schatz abzuzeichnen.

Verbinde die Markierungen zu einem Raster.

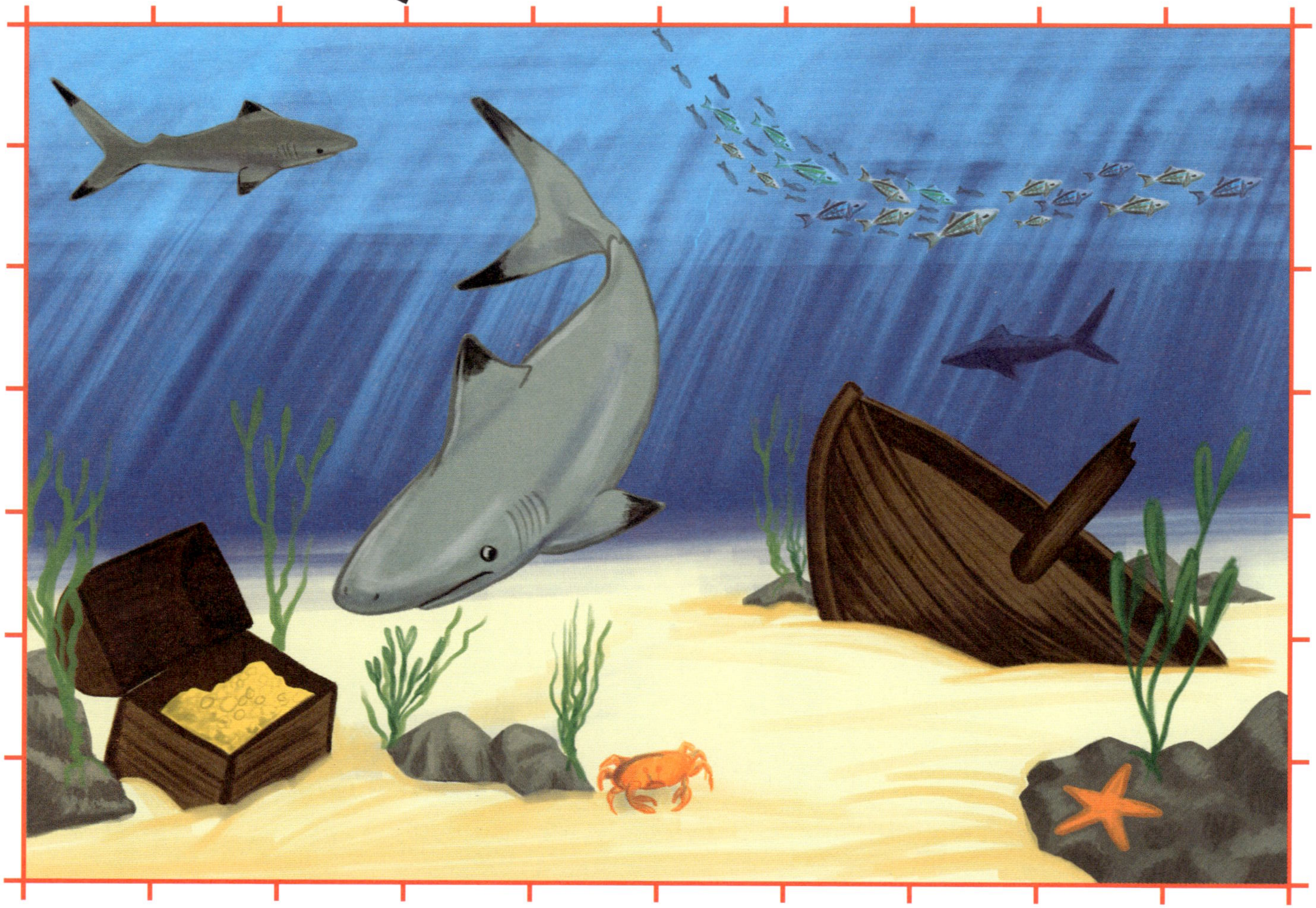

Ausmessen

Um die Szene nachzuzeichnen, lege zuerst ein Raster darüber. Zeichne es nach dieser Anleitung mit Bleistift und Lineal.

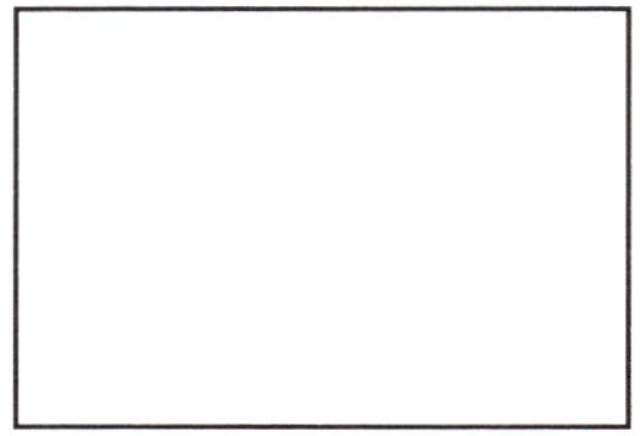

1 Zeichne einen Rahmen um das Bild.

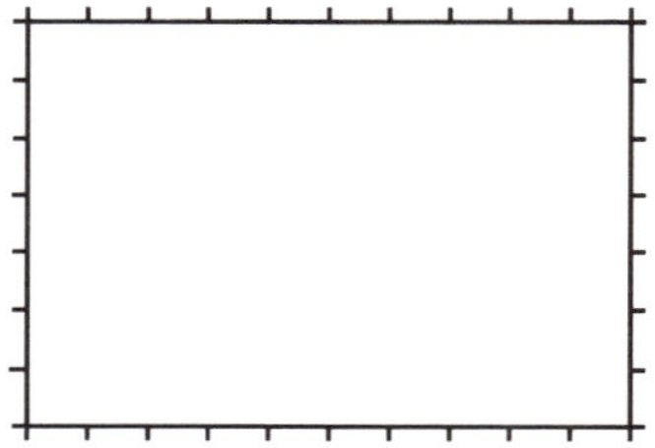

2 Teile den Rahmen mit einem Lineal in gleich große Abstände.

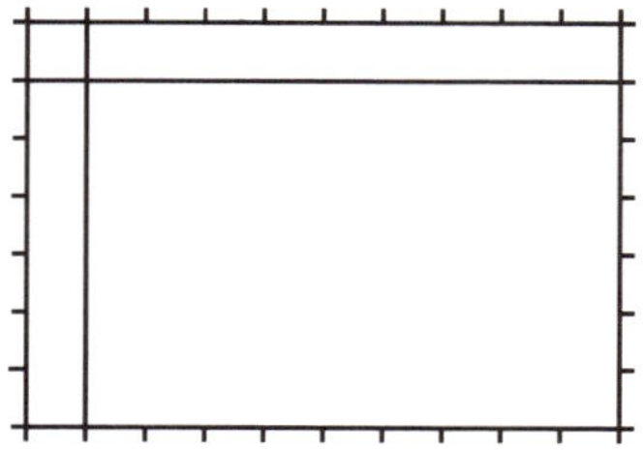

3 Verbinde die Abstandsmarkierungen mit dem Lineal zu einem Raster.

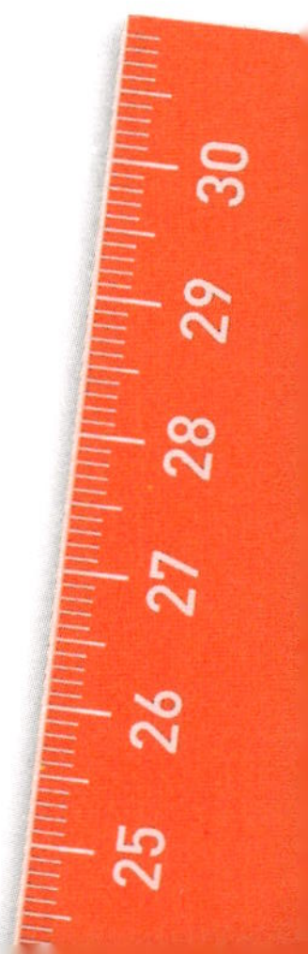

Probier's aus!

Erstelle innerhalb des Rahmens dasselbe Raster wie oben und zeichne dann das Unterwasserbild nach.

Übertrage das Bild Kästchen für Kästchen.

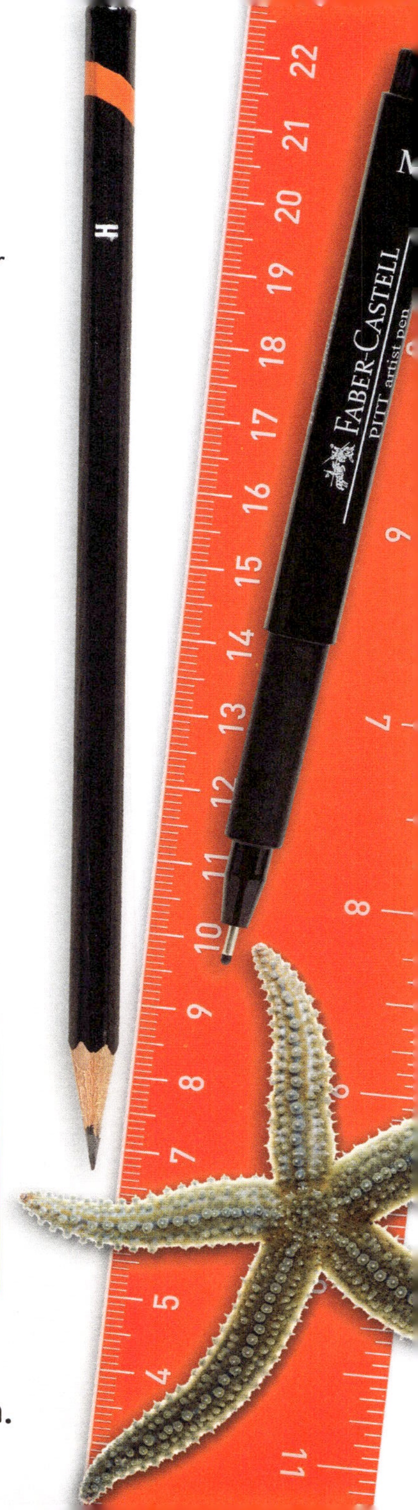

Ergänze die Szene mit lustigen Meeresbewohnern und versunkenen Schätzen.

Gesichter zeichnen

Die Darstellung eines menschlichen Gesichts nennt man Porträt. Die Anleitung zeigt, wo Augen, Nase, Mund und Ohren hingehören. Du kannst dich selbst zeichnen (Selbstporträt) oder einen Freund oder eine Freundin.

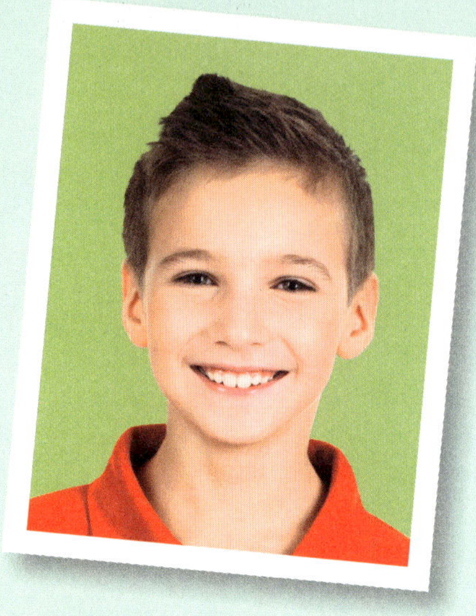

Gib deinen Gesichtern verschiedene Frisuren.

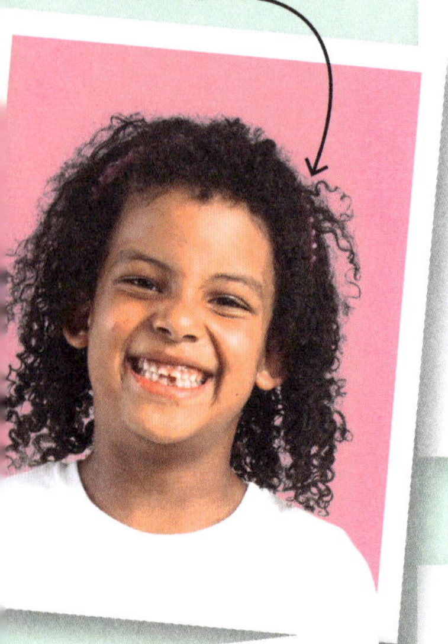

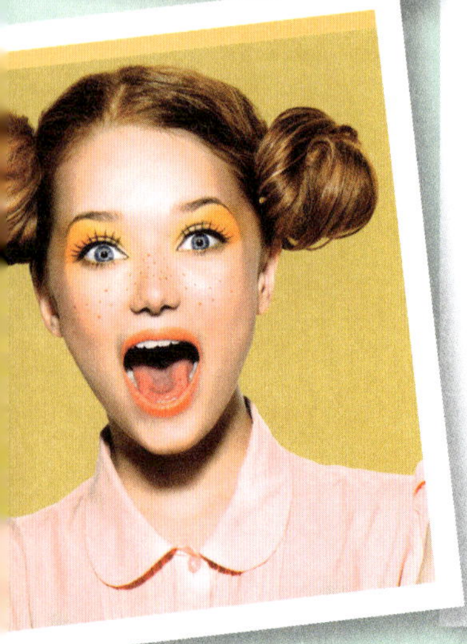

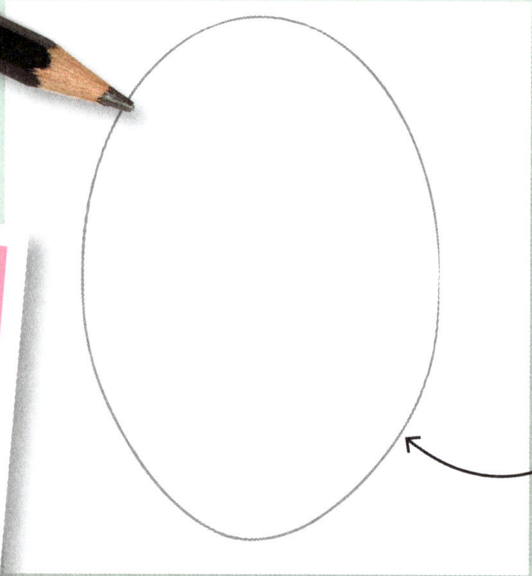

1 Zeichne den Umriss mit einem Oval. Je nach Gesichtsform ist es runder, länger oder hat ein spitzeres Kinn.

Drücke nicht zu fest auf, falls du die Form später korrigieren willst.

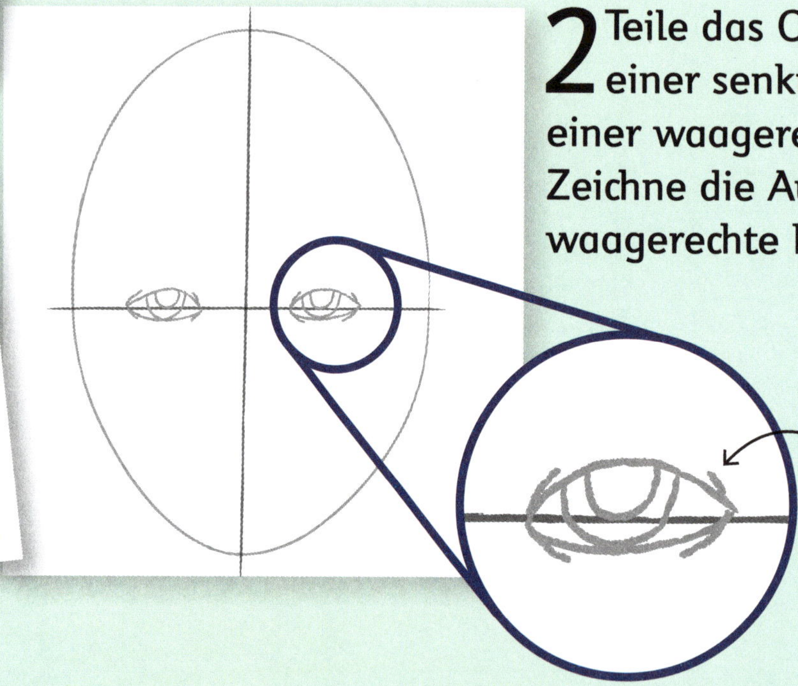

2 Teile das Oval mittig mit einer senkrechten und einer waagerechten Linie. Zeichne die Augen auf die waagerechte Linie.

Denke an Details wie Pupillen und Augenlider.

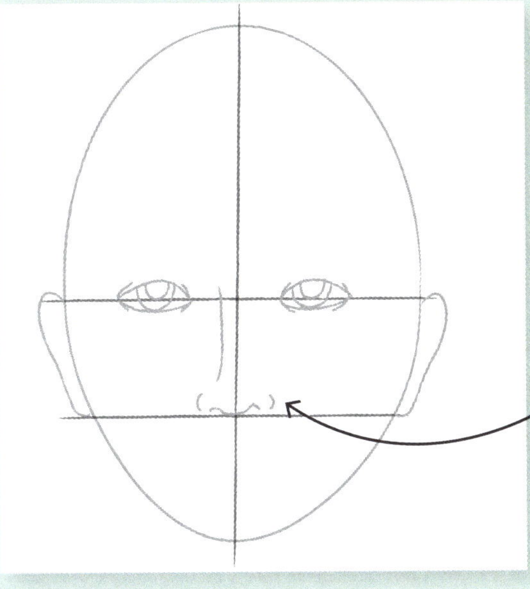

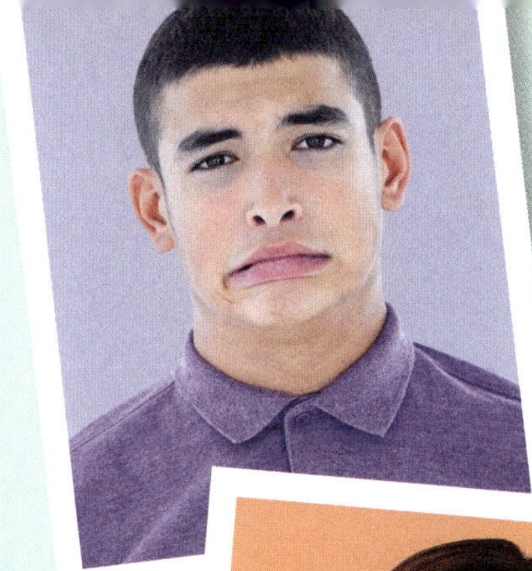

3 Zeichne eine zweite Linie mittig zwischen Augen und Kinn. Zwischen die Waagerechten zeichne Nase und Ohren.

Das untere Nasenende ist am deutlichsten sichtbar.

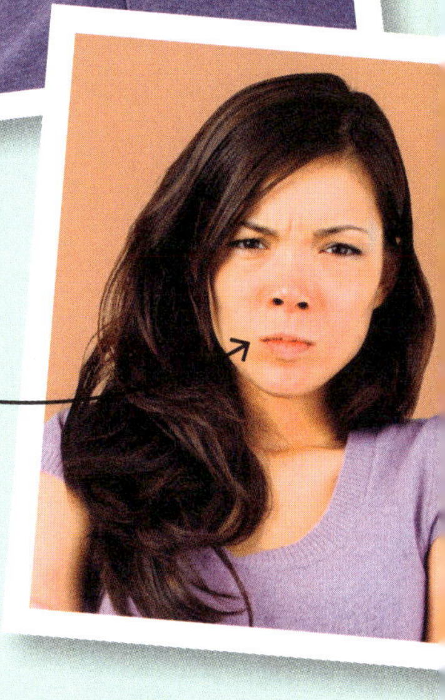

Ändere die Form von Augen, Stirn und Mund für verschiedene Gesichtsausdrücke.

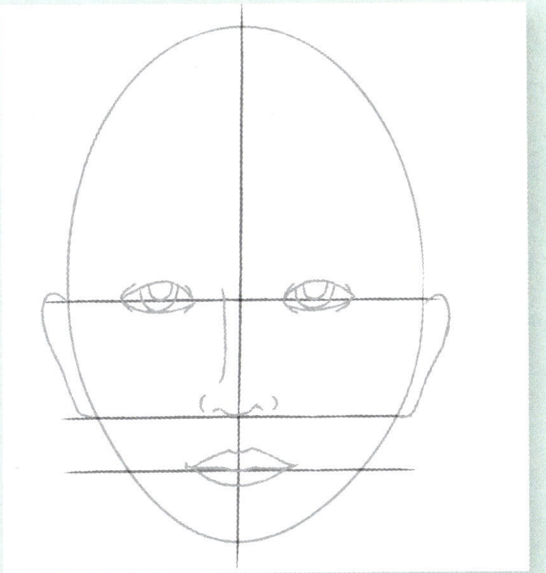

4 Ergänze eine dritte waagerechte Linie zwischen Nase und Kinn. Zeichne darauf die Lippen ein.

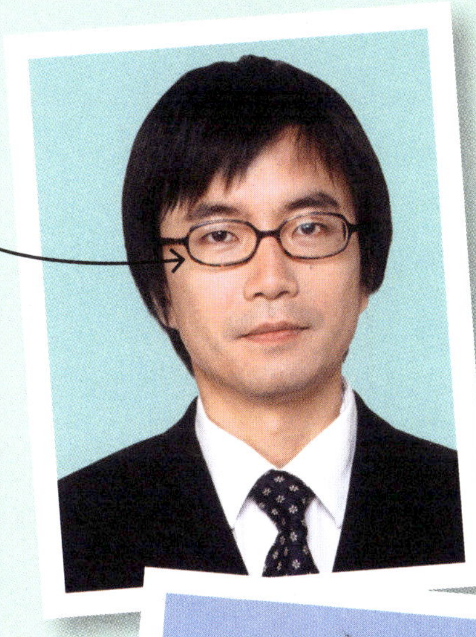

Wie wäre es mit einer Brille?

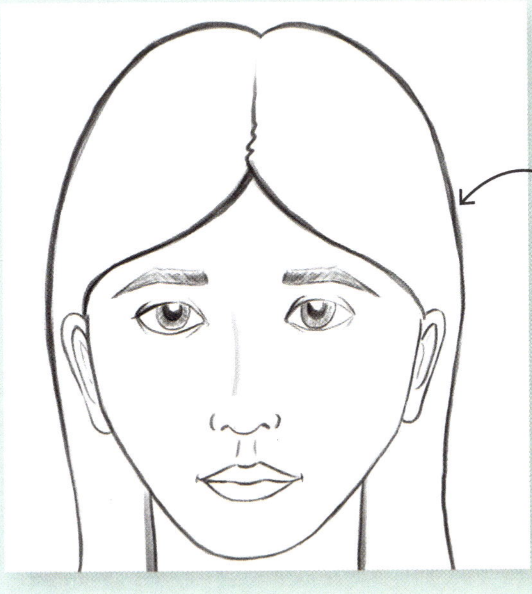

5 Ergänze Augenbrauen, Haare und Hals.

Radiere vor dem Ausmalen die Hilfslinien weg.

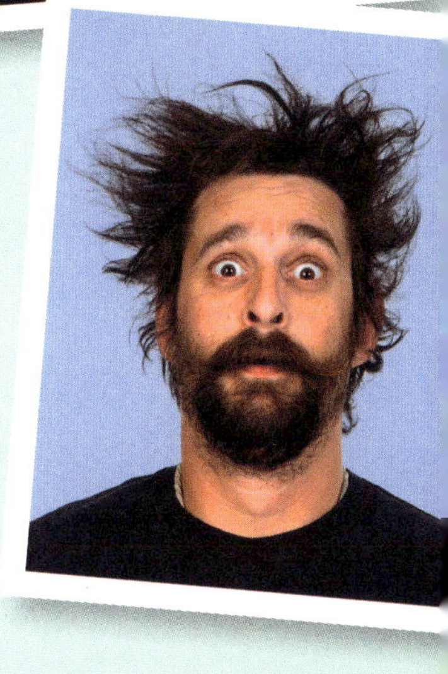

Tipp

Farben machen ein Porträt detailreicher. Es gibt viele verschiedene Farbtöne für Haut, Haar, Lippen und Augen.

Künstler*innen verwenden oft Holzmodelle fürs Figurenzeichnen.

Die Formen lassen den Grundaufbau des Menschen erkennen.

Menschen können kräftiger, dünner, größer oder kleiner sein. Das Modell dient nur zur Orientierung.

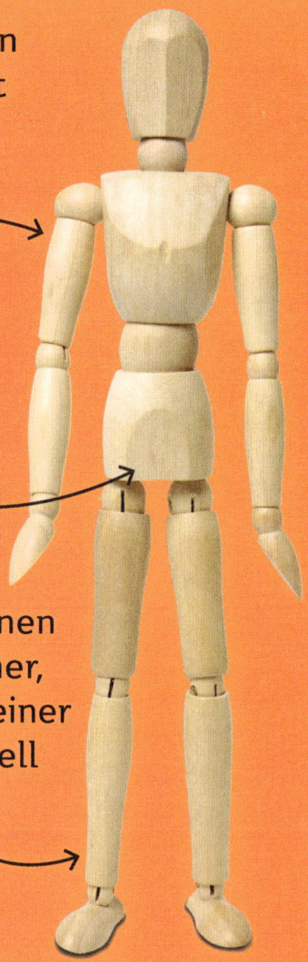

Menschen zeichnen

Menschen kann man sehr verschieden zeichnen. Hier lernst du, wie man Figuren mit einfachen Formen abbildet. Welche Körperteile sind verbunden und wo sitzen die Gelenke?

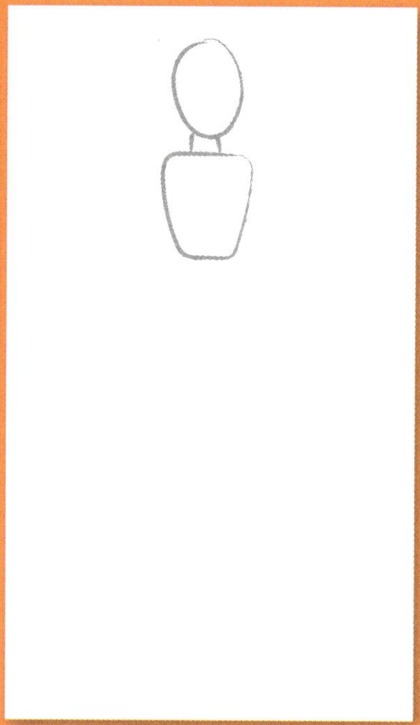

1 Zeichne ein Oval für das Gesicht. Ergänze Hals und Brustkorb darunter.

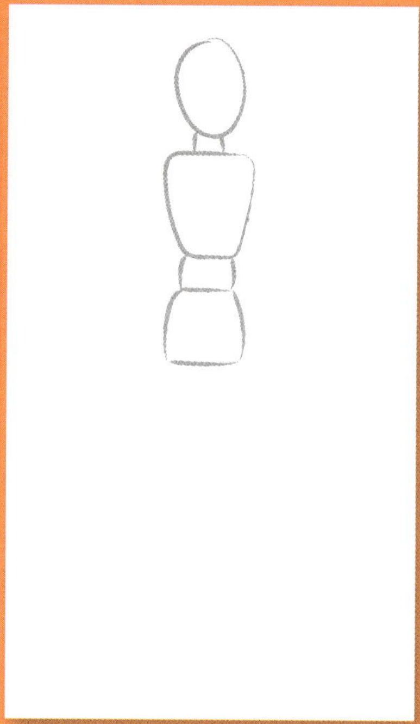

2 Ein Rechteck bildet die Hüfte. Verbinde es mit dem Brustkorb durch zwei Linien.

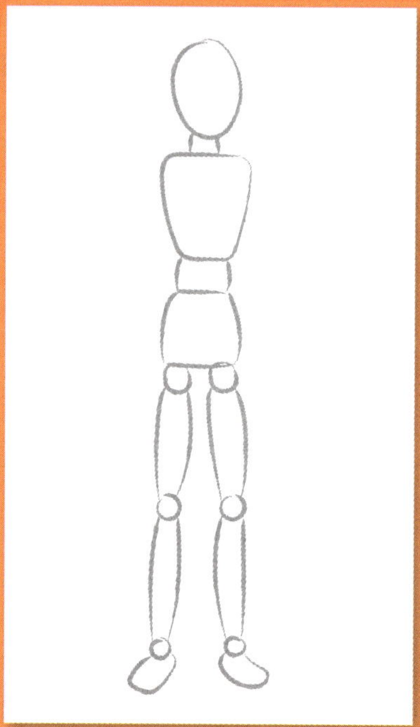

3 Die Beine gehen von der Hüfte ab. Zeichne Kreise für die Gelenke. Ergänze die Füße.

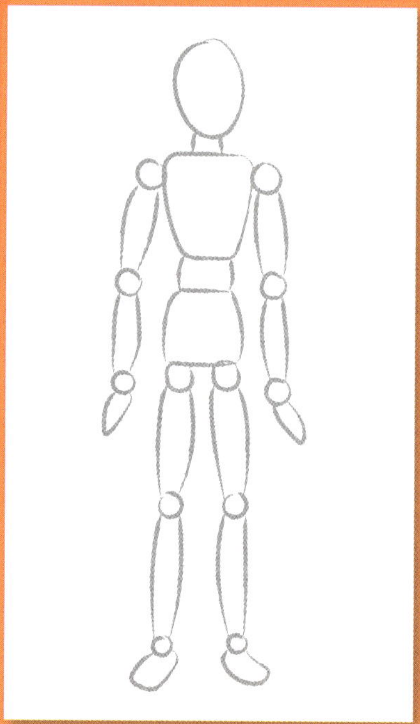

4 Zeichne die Arme mit Kreisen für Schulter, Ellbogen und Handgelenk. Die Hand endet unterhalb der Hüfte.

Positionswechsel

Du kannst deine Figur in jeder beliebigen Form zeichnen. Die Kreise zeigen dir, wo sich Gelenke bewegen können.

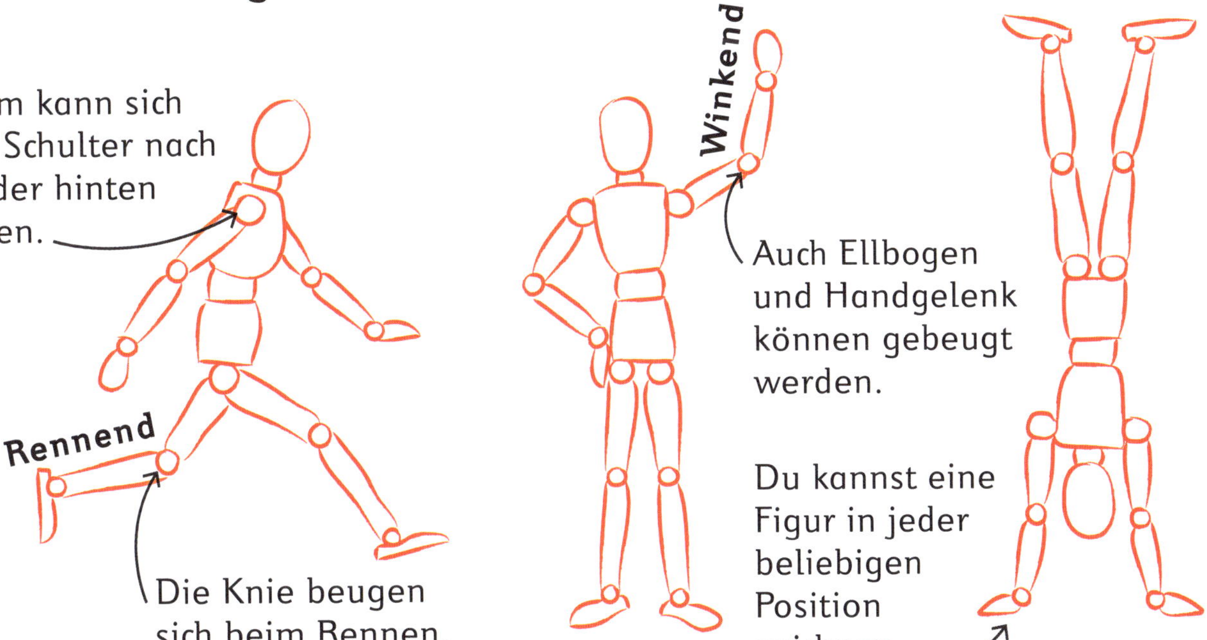

Der Arm kann sich an der Schulter nach vorn oder hinten bewegen.

Die Knie beugen sich beim Rennen.

Auch Ellbogen und Handgelenk können gebeugt werden.

Du kannst eine Figur in jeder beliebigen Position zeichnen.

Kleidung

Hast du die Grundformen skizziert, kannst du darüber Kleidung, Haar, Haut und Gesicht in Umrissen einzeichnen.

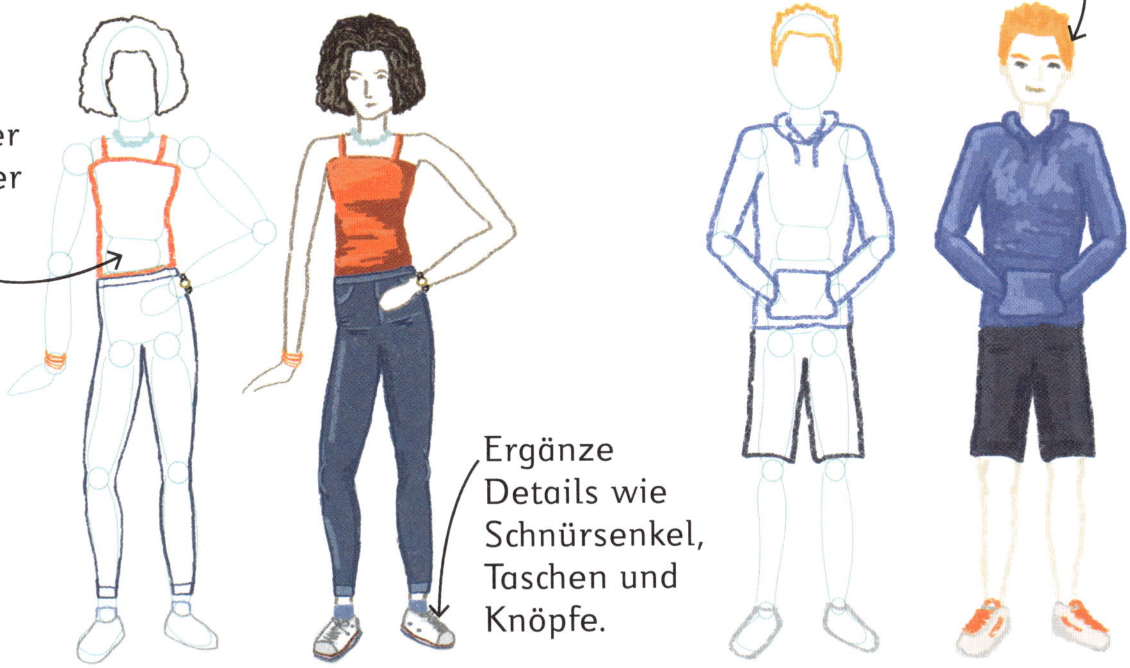

Die Taille ist hier, aber wird von der Kleidung verdeckt.

Ergänze Details wie Schnürsenkel, Taschen und Knöpfe.

Probiere verschiedene Frisuren und Gesichter aus.

Zeichne jemanden, den du kennst, oder denke dir eine Person aus.

Fotos als Vorlage

Fotos bieten Inspiration und sind tolle Zeichenvorlagen. Mit ihrer Hilfe kannst du Grundformen und Details eines Motivs erkennen.

Tipp

Es macht nichts, wenn deine Zeichnung vom Foto abweicht. Kunst lebt von Überraschungen.

Umrisse erkennen

Umrisse zeigen die Form von Motiven. Sieh dir das Foto unten an. Mit welchen Umrissen würdest du die einzelnen Objekte zeichnen?

Welche Linienform würdest du für die schroffen Berge verwenden?

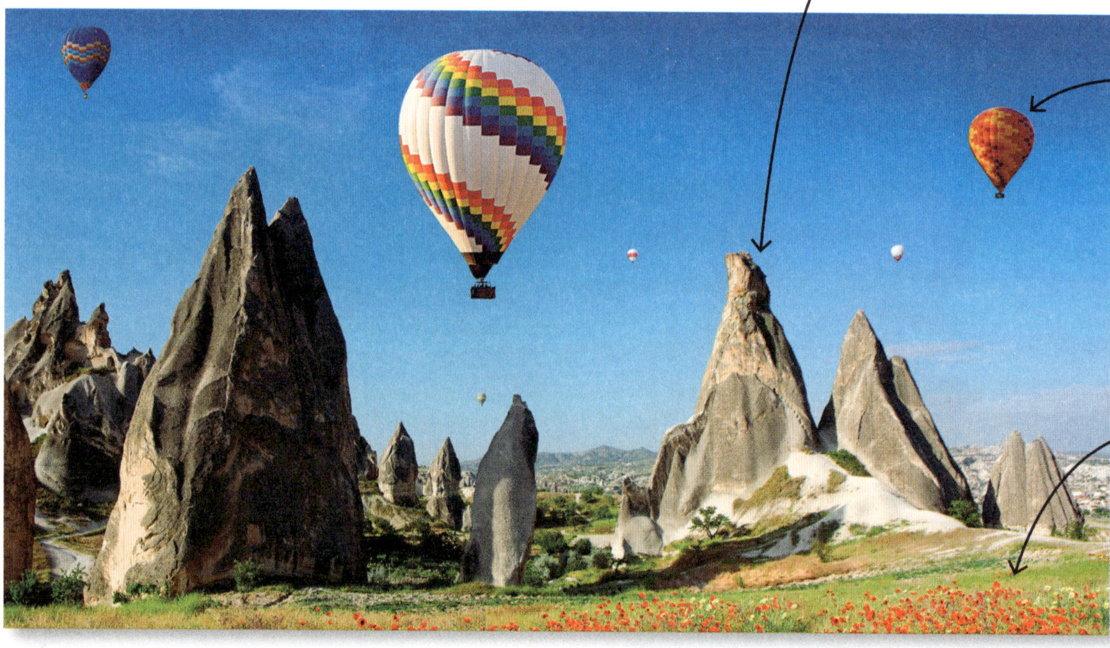

Welche Form würdest du für die Ballons nehmen? Welche Teile sind rund, welche kantig?

Verwischte Punkte und Striche eignen sich für Gras und Blumen.

Motivauswahl

Du musst nicht alles von einem Foto übernehmen. Konzentriere dich auf Elemente, die dir gefallen oder die du passend findest.

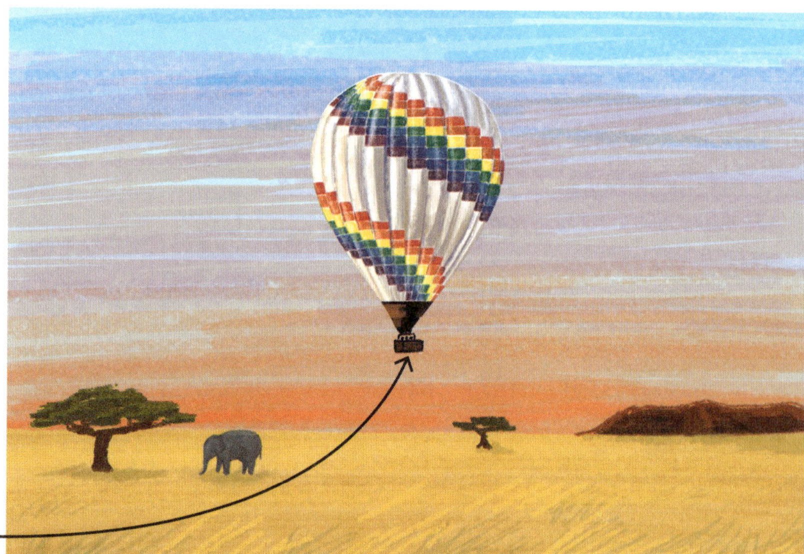

Verwende ein Detail aus dem Foto in einer selbst ausgedachten Szene.

Probier's aus!

Die Umrisse des oberen Fotos kannst du ausmalen und schattieren. Übernimm von dem unteren Foto Umrisse und Strukturen. Ergänze und koloriere sie nach Belieben.

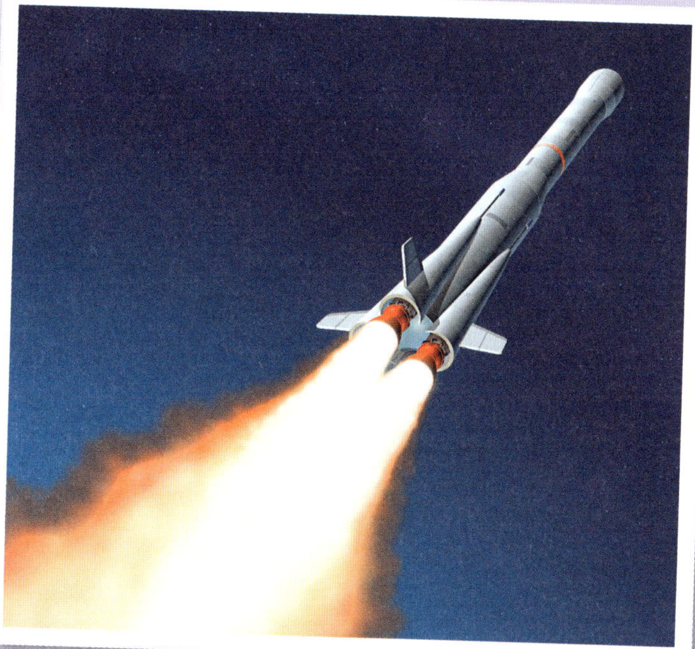

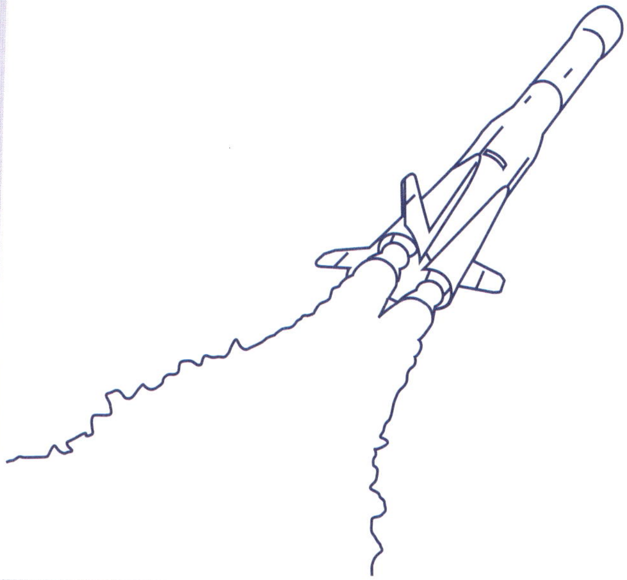

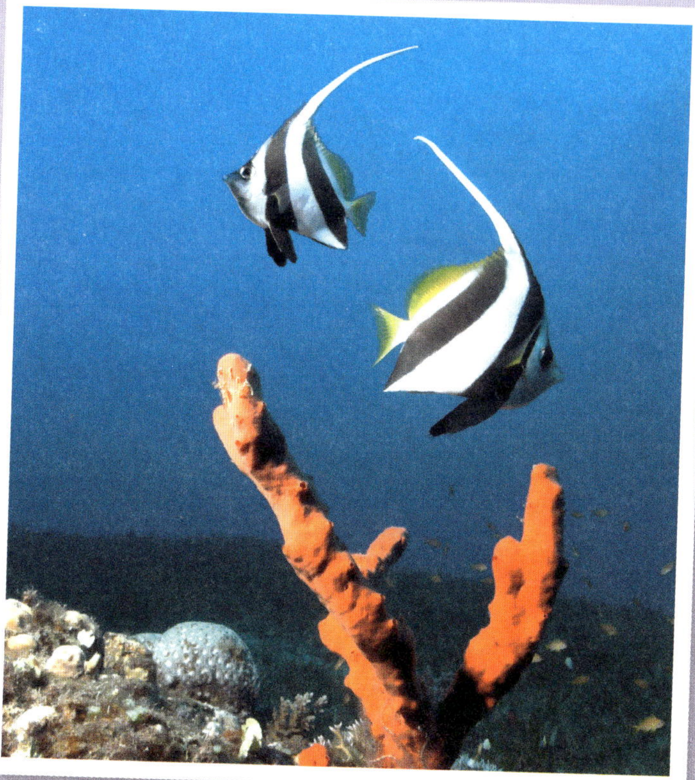

Ein Stillleben arrangieren

Ein Stillleben ist eine Zeichnung oder ein Gemälde von gruppierten, reglosen Objekten. Dieses hier kombiniert Orangen mit einem Glas Orangensaft. Versuche selbst ein Stillleben zusammenzustellen.

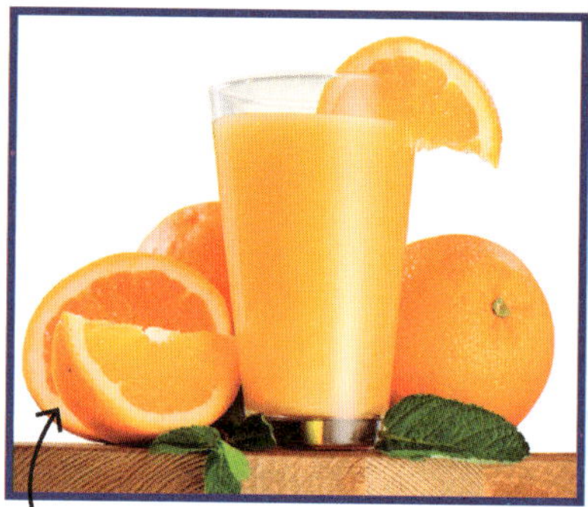

Arrangiere deine Objekte sorgfältig vor dem Zeichnen.

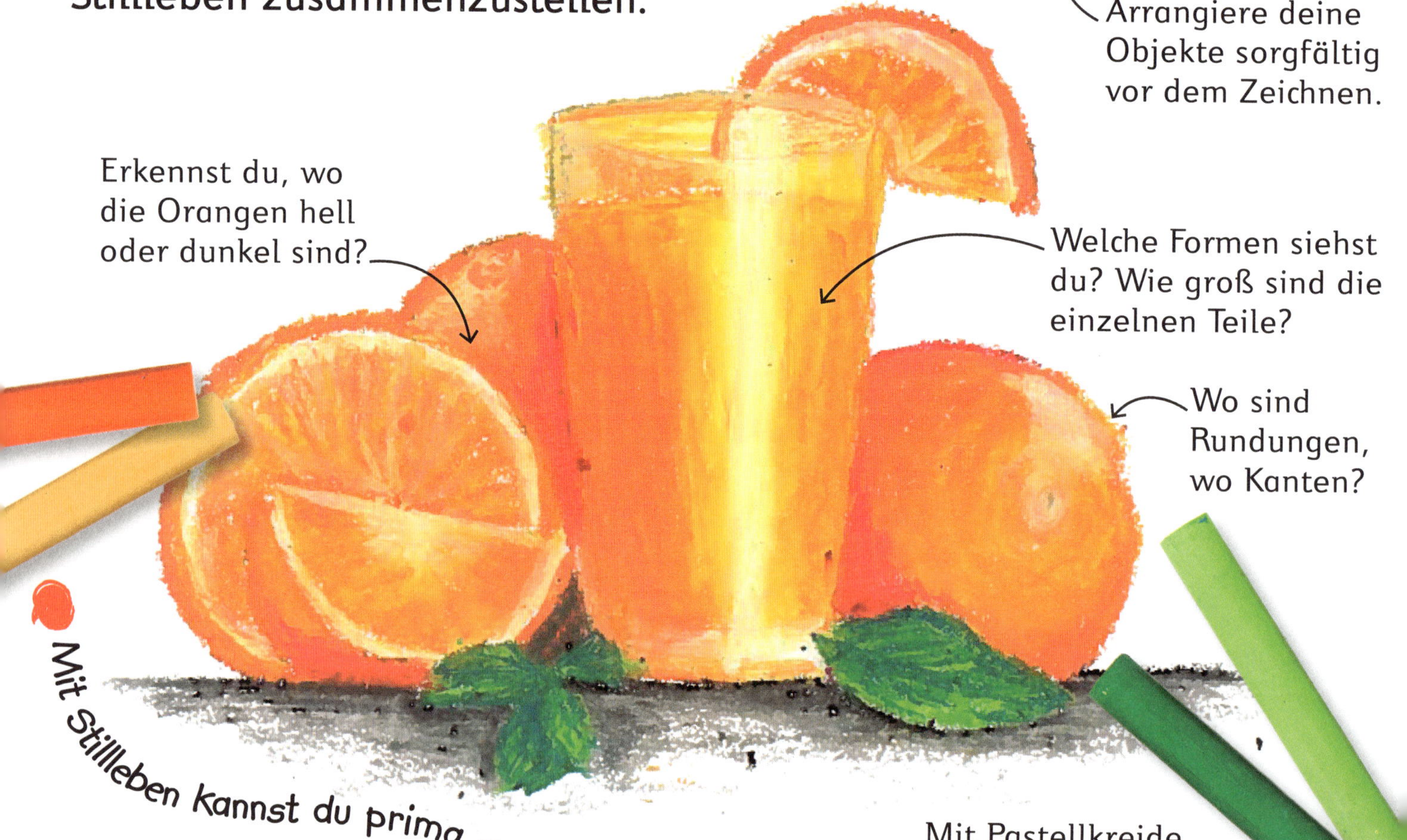

Erkennst du, wo die Orangen hell oder dunkel sind?

Welche Formen siehst du? Wie groß sind die einzelnen Teile?

Wo sind Rundungen, wo Kanten?

Mit Stillleben kannst du prima Schattieren üben.

Mit Pastellkreide kannst du schnell zeichnen und Farben überlagern.

Die Natur als Vorlage

In deiner Umgebung findest du jede Menge Zeichenmotive. Du kannst einen Baum, ein Haustier, eine Freundin oder einen Freund zeichnen oder aus Objekten in deinem Zuhause ein Stillleben zusammenstellen, z.B. aus Blumen, Obst oder Spielzeug.

Tipp

Du musst nicht jedes Detail zeichnen. Konzentriere dich auf die Teile, die dir am besten gefallen.

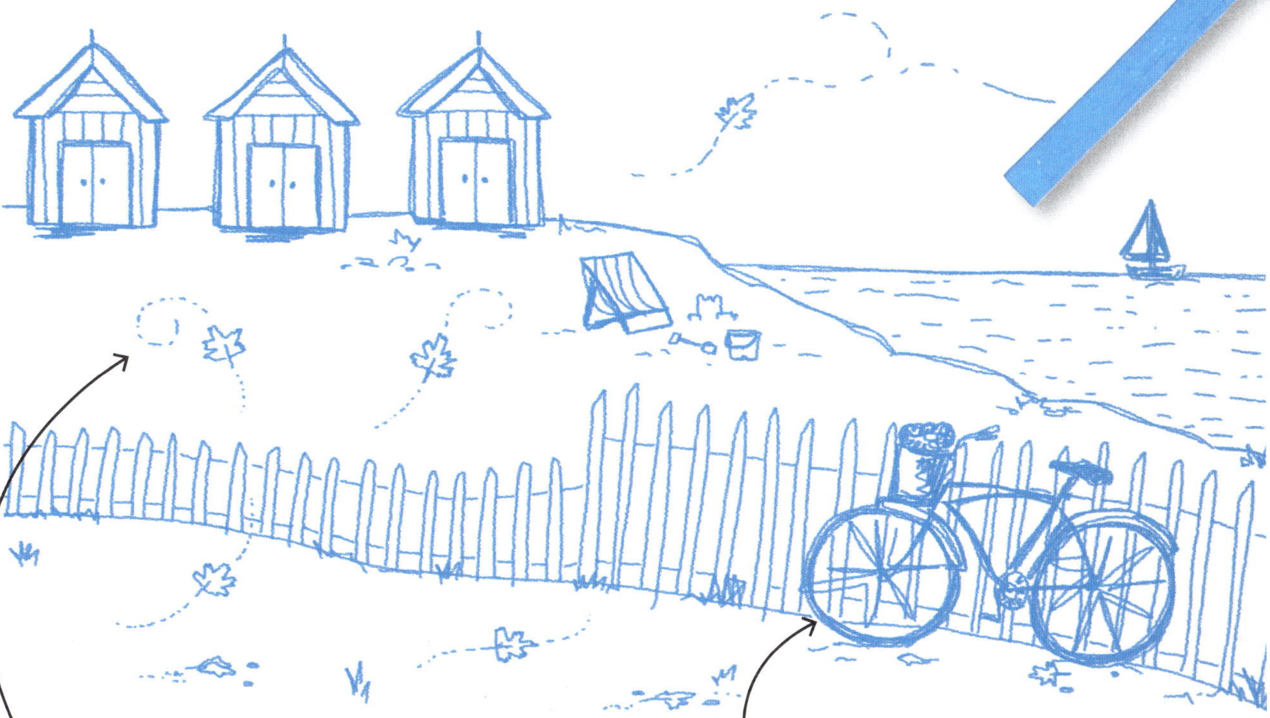

Ist viel Bewegung um dich, wie wirbelnde Blätter im Wind, zeichne mit schnellen, energischen Handbewegungen.

Du kannst den Grundaufbau des Fahrrads mit wenigen Strichen umreißen und musst nicht jedes Detail zeichnen.

Hast du nicht viel Zeit, halte die wichtigsten Umrisse fest und ergänze die Details zu Hause.

Im Freien zeichnen

Es macht Spaß, im Freien zu skizzieren und eine Momentaufnahme eines Motivs einzufangen. Du kannst eine ganze Szene oder nur ein Detail zeichnen.

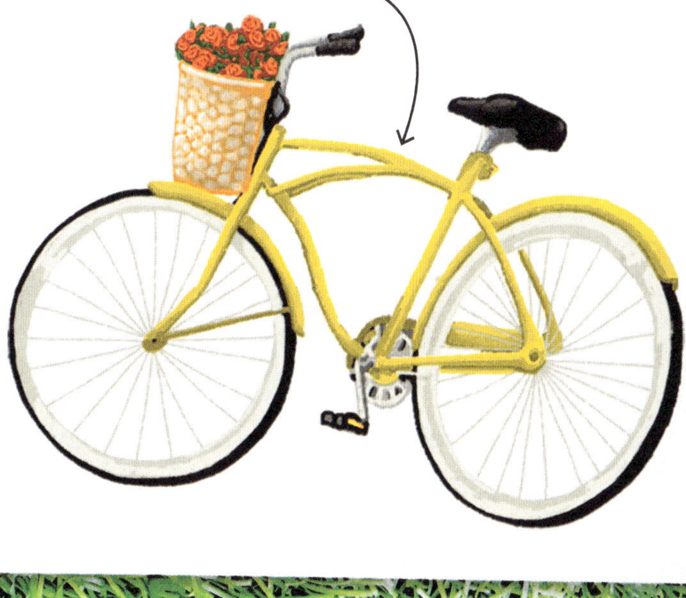

Silhouetten

Kann man den Umriss eines Motivs erkennen, aber die umschlossene Fläche ist schwarz, spricht man von einer Silhouette. Sie kommt in der Natur und in der Kunst vor.

Tipp

Silhouetten kannst du nur zeichnen, wenn du weißt, wie der Umriss eines Motivs aussieht.

Im Halbdunkel

Silhouetten entstehen im Halbdunkel, oft bei Sonnenauf- und -untergang, wenn die Sonne von hinten auf ein betrachtetes Objekt fällt.

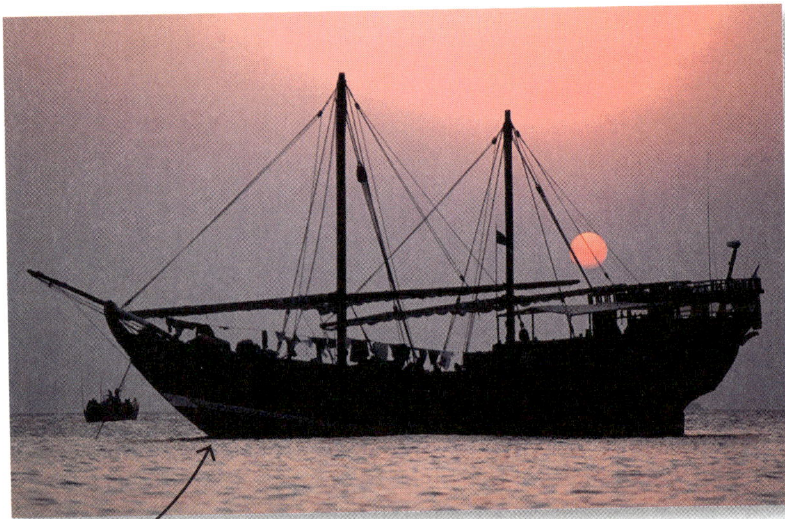

Die Details dieses Schiffs sind kaum erkennbar, aber die Umrisse werden von der dahinter untergehenden Sonne beleuchtet.

Silhouettenporträts gab es schon vor der Erfindung der Fotografie.

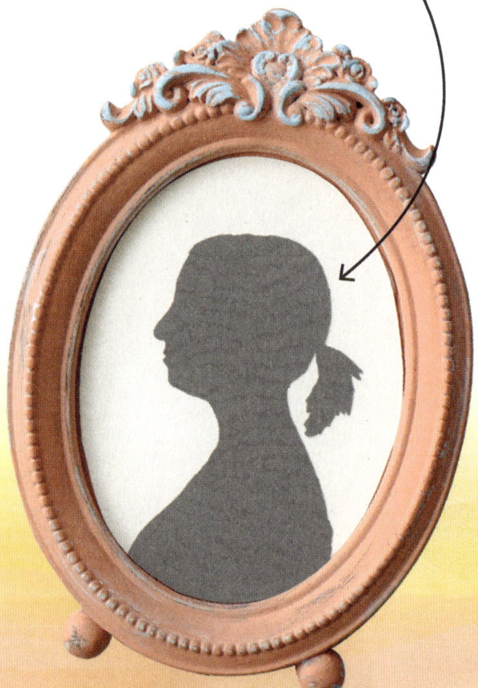

Silhouettenporträt

Silhouettenporträts zeigen die Umrisslinie eines Gesichts. Die Person muss von der Seite (im Profil) gezeigt werden.

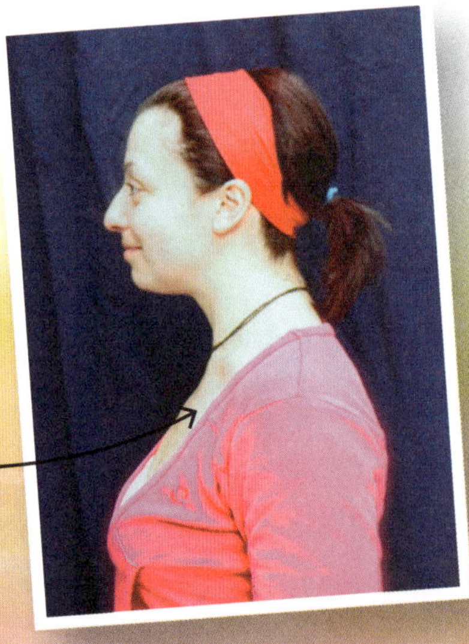

Der Umriss kann von einem Foto abgezeichnet und dann ausgefüllt werden.

Silhouettenszene

Mit Silhouetten kannst du atmosphärische, dramatische Szenen schaffen – mit jedem Zeichengerät.

Benutzt du Kreide, die leicht verwischt, koloriere erst den Himmel und zeichne dann die schwarzen Silhouetten darüber, damit sie nicht verwischen.

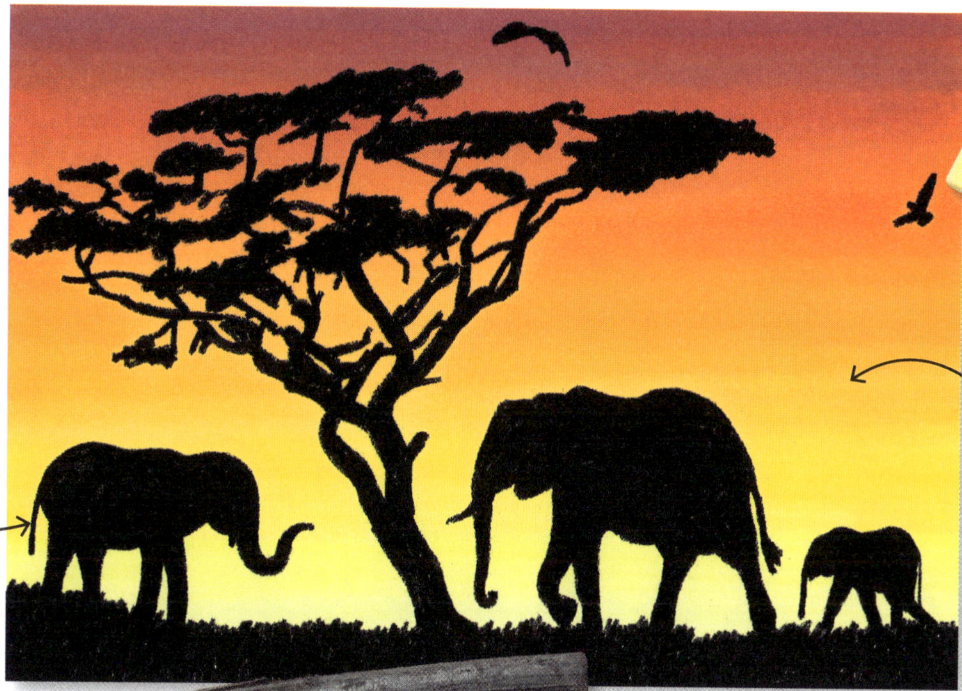

Mit Kreiden kannst du die Farben des Himmels mischen.

Du kannst die Silhouetten mit Kohle zeichnen.

Probier's aus!

Zeichne einen Sonnenuntergang mit Silhouetten deiner Wahl, etwa von einem Haus, Baum, Tier, von einer Person oder einer Stadt.

Raumschiffe zeichnen

Du kannst dich von der Natur oder deiner Fantasie inspirieren lassen – oder von beidem. Hier lernst du ein Raumschiff zu zeichnen. Wie wird es aussehen und wer wird es fliegen? Kommt es von der Erde oder von einem fremden Planeten?

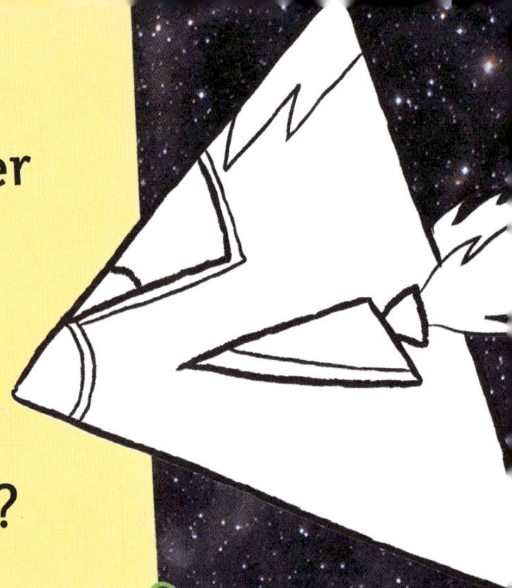

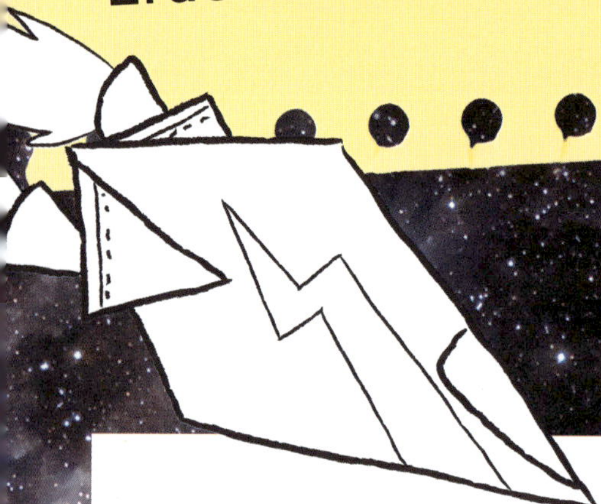

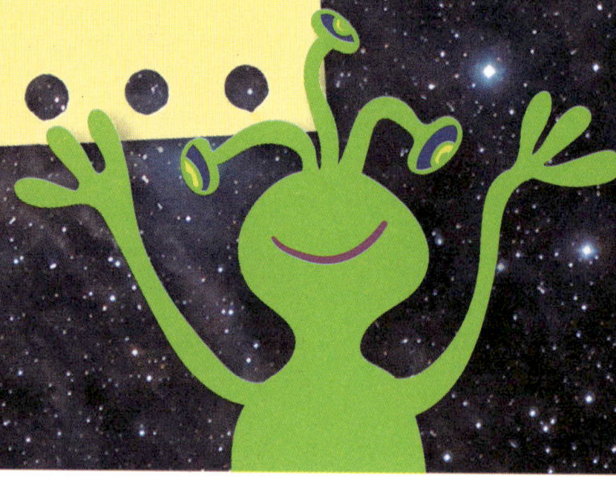

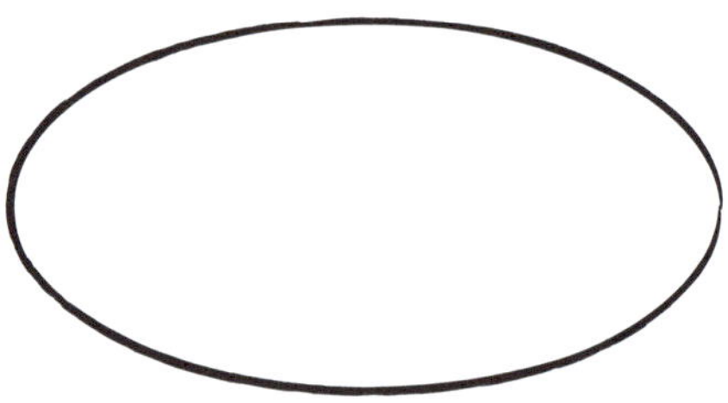

1 Beginne mit einer Grundform für den Raumschiffkörper. Hier siehst du ein Oval, aber du kannst jede Form wählen.

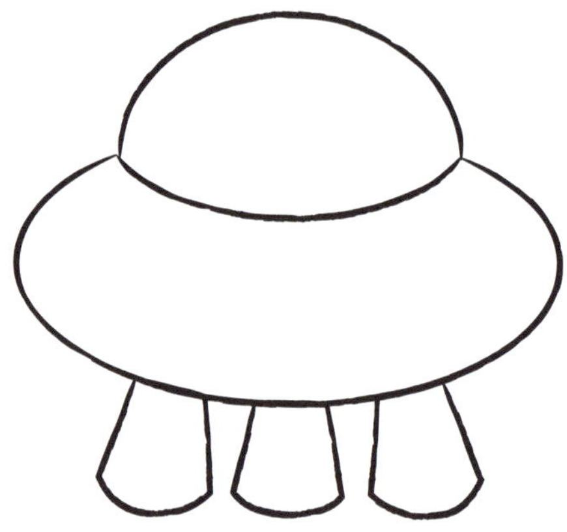

2 Zeichne Details. Dieses Raumschiff hat oben ein großes, rundes Fenster und unten ein Raketentriebwerk.

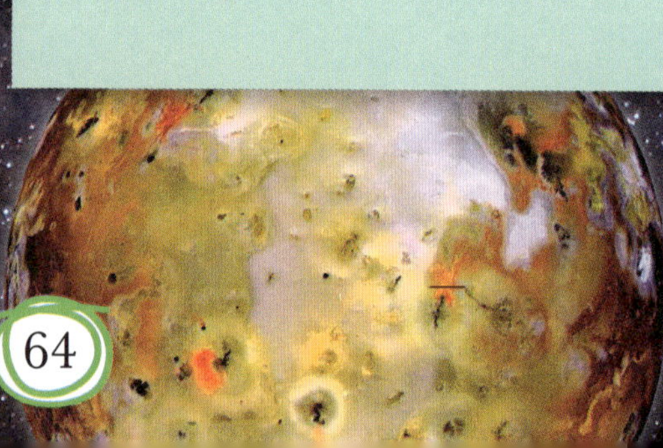

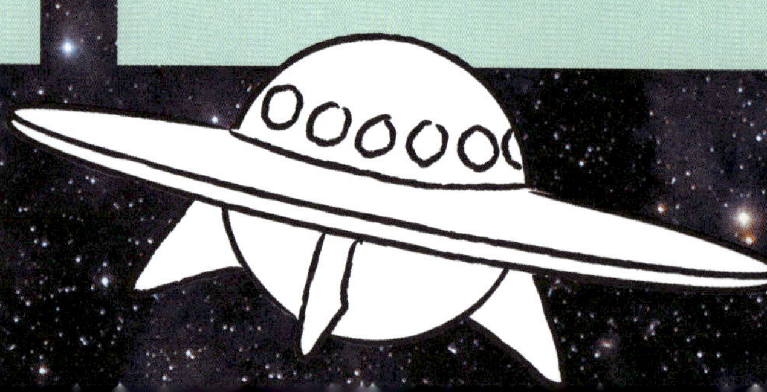

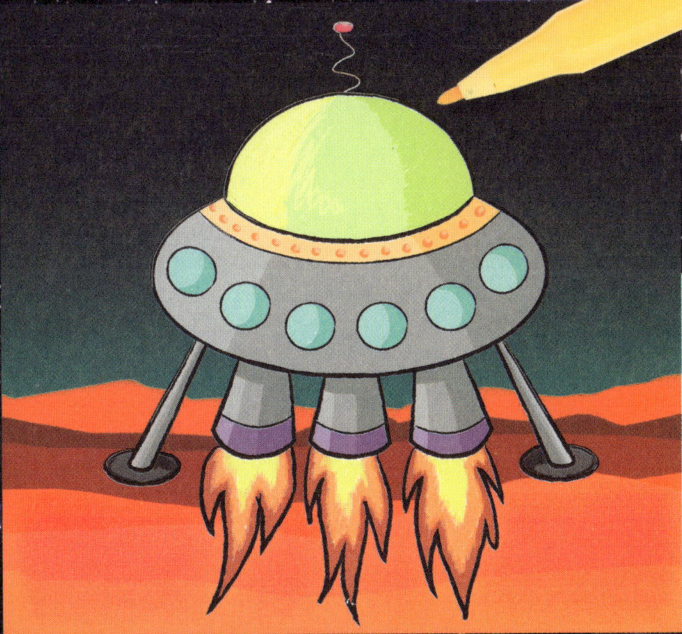

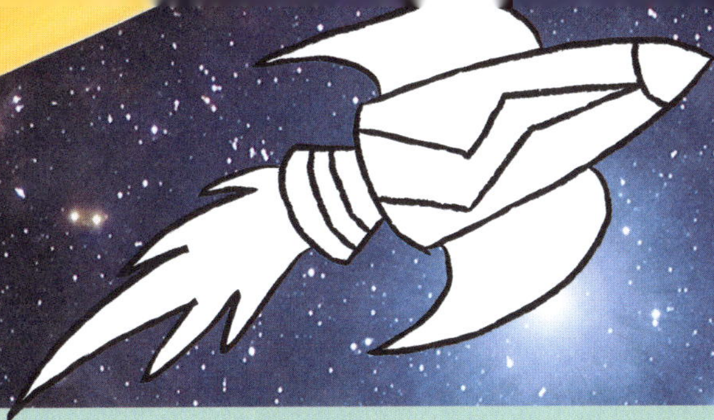

3 Ergänze kleinere Details wie weitere Fenster, ein Fahrwerk oder Flammen am Triebwerk. Zeichne einen Hintergrund und male alles aus.

Tipp

Schwarzes Papier eignet sich für Nachthimmel. Zeichne Sterne und Planeten, indem du kräftig mit Kreiden aufdrückst.

Probier's aus!

Zeichne hier dein eigenes Raumschiff. Wohin fliegt es?

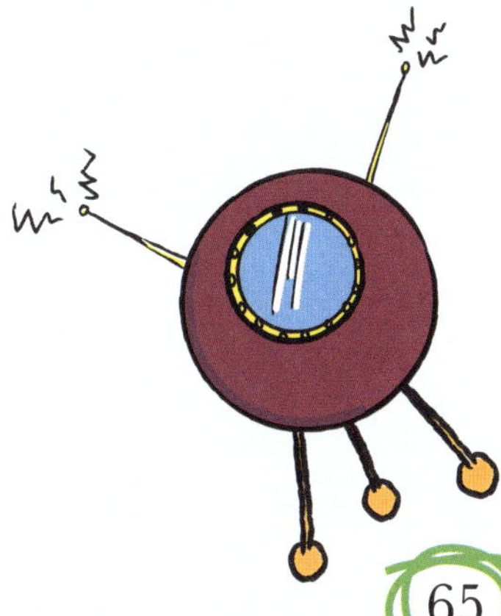

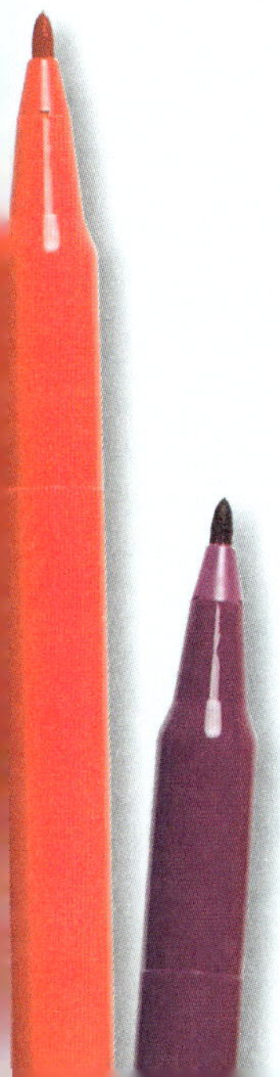

Drachen zeichnen

Drachen tauchen seit Jahrtausenden in Märchen und in der Kunst auf, mal als todbringende Feinde, mal als hilfreiche Freunde. Mit dieser Anleitung kannst du deinen eigenen Drachen zeichnen.

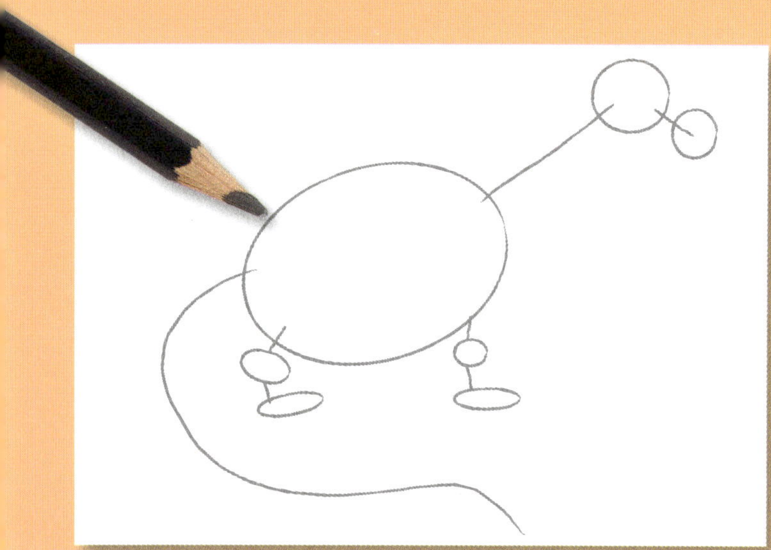

1 Zeichne Bleistiftkreise für Rumpf, Knie, Füße, Gesicht und Maul. Verbinde sie mit Linien und zeichne eine Wellenlinie für den Schwanz.

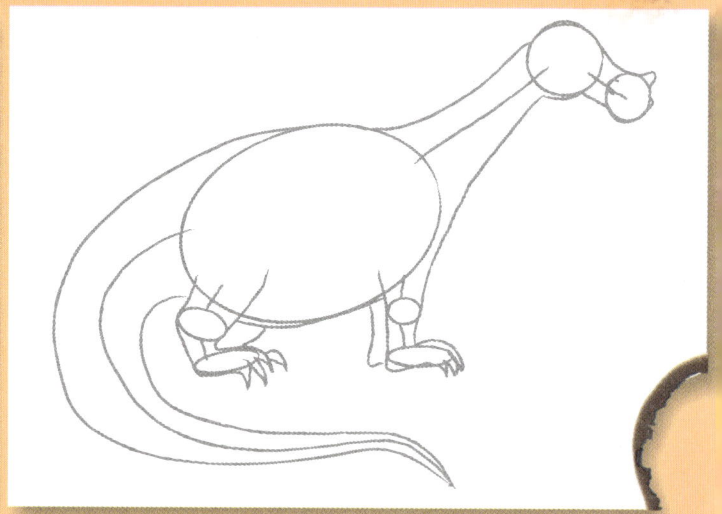

2 Forme aus den Kreisen die Körperteile des Drachen.

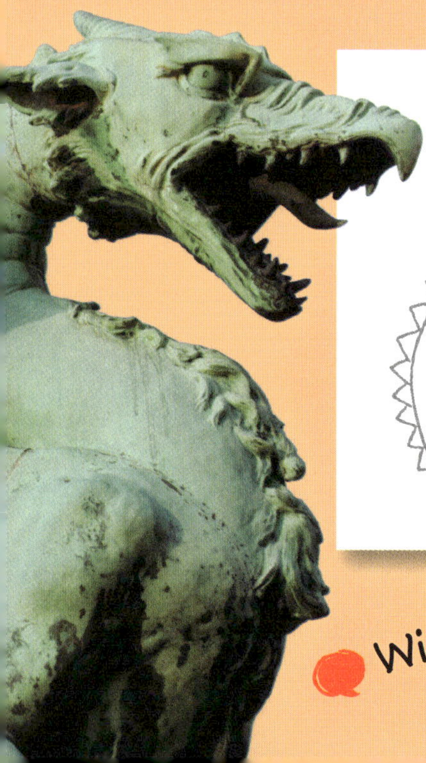

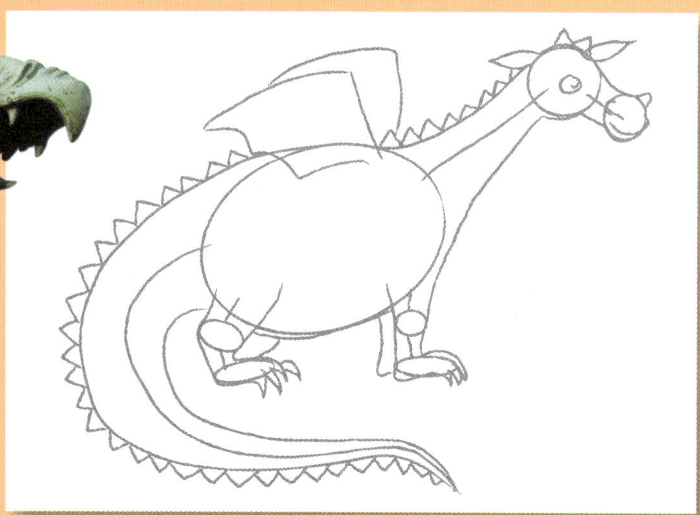

3 Ergänze ein Auge und zwei Ohren, vielleicht auch Flügel und Zacken auf dem Rücken. Welche Details soll dein Drache haben?

Wie ist dein Drache? Furchterregend, freundlich oder lustig?

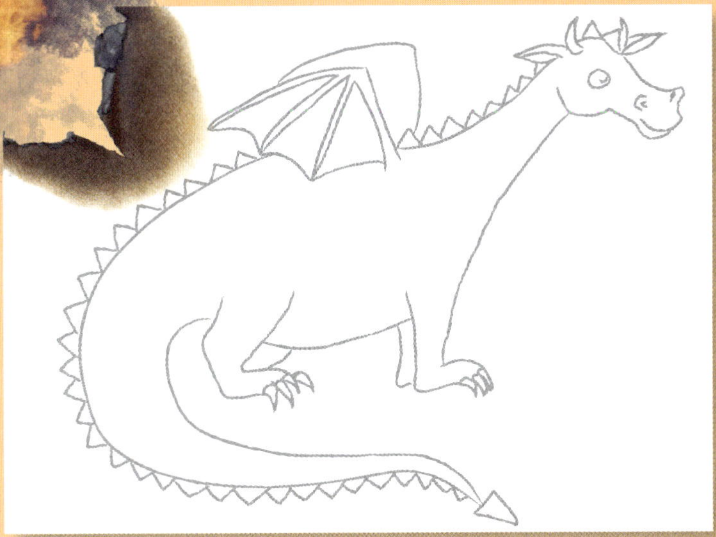

4 Radiere die Hilfslinien weg. Ergänze weitere Details wie Hörner und Muster auf den Flügeln.

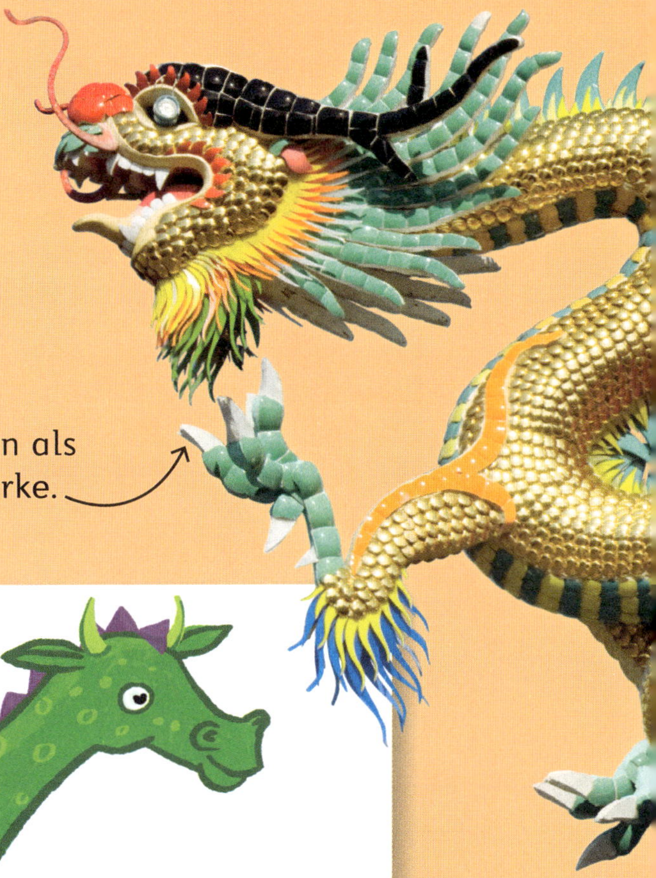

Chinesische Drachen gelten als Symbol für Macht und Stärke.

Tipp

Lässt du den Drachen über den Bildrand hinausragen, wirkt er größer und beeindruckender.

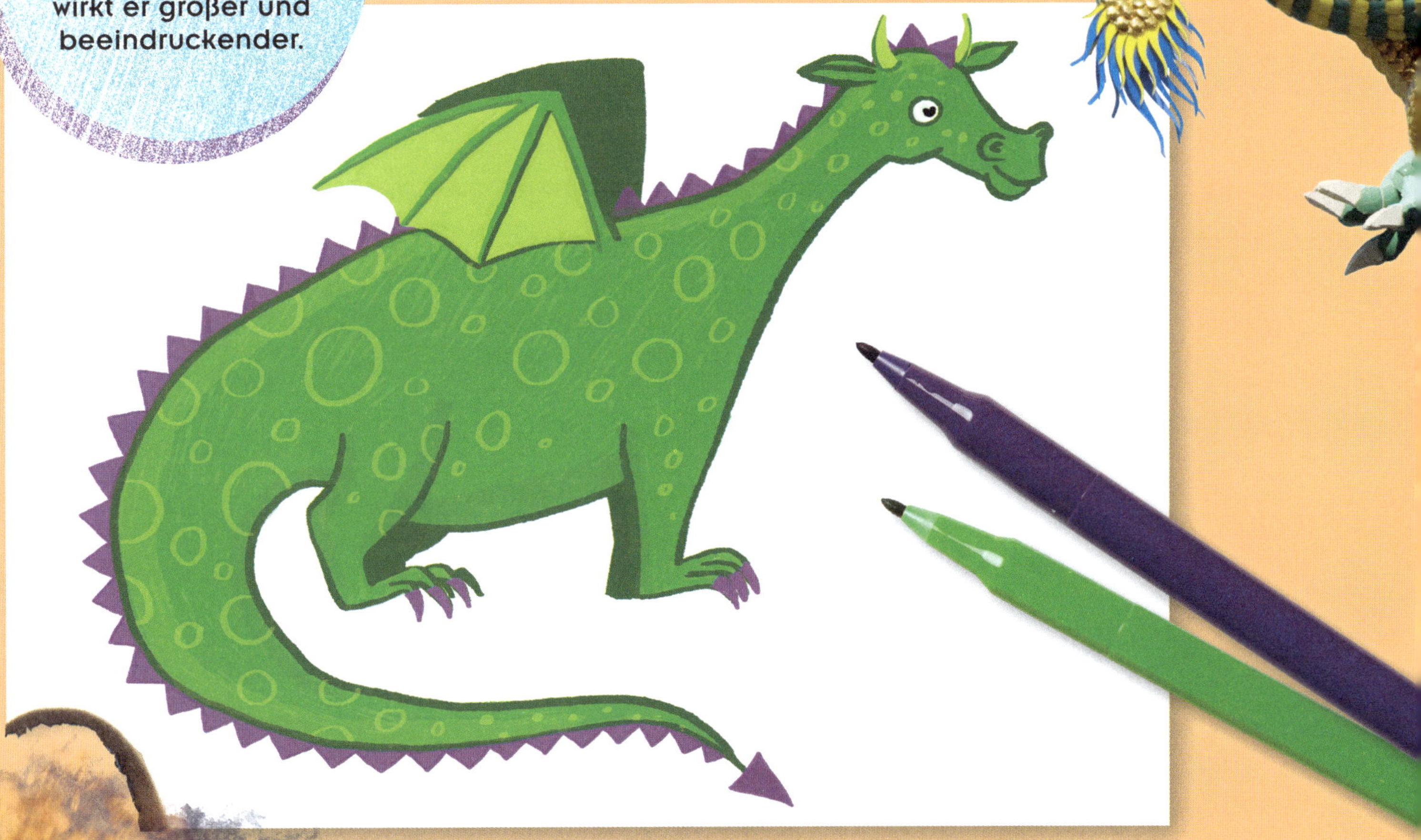

5 Koloriere den Drachen und zeichne einen Hintergrund. Vielleicht bewacht dein Drache einen kostbaren Schatz?

Geschichten erzählen

Mit Bildern kann man Geschichten erzählen. Du kannst dein Lieblingsmärchen oder -gedicht oder eine erfundene Geschichte illustrieren.

Tipp

Wähle Farben, die der Stimmung deiner Geschichte entsprechen.

Figuren

Wovon handelt die Geschichte? Wer sind die Hauptfiguren und wie sehen sie aus?

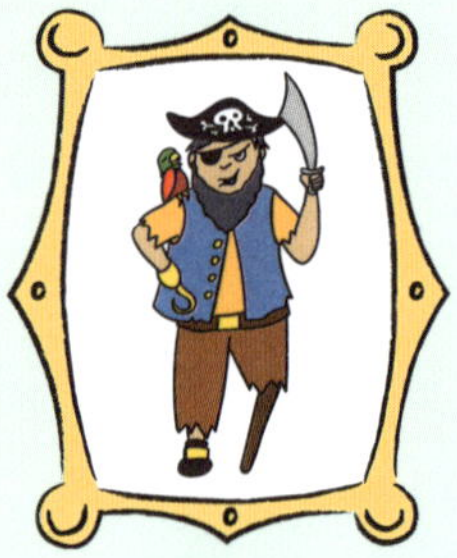

Pirat

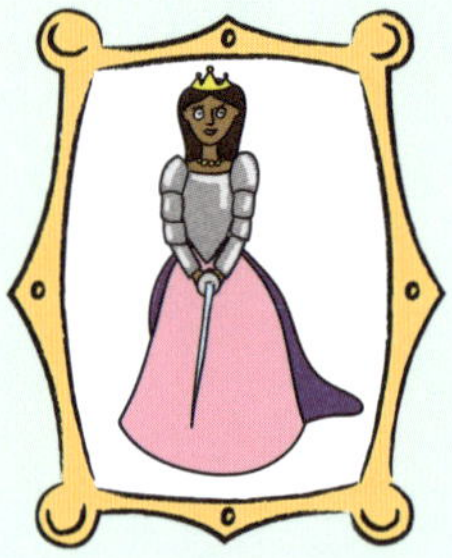

Prinzessin

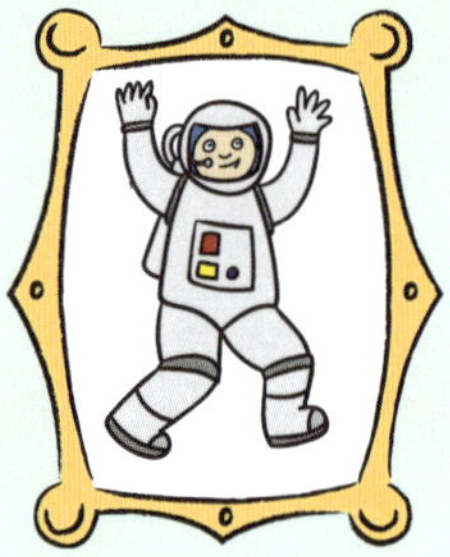

Astronaut

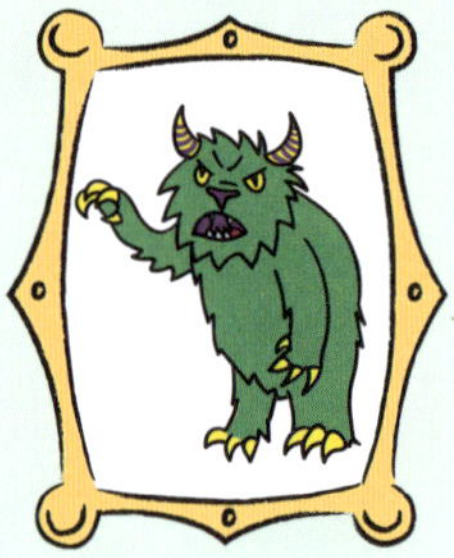

Monster

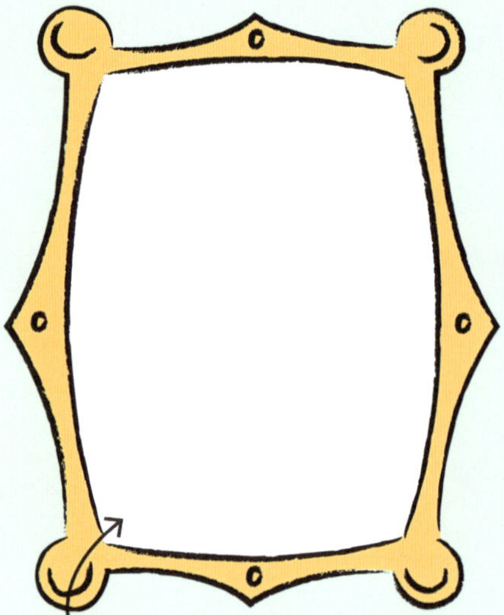

Zeichne hier deine Hauptfigur.

Schauplatz

Wo und wann spielt deine Geschichte? In einem Schloss vor langer Zeit oder in einer modernen Stadt? Wie ist das Wetter?

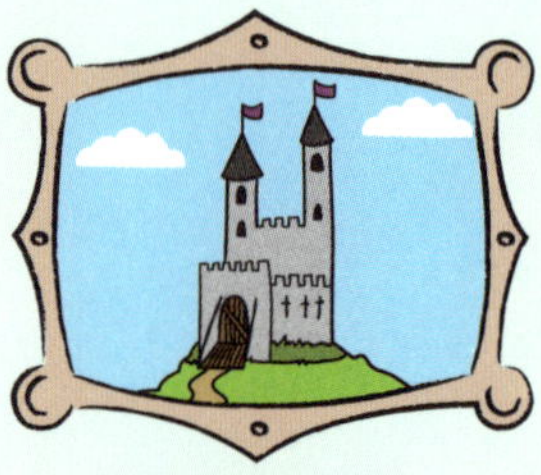

Schloss

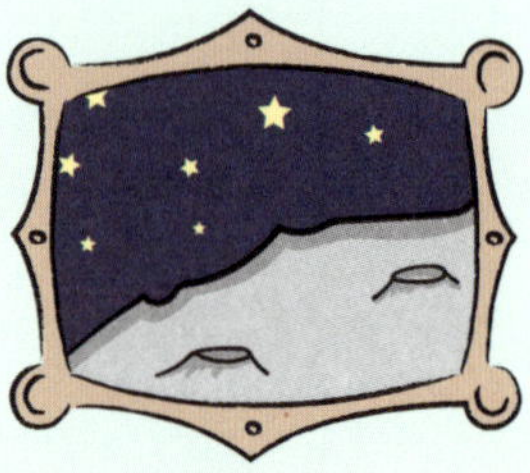

Mond

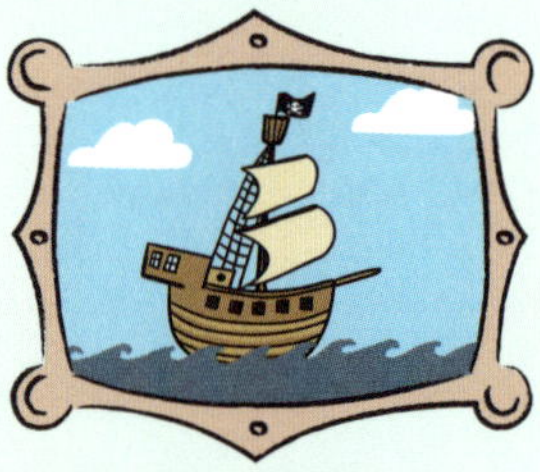

Schiff

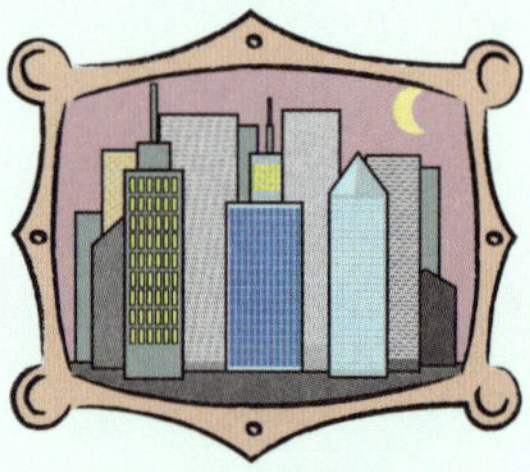

Stadt

Zeichne hier deinen Schauplatz.

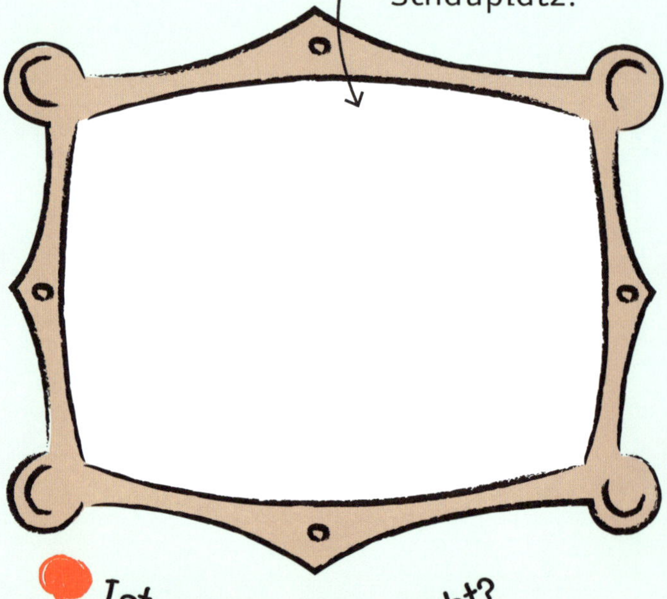

Ist es Tag oder Nacht?

Probier's aus!

Illustriere hier eine Szene aus einer Prinzessinnengeschichte.

Die Prinzessin reitet zum Schloss, um ihren Bruder vor einem feuerspeienden Drachen zu retten.

Illustriere nun eine Szene mit deiner Figur von der linken Seite oder einer anderen Figur deiner Wahl. Du kannst die Geschichte in einem Bild erzählen oder den Kasten in mehrere Szenen aufteilen.

Comics zeichnen

In Comics erzählen Künstler*innen Geschichten anhand von Bildfolgen. Die Charaktere sind oft mit dicken, einfachen Linien und übertriebenen Gesichtszügen gezeichnet.

Tipp

Da sich die Charaktere in jedem Bild gleichen müssen, sollten Gesichtszüge einfach und leicht kopierbar sein.

Ein Comic erzählt eine Geschichte in einer Folge von Bildern, manchmal, wie in diesem Beispiel, ganz ohne Text.

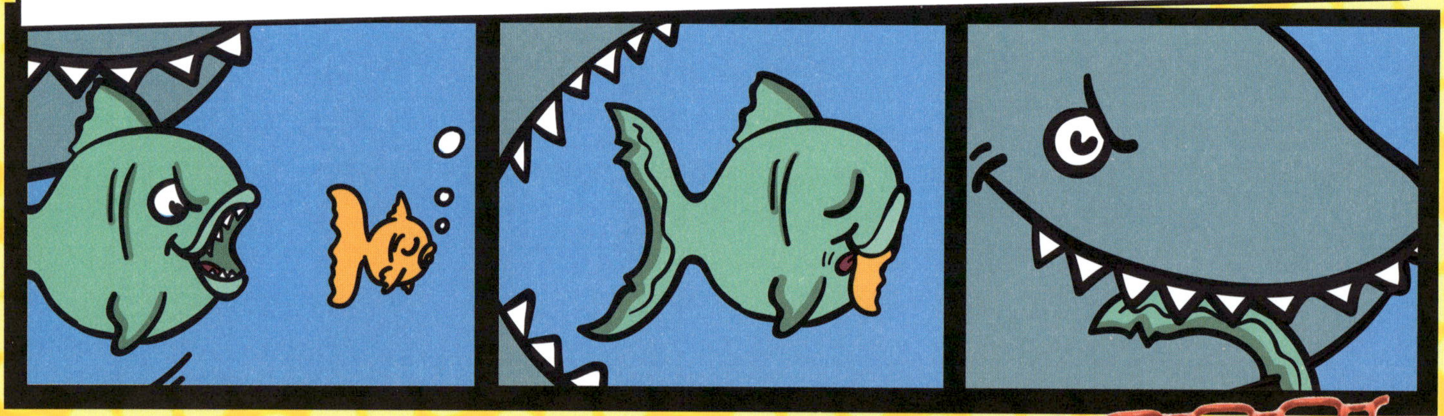

Comic-Symbole

Comic-Künstler*innen verwenden Symbole für Sprache, Gedanken und Bewegungen von Figuren. Die Form von Sprechblasen kann je nach Inhalt unterschiedlich sein.

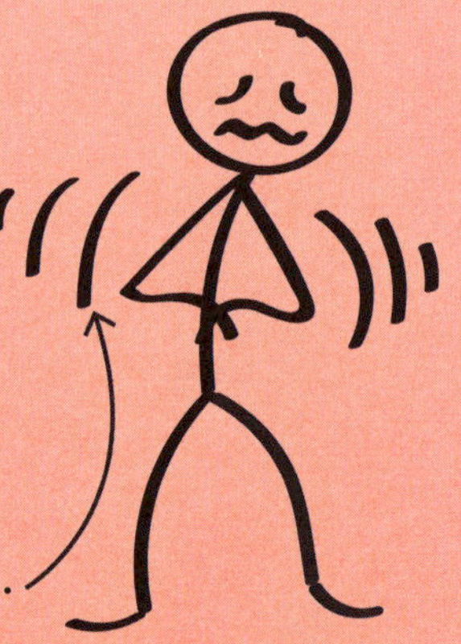

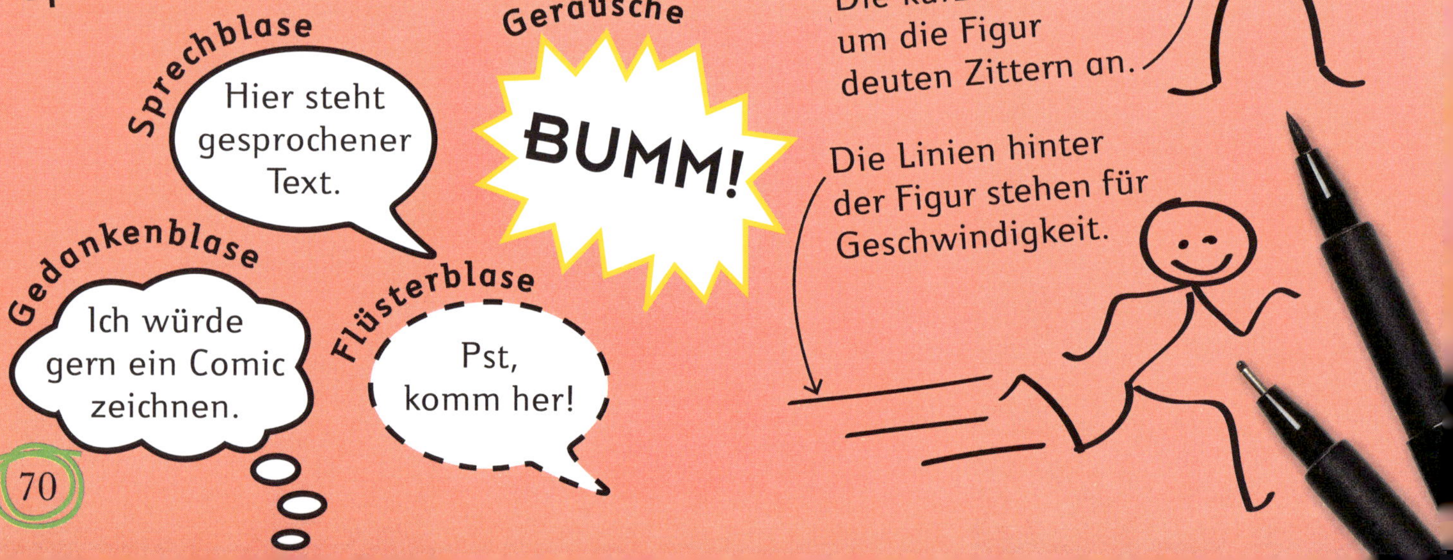

Probier's aus!

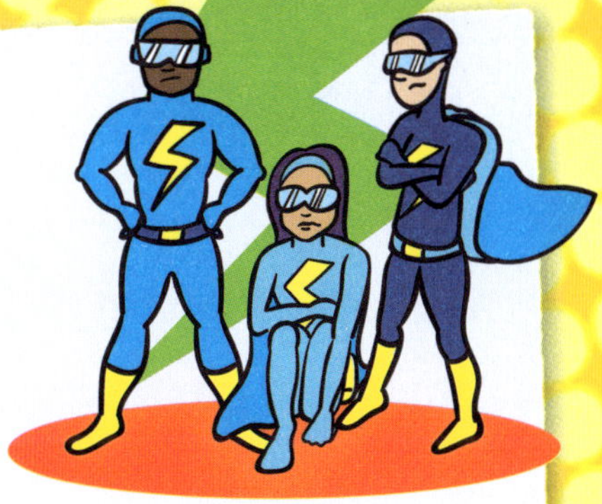

Zeichne ein Comic mit einer oder all diesen Figuren oder mit selbst erfundenen. Denke dir eine Geschichte aus und ergänze Sprechblasen und Geräusche.

Koloriere dein Comic mit Filzstiften.

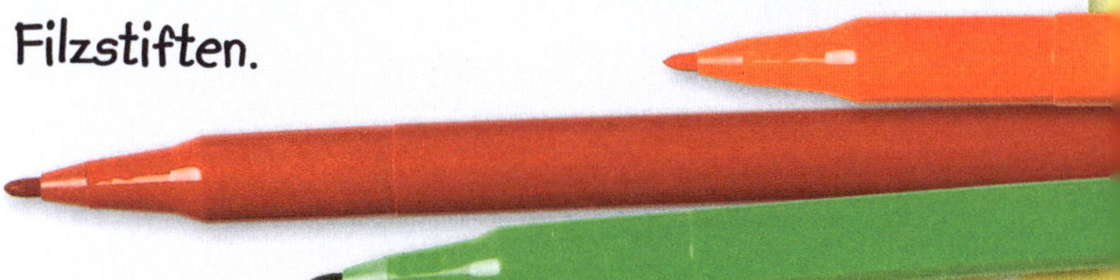

Zeichnungen bearbeiten

Du beginnst eine Zeichnung vielleicht mit einer bestimmten Vorstellung. Doch während des Zeichnens kann etwas Neues daraus entstehen. Hier lernst du, wie man Bilder bearbeitet und abwandelt.

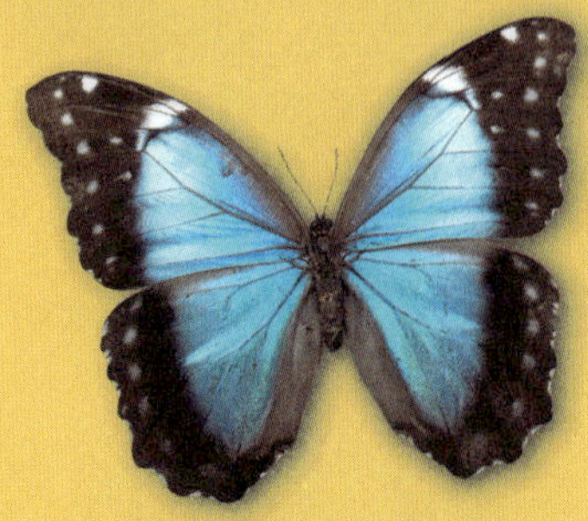

Foto eines Schmetterlings

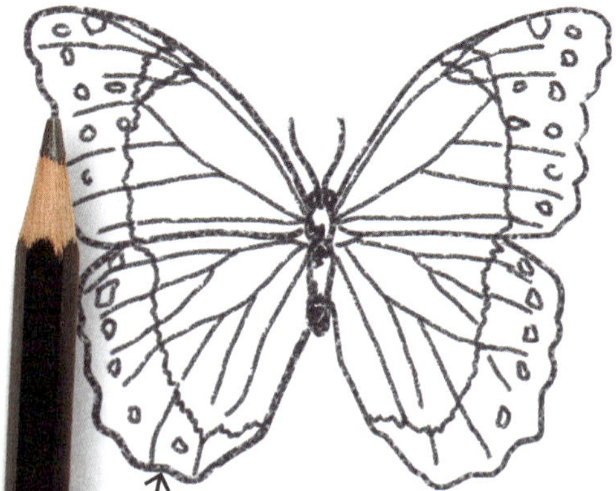

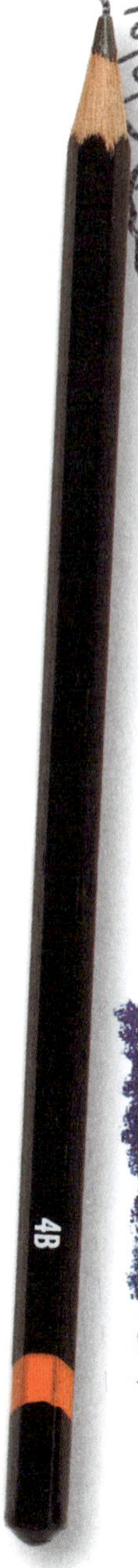

Du kannst den Schmetterling mit Bleistift skizzieren.

Bilder verändern

Diese vier unterschiedlichen Schmetterlingszeichnungen basieren alle auf dem oben stehenden Foto.

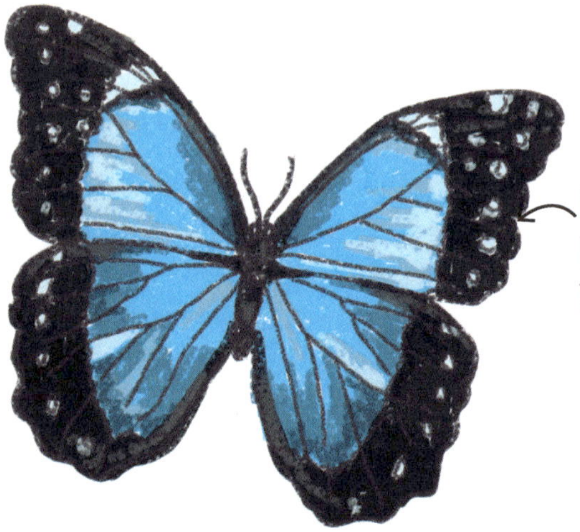

Hier wurde das Foto mit ähnlichen Farben abgezeichnet.

Füge doch mal einen farbigen Hintergrund hinzu.

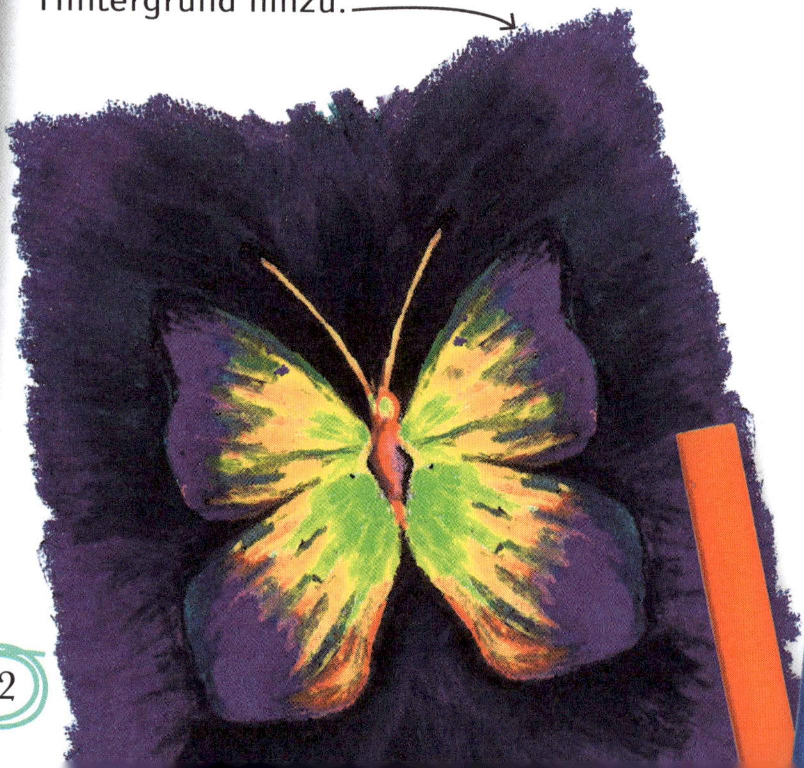

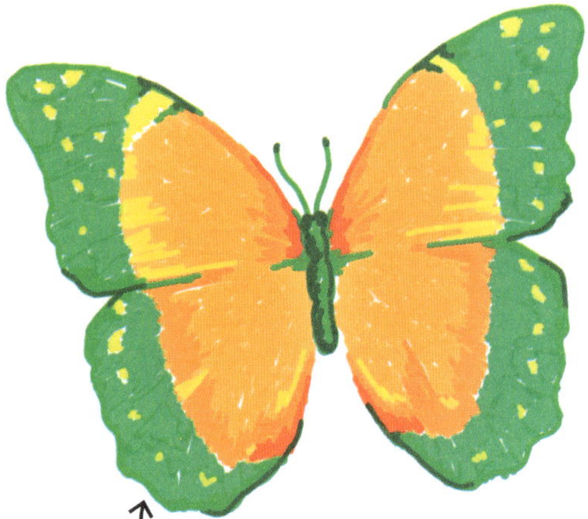

Du kannst den Umriss beibehalten, aber andere Farben verwenden.

Abstrakte Kunst

Ein abstraktes Bild ist eine nicht realistische Darstellung. Die Idee dafür kann auf etwas Realem beruhen.

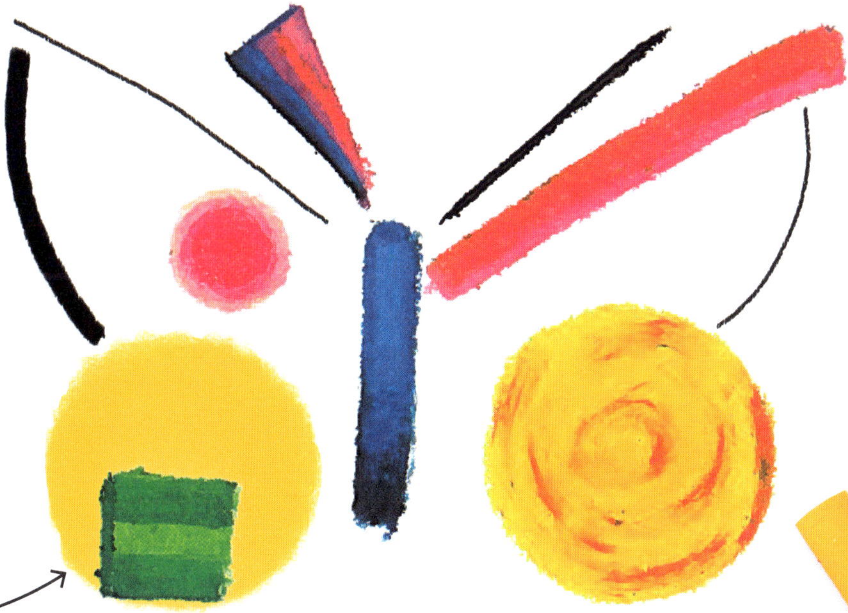

Diese abstrakte Zeichnung ist von der Form und den Farben eines Schmetterlings inspiriert.

Probier's aus!

Hast du eine Zeichnung, die du bearbeiten möchtest? Hier kannst du es üben. Du könntest die Zeichnung kolorieren oder in Einzelformen zerlegen, um sie abstrakt wirken zu lassen.

Digitale Werkzeuge

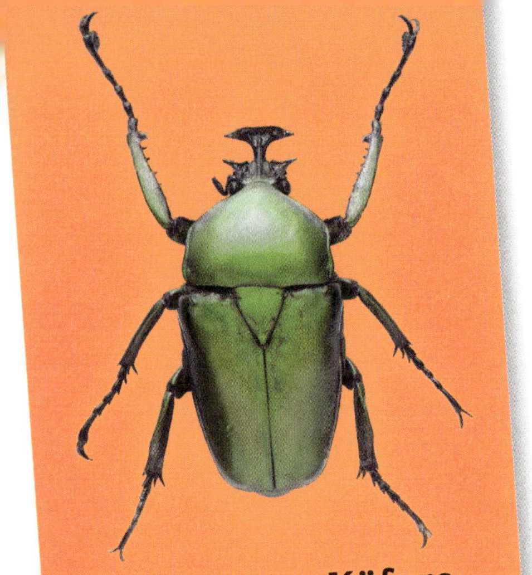

Foto eines Käfers

Vieles, was man per Hand zeichnen kann, lässt sich auch mit digitalen Werkzeugen erstellen. Zeichenprogramme bieten Hunderte verschiedener Effekte und man kann mit ihnen schneller zeichnen als von Hand.

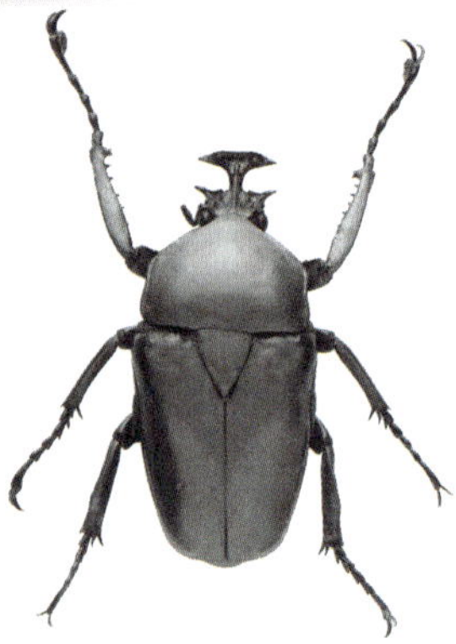

Schwarzweiß

Mit diesem Werkzeug kannst du etwas ausradieren.

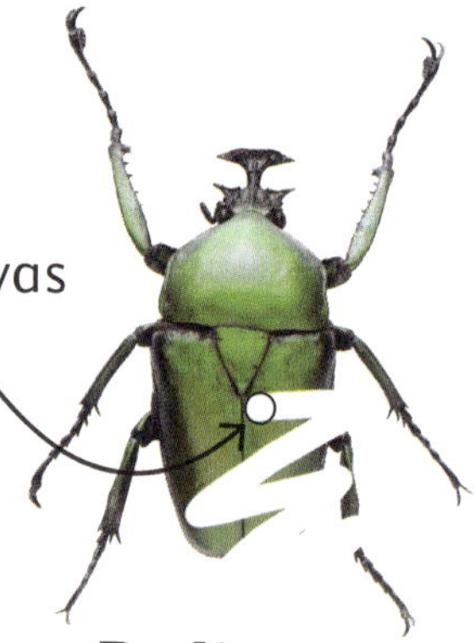

Radieren

Du kannst Form und Größe einzelner Teile eines Bildes verändern.

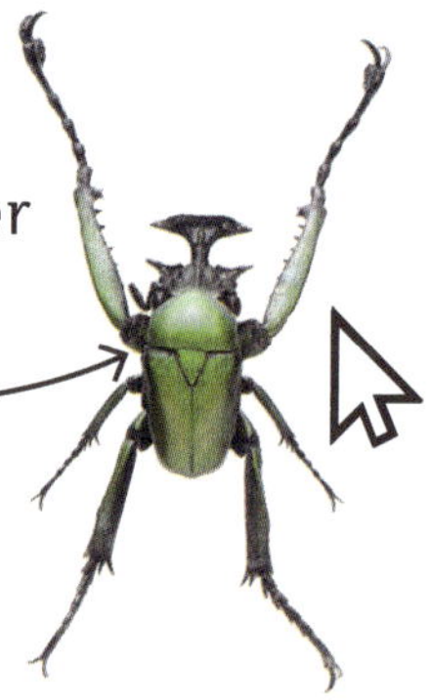

Form verändern

Farbe verändern

Die Farbe dieses Käfers wurde mit einem digitalen Programm verändert. So sind aus einem Bild mehrere Versionen entstanden.

Mit digitalen Werkzeugen kannst du schnell Flächen eines Bildes mit Farben füllen.

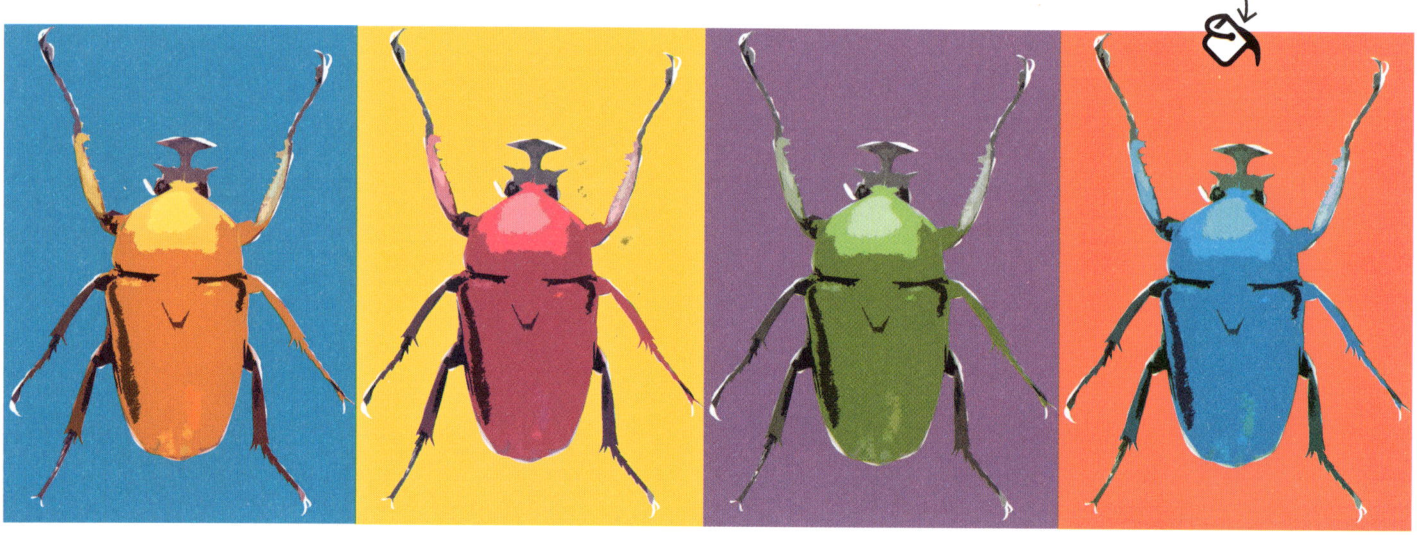

Nachzeichnen und abwandeln

Digitale Werkzeuge können die Striche von Zeichengeräten imitieren. Mit ihnen kann man die Umrisse eines Fotos nachzeichnen und sie dann wie bei einer Zeichnung ausfüllen. So wirkt es wie von Hand gezeichnet.

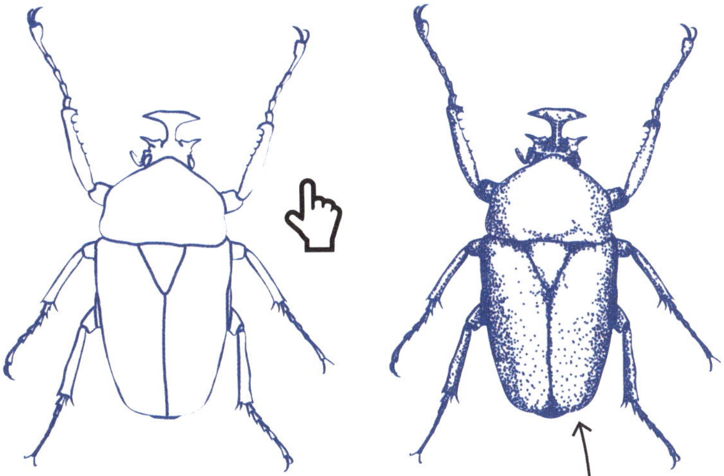

Der Käfer wurde nachgezeichnet und schattiert, sodass er wie eine Stiftzeichnung aussieht.

Kopie und Muster

Mit Zeichenprogrammen kannst du Bilder exakt kopieren und dann ihre Farbe und Form verändern. Du kannst eigene Designs erstellen, indem du ein Bild musterartig wiederholst.

Tipp

Mit Zeichenprogrammen auf Smartphone oder Tablet kannst du auch unterwegs Ideen festhalten.

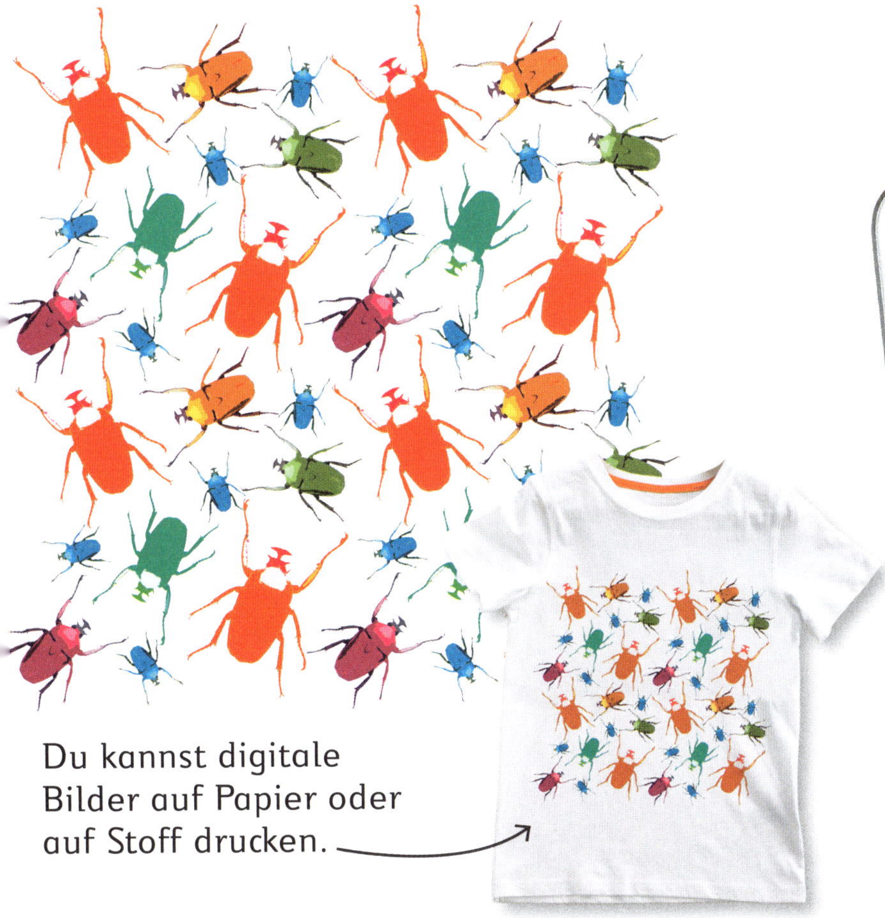

Du kannst digitale Bilder auf Papier oder auf Stoff drucken.

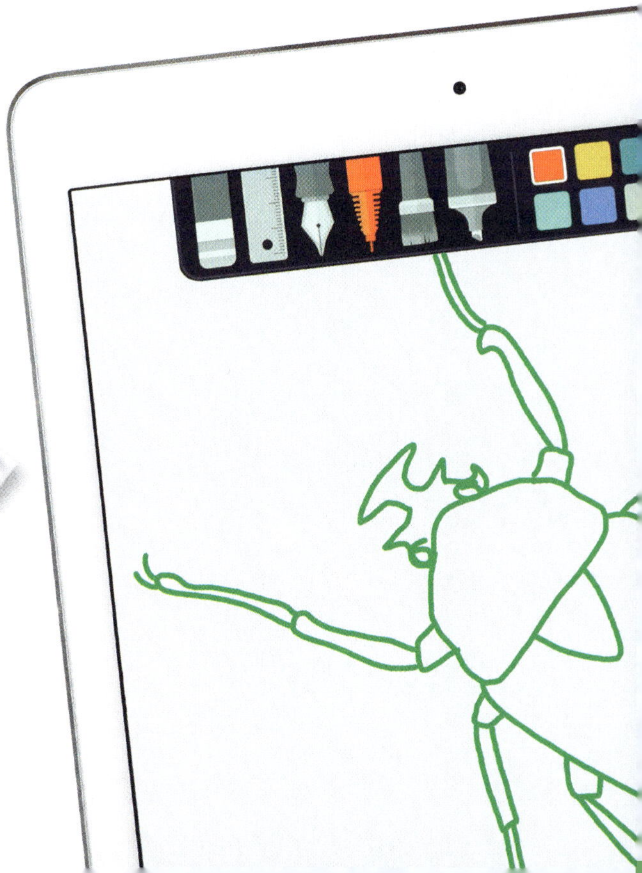

Zeichnerische Berufe

Für Maler*innen, Illustrator*innen und Comic-Künstler*innen steht das Zeichnen im Mittelpunkt ihrer Arbeit. Aber auch in vielen anderen Berufen spielt es eine wichtige Rolle.

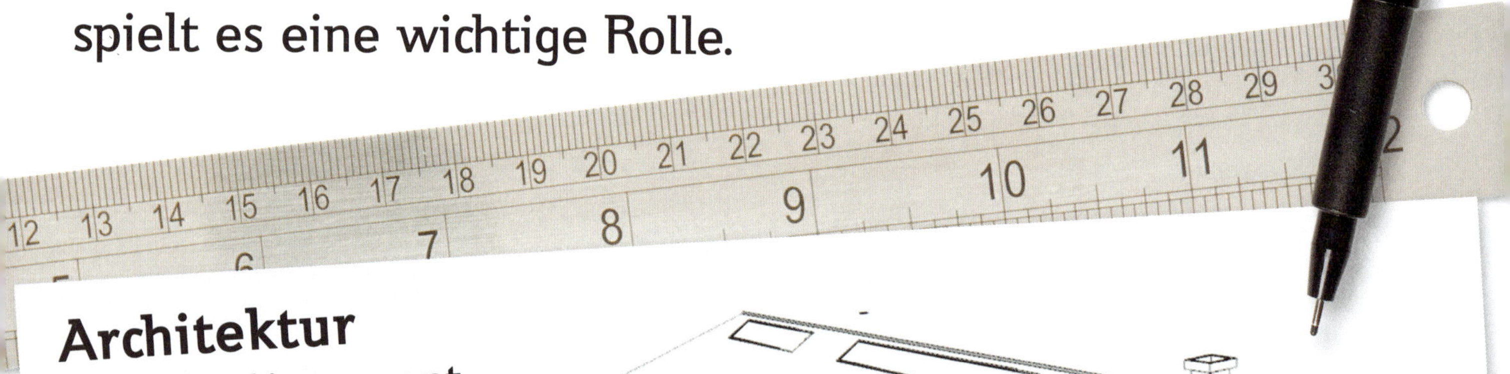

Architektur

Architekt*innen entwerfen Gebäude, indem sie detaillierte Zeichnungen der einzelnen Teile anfertigen. Früher zeichneten Architekt*innen per Hand, heute arbeiten sie vor allem am Computer.

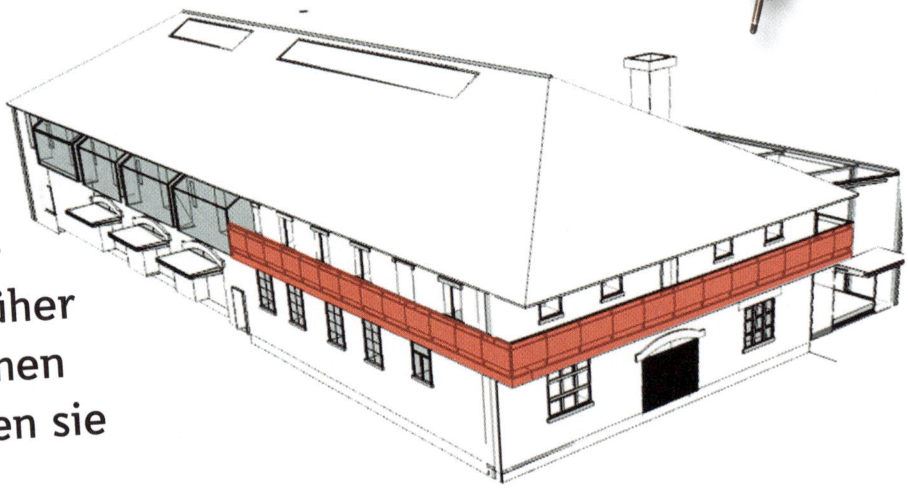

Modedesign

Modedesigner*innen entwerfen und gestalten Kleidung und Accessoires mithilfe von Skizzen und Zeichnungen.

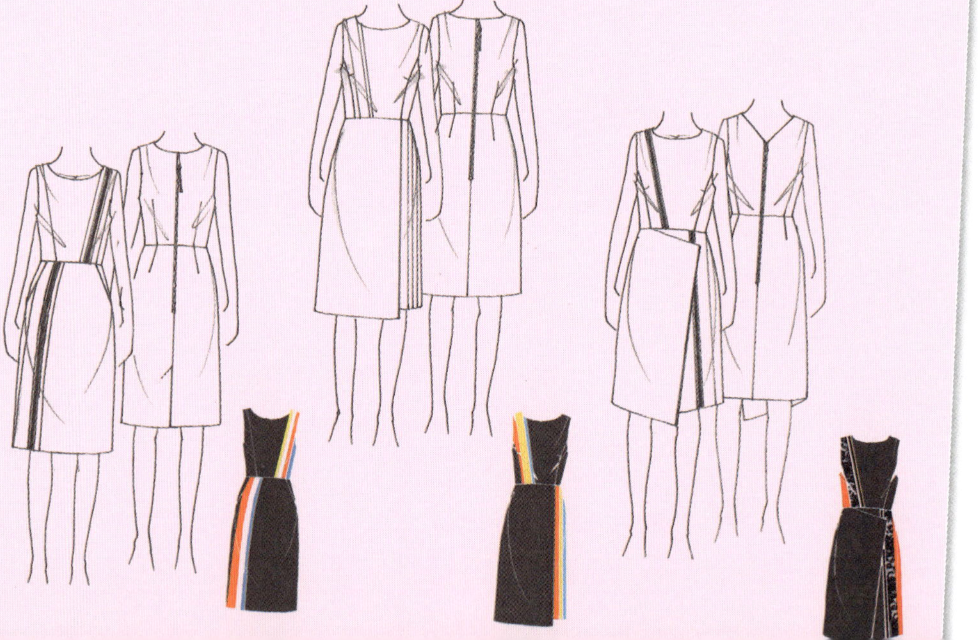

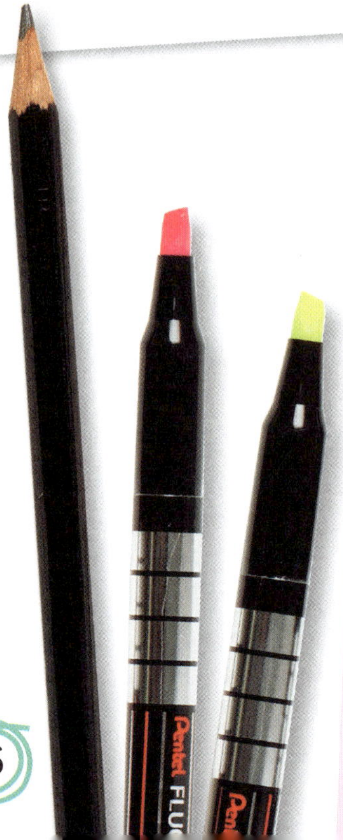

Wissenschaftliche Illustration

Wissenschaftliche Illustrator*-innen zeichnen detaillierte Bilder von Motiven aus der Natur wie Tieren und Pflanzen. Sie können auch Dinge zeigen, die sich nicht fotografieren lassen, z. B. das Innere des menschlichen Körpers.

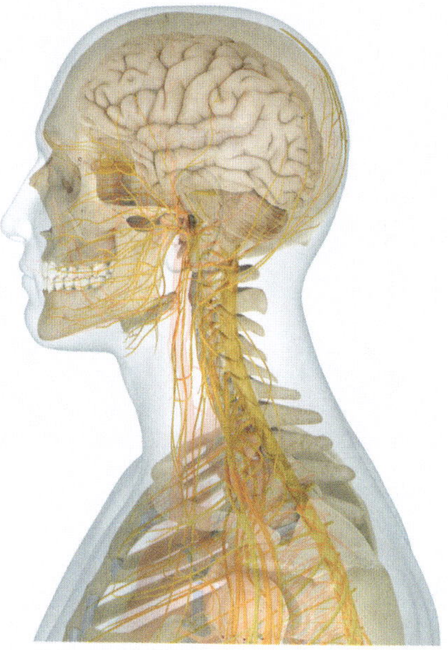

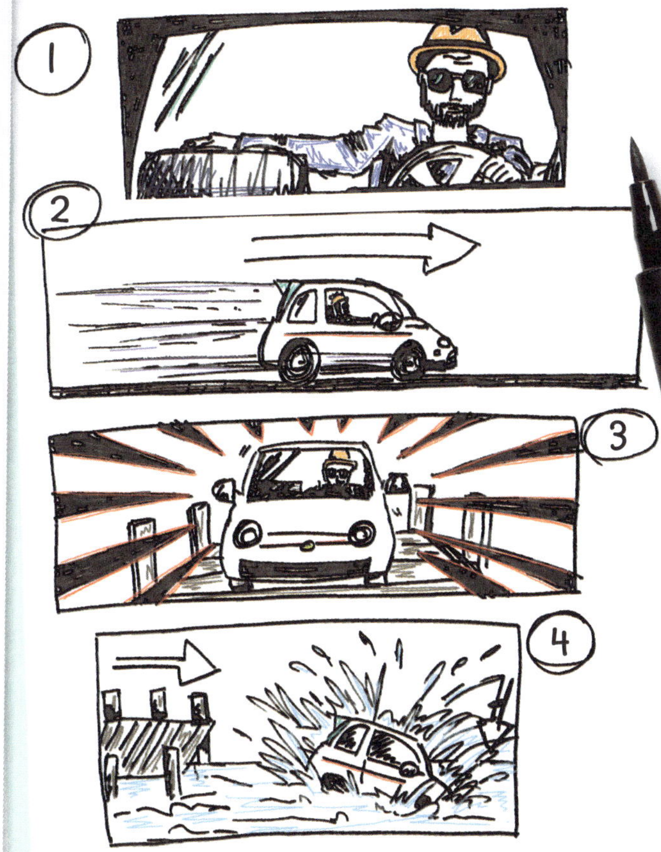

Drehbücher schreiben

Drehbuchautor*innen veranschaulichen ihre Ideen für Filmszenen oft in Skizzen und Bildfolgen, die man Storyboards nennt.

Autodesign

Autodesigner*innen entwickeln Ideen für neue Fahrzeuge. Ihre Zeichnungen zeigen Aussehen und Funktionsweise eines Autos.

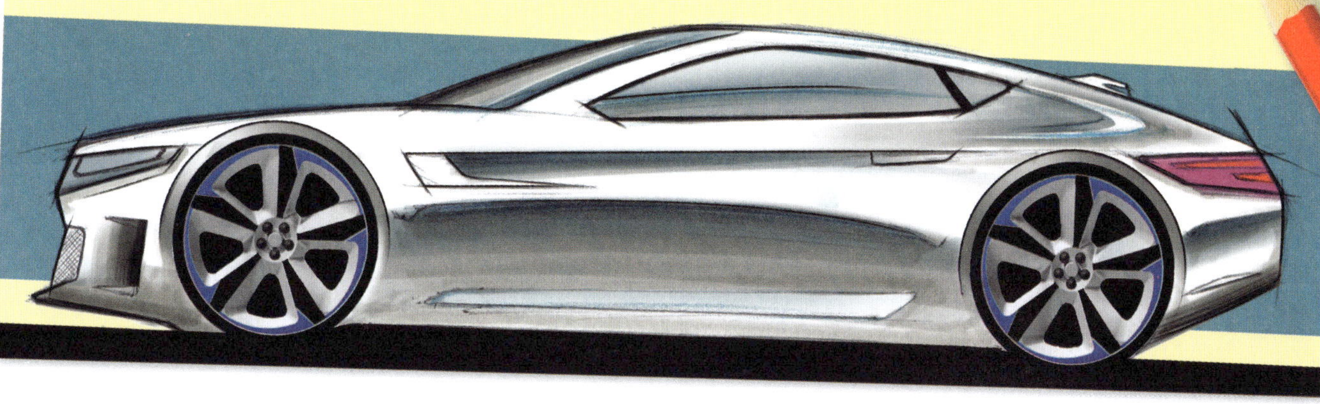

Ein Skizzenbuch führen

In einem Skizzenbuch kannst du spontane Einfälle, Erinnerungen oder einfach Dinge festhalten, die du in deiner Umgebung siehst. Zeichne nach der Natur oder deiner Fantasie.

> **Tipp**
>
> Nimm auf lange Reisen ein kleines Skizzenbuch mit. Zu Hause kannst du deine Ideen dann weiterführen.

Skizzenbuch

Skizzenbücher gibt es in vielen verschiedenen Größen und Papiersorten.

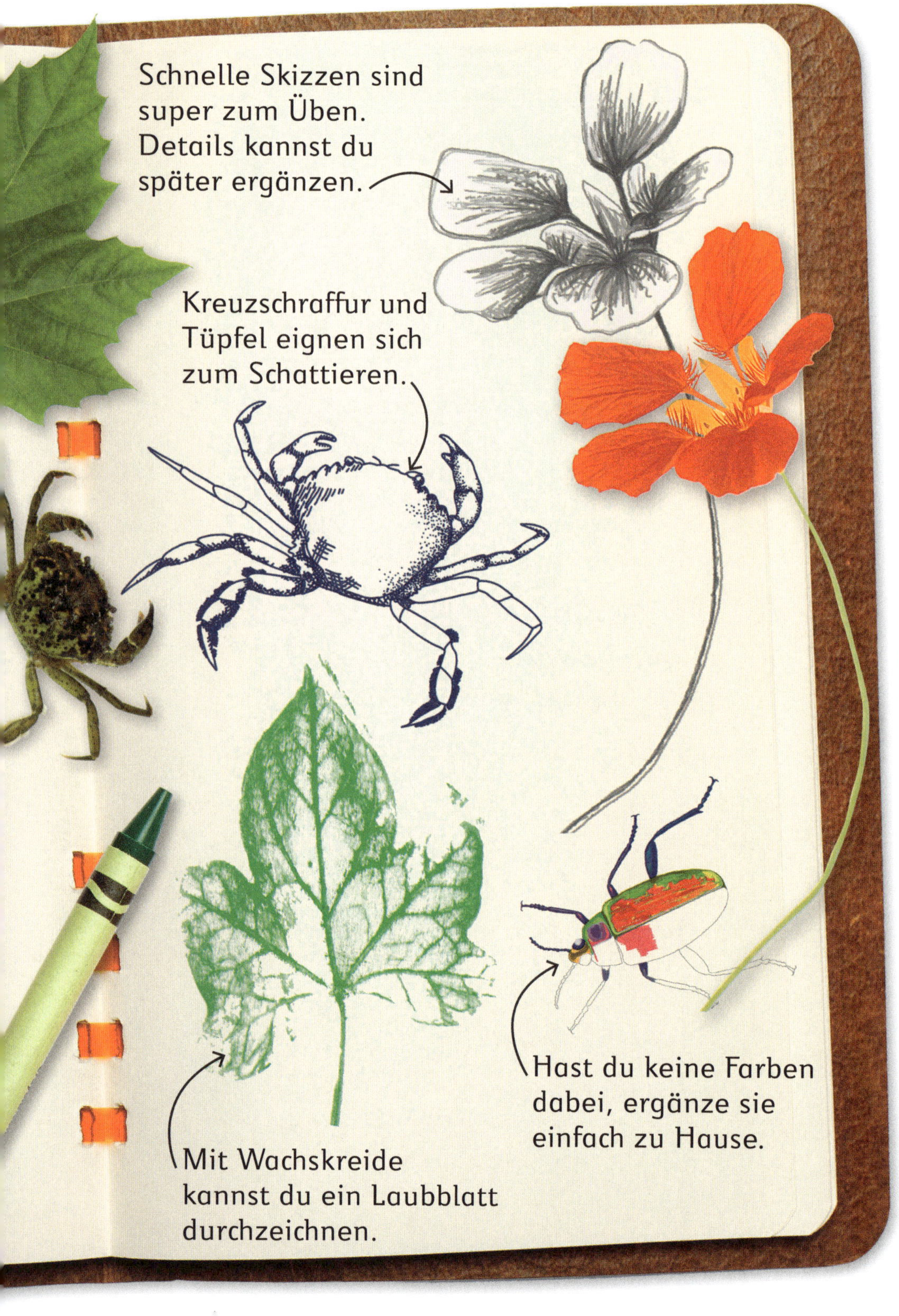

Alle Stifte eignen sich zum Mitnehmen. Filzstifte, Bleistifte und Buntstifte sind sehr leicht.

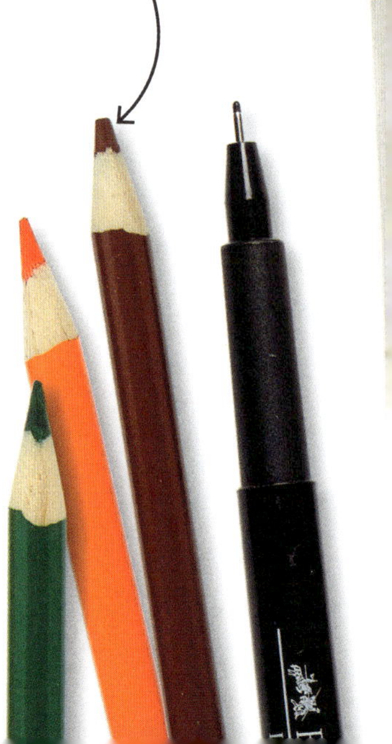

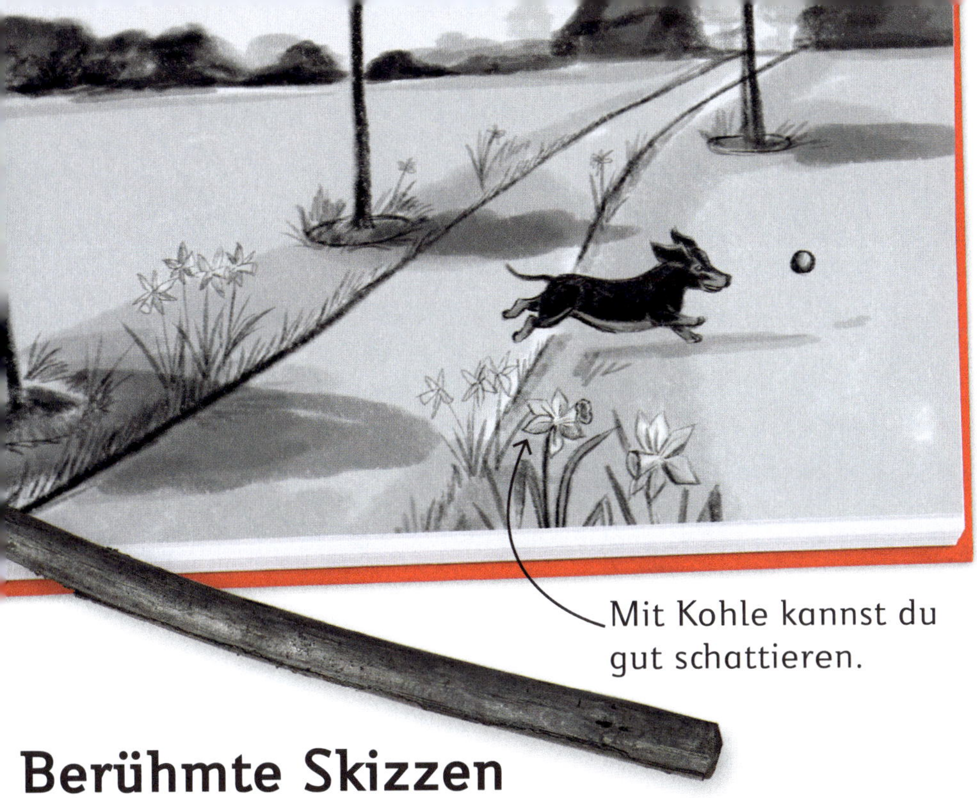

Ganze Szene

Halte alles in deinem Skizzenbuch fest, von flüchtigen Skizzen bis zu fertigen Zeichnungen, die eine ganze Seite einnehmen.

Mit Kohle kannst du gut schattieren.

Berühmte Skizzen

Künstler*innen haben von jeher in Skizzenbüchern an ihrer Technik gefeilt und neue Werke geplant. Einige verwenden Bleistift, andere Tusche, Kohle oder auch Farbe.

Der französische Künstler Edgar Degas schuf Bleistiftskizzen von Tänzerinnen als Studien für seine Gemälde.

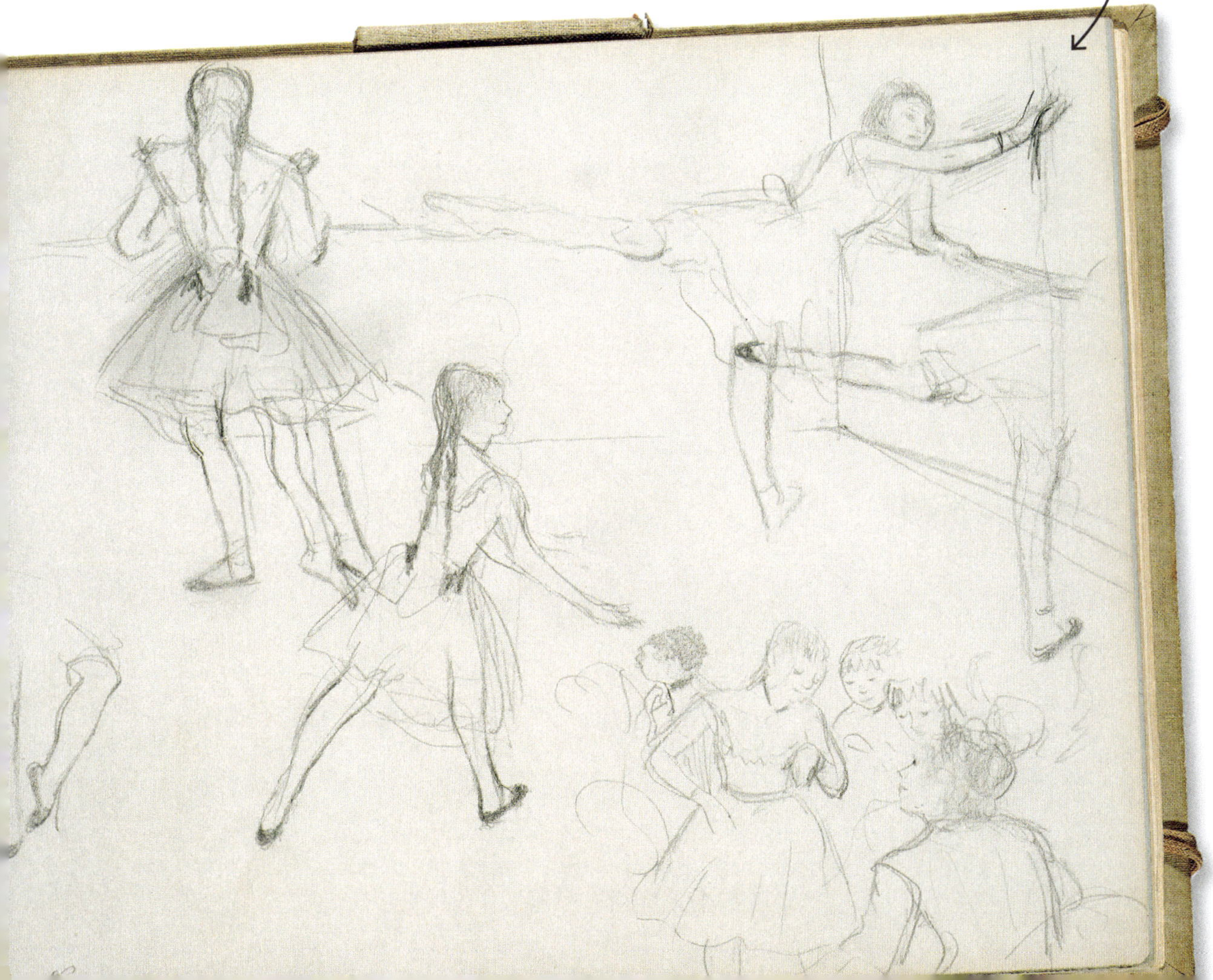

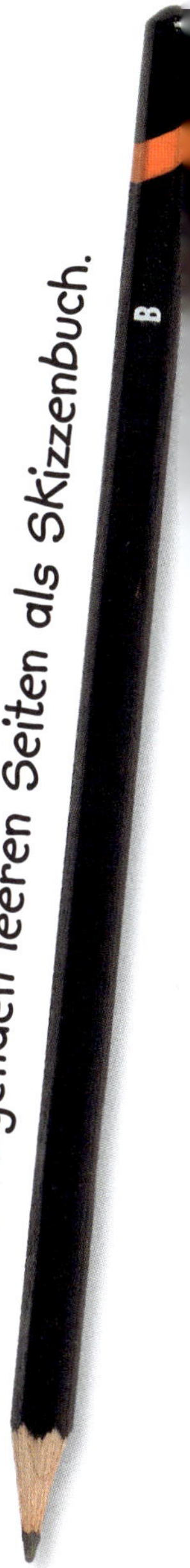

Nutze die folgenden leeren Seiten als Skizzenbuch.

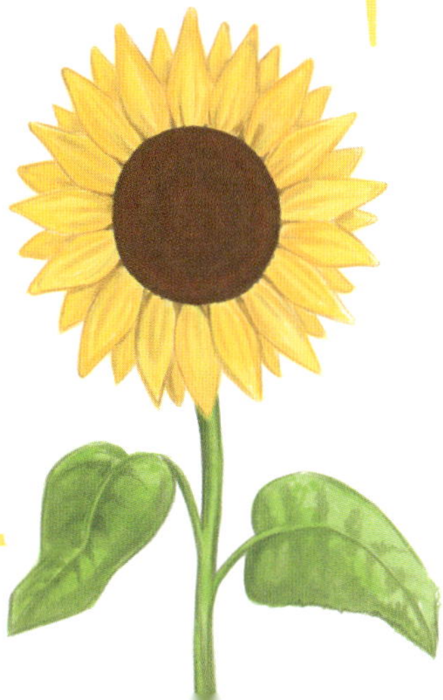

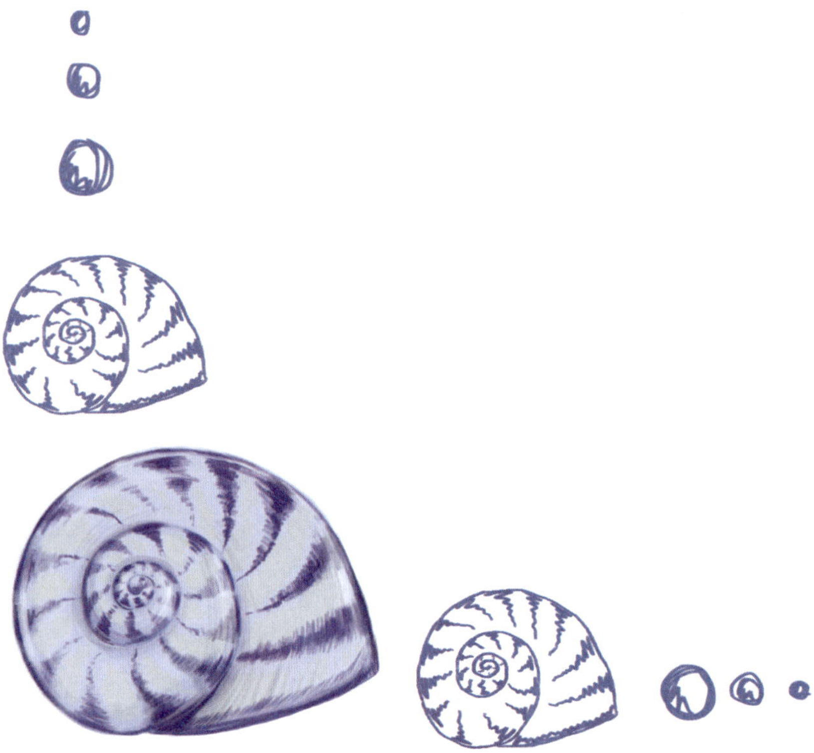

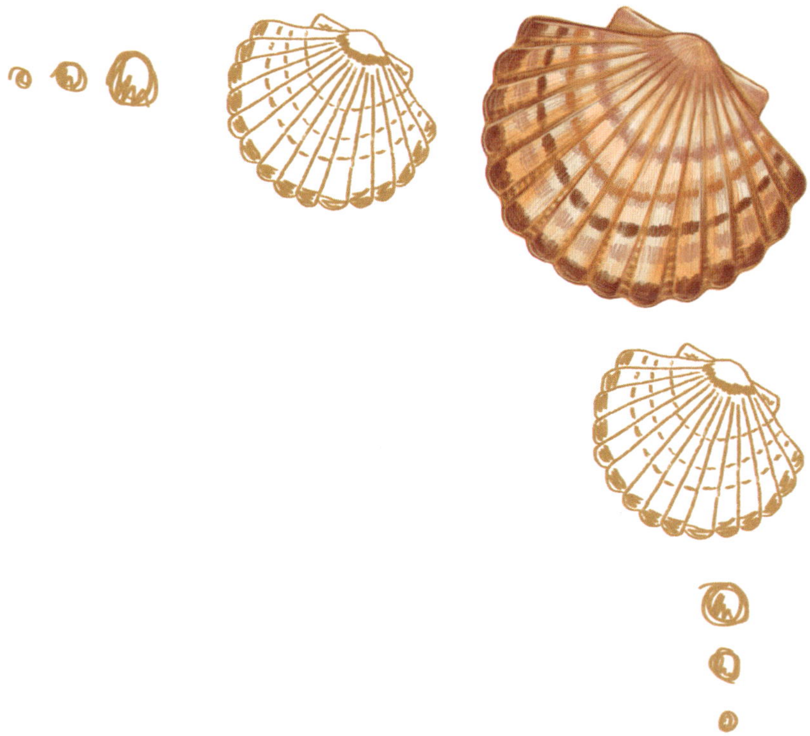

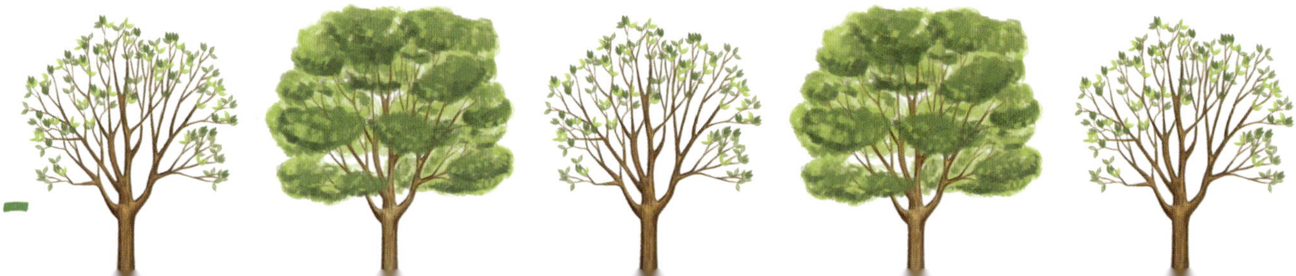

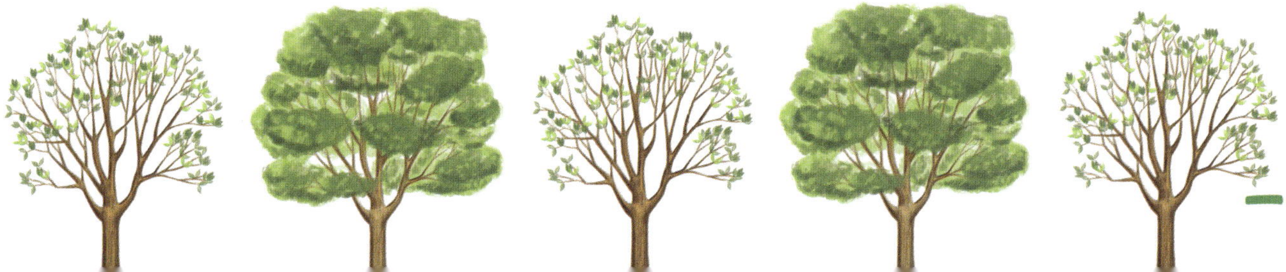

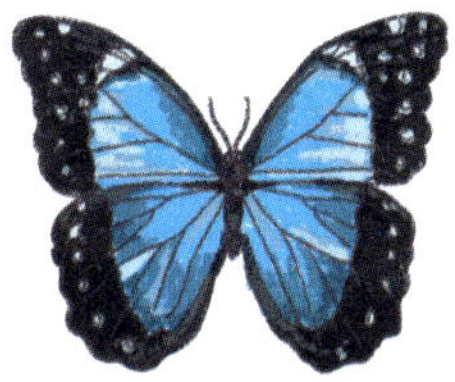

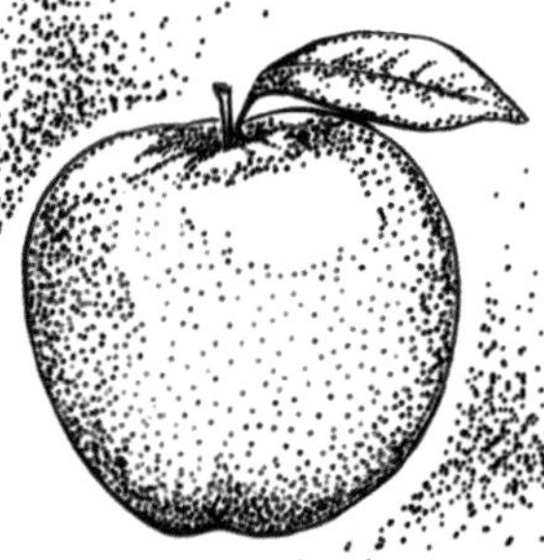

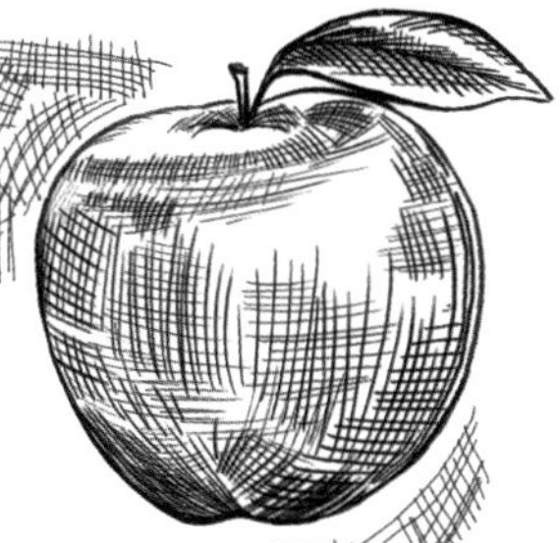

Lektorat Sarah Larter, Sophie Mitchell, Laura Gilbert, Marie Greenwood, Katy Lennon
Gestaltung und Bildredaktion Martin Wilson, Diane Peyton Jones, Hoa Luc, Emma Hobson, Rob Nunn, Aditya Katyal
Umschlaggestaltung Amy Keast, Francesca Young
Herstellung Nikoleta Parasaki, Pankaj Sharma, Srijana Gurung
Illustrationen Katie Knutton, Emma Hobson

Für die deutsche Ausgabe:
Programmleitung Monika Schlitzer
Redaktionsleitung Martina Glöde
Projektbetreuung Dörte Eppelin
Herstellungsleitung Dorothee Whittaker
Herstellungskoordination Ksenia Lebedeva
Herstellung Jenny Kolbe, Stefanie Staat

Titel der englischen Originalausgabe:
How to Draw

Übersetzung Christiane Wagler

ISBN 978-3-8310-4376-7

Druck und Bindung RR Donnelley, China

MIX
Papier aus verantwortungsvollen Quellen
FSC® C018179

www.dk-verlag.de

Dank und Bildnachweis

Der DK Verlag dankt Jemma Battaglia, Yasmin Mokha, Kiran Kheradia und Leah Panigada-Carey für zusätzliche Illustrationen sowie Andy Crawford für die Fotografien.

Der Verlag dankt folgenden Personen und Organisationen für die freundliche Genehmigung zum Abdruck von Fotos:

(Abkürzungen: o = oben, u = unten, m = Mitte, l = links, r = rechts, g = ganz, Hg = Hintergrund)

11 Dreamstime.com: Jxpfeer (mlo). **Thomas Marent:** Thomas Marent (mlu). **12–13 Dreamstime.com:** Lawcain (u). **13 Alamy Stock Photo:** Danita Delimont (ur/Stamm). **14 123RF.com:** Pedro Antonio Salaverría Calahorra (m). **Alamy Stock Photo:** ableimages (mro); Image Source (mu). **Thomas Marent:** (mr). **19 123RF.com:** Petra Schüller (gol). **20 123RF.com:** Maggie Molloy (um); Dmitriy Syechin (mo); Taiga (m). **26 Dreamstime.com:** Roxana Gonzalez/Rgbspace (mr). **27 Dreamstime.com:** Roxana Gonzalez/Rgbspace (ml). **28 Alamy Stock Photo:** Yadid Levy (mr). **29 Getty Images:** Laurence Labat/Corbis Documentary (ml). **31 Dreamstime.com:** Rostislav Glinsky (ur); Valentyn Shevchenko (ul). **Getty Images:** Saswato Chowdhury/EyeEm (um). **32 Alamy Stock Photo:** Feng Yu (um). **Dorling Kindersley:** Alex Wilson/RNLI – Royal National Lifeboat Institute (ul). **33 Alamy Stock Photo:** MISCELLANEOUSTOCK (mr/Seil); Feng Yu (mro). **37 Dorling Kindersley:** Gary Ombler/Burgess, Dorling & Leigh (mro). **38 123RF.com:** smileus (ml). **Fotolia:** Eric Isselee (ur). **40 Alamy Stock Photo:** Claudia Holzförster (gor). **42 Fotolia:** Elena Blokhina (ul). **44 123RF.com:** Viktoria Makarova (gogl, gom); John Young (gogr). **Dorling Kindersley:** Stephen Oliver (mlu). **Dreamstime.com:** Viktoria Makarova (gol). **45 123RF.com:** Stefan Petru Andronache (gol); M.G. Mooij (gom). **Dreamstime.com:** Rebecca Hermanson (gogl); Mark Liedel (gogr). **46 Getty Images:** Stephen Frink (l). **47 Alamy Stock Photo:** blickwinkel/Schmidbauer (mru). **50 Fotolia:** Elena Blokhina (gol). **54 123RF.com:** subbotina (mlu); Vitaly Valua/domenicogelermo (gor). **55 123RF.com:** maridav (mro). **Dreamstime.com:** Rixie (ur). **58 Dreamstime.com:** Elenatur (m). **59 Dorling Kindersley:** David Peart (mru). **Fotolia:** Stephen Sweet (mlo). **60 Alamy Stock Photo:** Valentyn Volkov (gor). **61 123RF.com:** just_regress (Gras). **62 Jamie Marshall:** (mr). **64 NASA:** JPL (ul). **64–65 Getty Images:** John Davis/Stocktrek Images (Hg). **66 Dorling Kindersley:** Richard Leeney/Bergen County, NJ, Law and Public Safety Institute (gor/Flamme); Stephen Oliver (mr). **67 Dorling Kindersley:** Richard Leeney/Bergen County, NJ, Law and Public Safety Institute (ul/Flamme); Stephen Oliver (gol). **78 Alamy Stock Photo:** Art Directors & TRIP (mu); Nature Photographers Ltd (mlu); Michael Burrell (Skizzenbuch). **79 Alamy Stock Photo:** Art Reserve (u).

Alle anderen Abbildungen © Dorling Kindersley
Weitere Informationen unter: www.dkimages.com

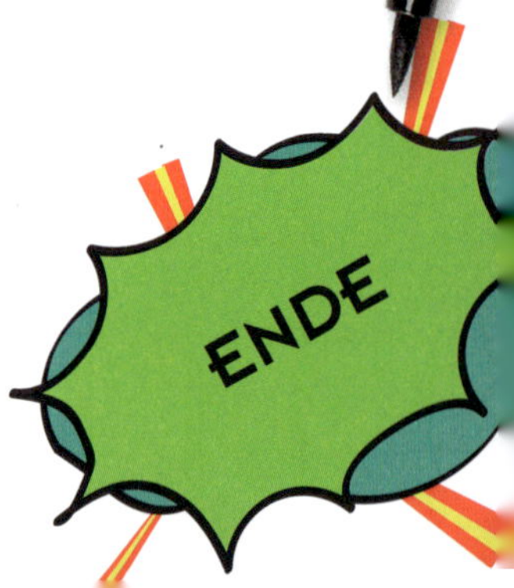